Michael Tolksdorf

Der Europäische Binnenmarkt 1993

Vor- und Nachteile für Deutschland und seine Partner

Leske + Budrich, Opladen 1991

Der Autor:
Michael Tolksdorf, Dr. rer. pol., Dipl.-Volkswirt; geboren 1942 in Berlin. Studium an der FU Berlin, in London und Princeton, USA. 1967–1971 Bundeskartellamt. Seit 1971 Professor an der Fachhochschule für Wirtschaft, Berlin.

Lizenzausgabe mit Genehmigung der
Landeszentrale für politische Bildungsarbeit Berlin

ISBN: 3-8100-0876-1

Printed in Germany

Inhaltsverzeichnis

1. Dimensionen des gemeinsamen Binnenmarktes ’93

Zu Beginn der 80er Jahre schien die Europäische Gemeinschaft ein greisenhaftes Gebilde zu sein, das sich „sklerotisch“, lustlos und ohne rechte Zukunftshoffnung dahinschleppte. „Eurosklerose“ wurde zum prägenden Begriff für einen Kontinent, der mit Fug und Recht als „Alte Welt“ bezeichnet werden konnte.

Ein Jahrzehnt später wurden andere Begriffe herangezogen, um die EG zu beschreiben. Erweitert nach Süden um drei eher schwach entwickelte Länder (Griechenland, Spanien, Portugal) stellte sie einen „Wirtschafts-Riesen“ dar, der das letzte Jahrzehnt dieses Jahrtausends mit besten Zukunftschancen, hohem Wachstum, sozialpolitischen Erfolgen, umweltpolitischen Vereinbarungen, zahlreichen Anträgen auf Mitgliedschaft bzw. Assoziierung begann. – Was war geschehen?

Einheitlicher Binnenmarkt

Die Staaten der Europäischen Gemeinschaft hatten den Mut, auf die Klage über die Ungunst der Verhältnisse zu verzichten. Statt dessen schufen sie die Voraussetzungen für nicht mehr und auch nicht weni-

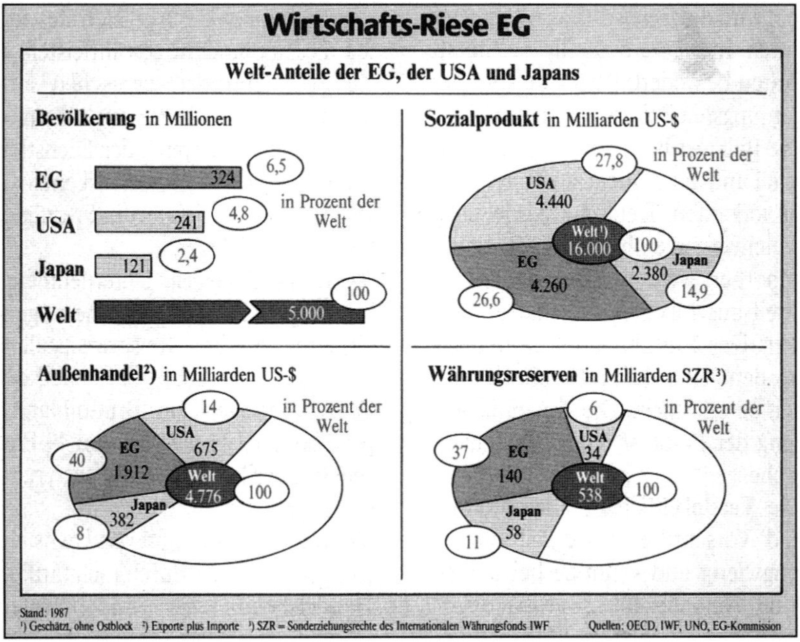

Quelle: Positionen, Institut der deutschen Wirtschaft, Nr. 27, Dezember 1988

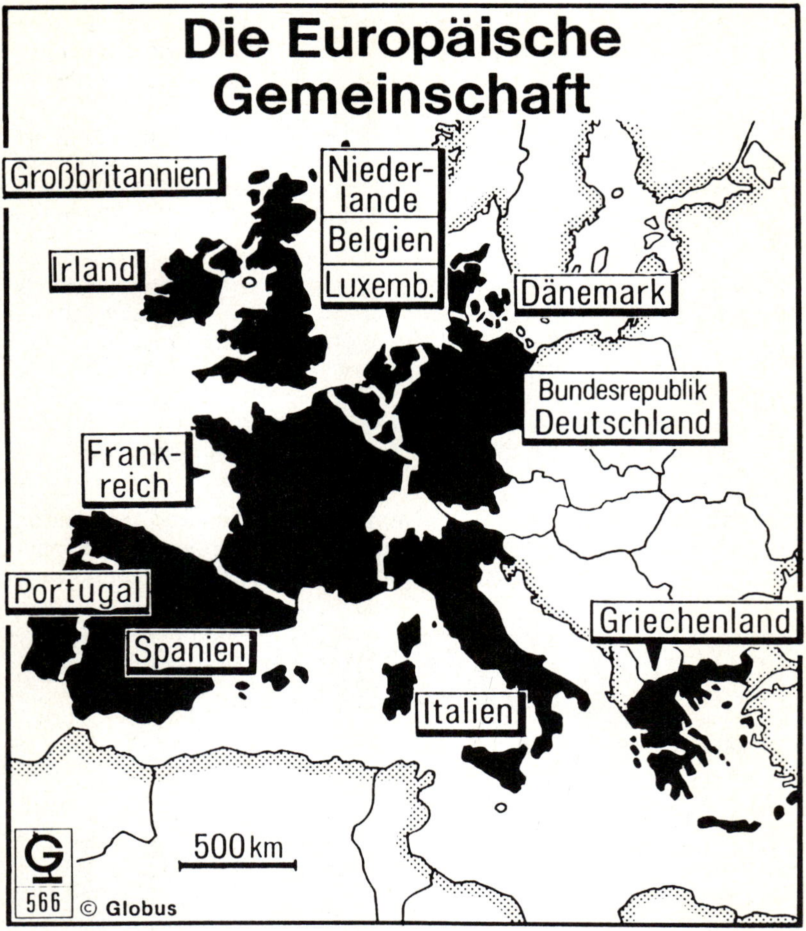

ger als das, was als Ziel schon in den ursprünglichen Römischen Verträgen 1957 formuliert worden war: **Die europäische „Wirtschafts"-Gemeinschaft zu einem einheitlichen Binnenmarkt zusammenzuschließen.**

Als Beispiel für die ökonomischen Chancen der „Vereinigten Staaten von Europa" diente der mächtigste Wirtschaftsraum der Erde: die USA. Ein großer Markt ohne Grenzen, mit freiem Austausch zwischen den Regionen, mit Freiheit der Niederlassung für alle Staatsbürger, mit einheitlichem Geld und gleichen Rechtsnormen. Europas Kleinstaaterei wurde zunehmend als Mangel, nicht mehr als Bereicherung begriffen; Grenzkontrollen, Importbeschränkungen, unklare Währungsverhältnisse untereinander, Diskriminierung der Nachbarn aus anderen EG-Staaten waren die Erscheinungsformen der entwicklungsfeindlichen Binnenstruktur eines immer noch in den Begrenztheiten nationalstaatlicher Eifersüchteleien befangenen Kontinents.

Der Durchbruch gelang Mitte der achtziger Jahre, als sich die Europäer aufrafften, die **„Einheitliche Europäische Akte" und damit die Vollendung des europäischen Binnenmarktes bis zum 31. Dezember 1992** zu erreichen. Die Kommission der EG, vergleichbar einer Regierung, wurde per 31.12.1988 und 1990 zur Berichterstattung über die Integrationsfortschritte verpflichtet.

Harmonisierung der Rechtsgrundlagen

Konkret bedeutet das, die Rechtsgrundlagen in den Mitgliedsstaaten und das supranationale Recht der EG so zu harmonisieren, also zu vereinheitlichen, daß alle Grenzkontrollen wegfallen und einheitliche Marktverhältnisse entstehen.

Einen großen Stellenwert bei der Diskussion über die zu erwartenden Erfolge einer Binnenmarktintegration hatte ein Bericht, den die

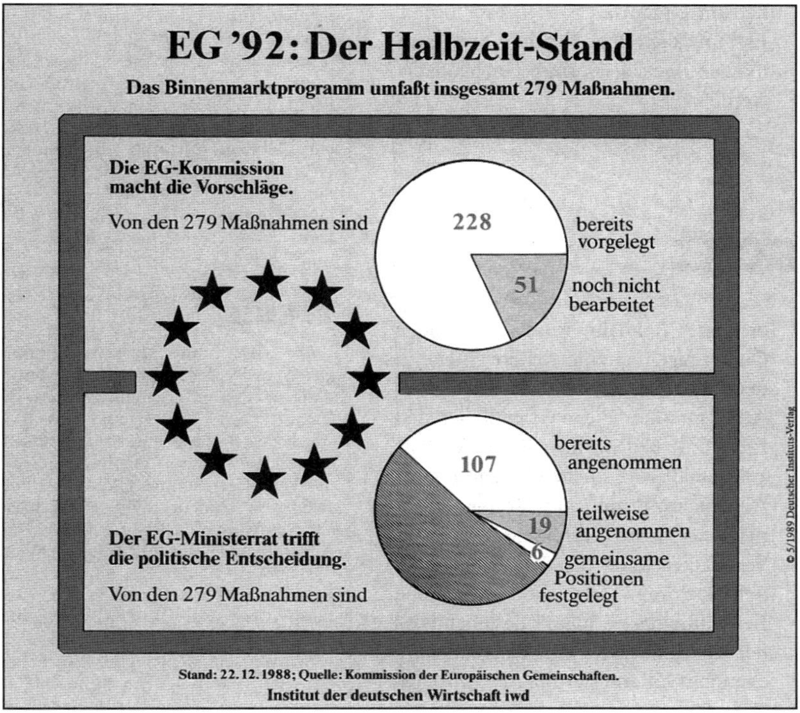

Quelle: iwd, Nr. 5/89, 2.2.1989

EG-Kommission selbst bei dem italienischen Bankier P. Cecchini in Auftrag gegeben hatte. Dieser **„Cecchini-Report"** versprach der EG beachtliche wirtschaftliche Erfolge durch den Abbau von Handelshemmnissen, den Wegfall von Grenzformalitäten, die Ausweitung der Absatzmärkte mit der Möglichkeit kostensparender Großserien sowie die Stimulierung des Wettbewerbs, der die Unternehmen zu zusätzlichen Leistungen anspornen würde. Die so vermehrte wirtschaftliche Leistung der EG würde sich in einem um 4,5 bis 7,5% höheren Wirtschaftswachstum, in 1,8 bis 5,7 Mio. zusätzlichen Arbeitsplätzen und in um 4,3 bis 6,1% niedrigeren Preisen EG-weit niederschlagen.

Wachstumschancen

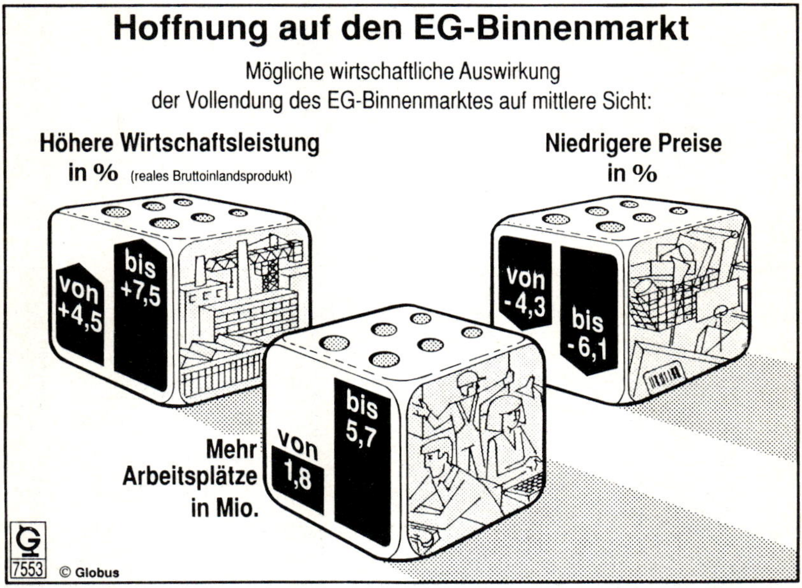

Diese Prognosen trafen in der Öffentlichkeit auf eine breite Skepsis. Wirtschaftsforscher, Gewerkschaften und Regierungen kritisierten diese Werte als zu optimistisch; sie warfen der Kommission vor, mit der Veröffentlichung der Zahlen die Zukunft „schönzurechnen" und damit die Kritik abzuwehren, die die befürchteten negativen Folgen der Marktintegration herausstellte – so z. B. in bezug auf die **Umweltschäden** des verstärkten Wachstums, die **sozialen Spannungen** und die **Vermachtung der Märkte** durch das „große Kapital".

negative Folgen der Binnenmarktintegration

Differenziertere Betrachtungen kamen von sozialpolitischen Forschungsinstituten, die die Frage stellten, wer wohl am ehesten von der Binnenmarktintegration begünstigt werde. Es ist bemerkenswert, daß im Ausland die **Bundesrepublik als der Hauptgewinner** angesehen wurde; die Volkswirtschaft, die die ertragsstärkste und export-

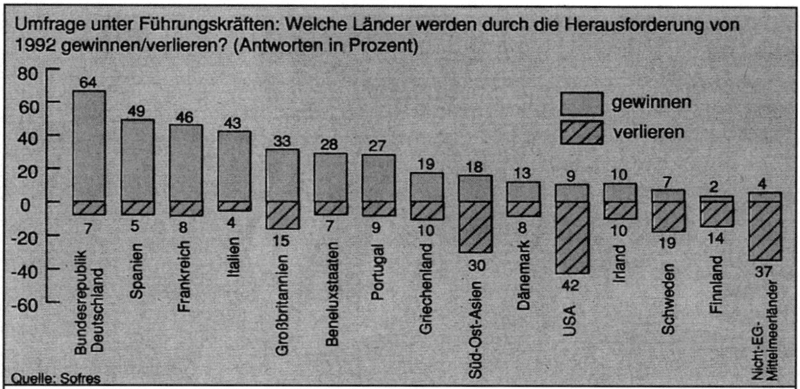

EG-Umfrage

Der europäische Binnemarkt wird vor allem den USA und den Ländern Asiens Verluste bescheren. Die Bundesrepublik Deutschland dagegen wird am meisten profitieren. Das glauben jedenfalls europäische Führungskräfte nach einer Umfrage des französischen Meinungsforschungsinstituts Sofres. Zur Vollendung des Binnenmarktes wünschen sich die Befragten mehrheitlich auch eine europäische Währung. Lediglich die Briten (24 Prozent) und die Deutschen (20 Prozent) machen hier eine Ausnahme.

Quelle: Wirtschaftswoche, Nr. 18/89, 28. 4. 1989

BDI und DGB uneinig über EG-Binnenmarkt

Europa wird jedoch nach beider Urteil eine große Wachstumsdynamik freisetzen

Köln (dpa/VWD). Der Deutsche Gewerkschaftsbund (DGB) geht davon aus, daß die Bundesrepublik bis zum Jahr 2000 „einer der entscheidenden Profiteure" des europäischen Binnenmarktes sein wird. Dagegen zeichnen sich nach Auffassung des Bundesverbandes der Deutschen Industrie (BDI) Veränderungen ab, die den Standort der Bundesrepublik im Binnenmarkt „in Zukunft gefährden".

Der industrielle Spitzenverband sieht „Standortnachteile" der Bundesrepublik nicht zuletzt in der deutschen Unternehmensbesteuerung und verlangt eine deutliche Senkung der Steuerlast, während der DGB keinen Anlaß sieht, die Steuerbelastung der Unternehmen zu verringern.

Diese Differenzen in der Bewertung der deutschen Zukunftschancen in Europa sind am Montag in Köln zutage getreten, als BDI und DGB vor der Presse eine gemeinsame Erklärung über die von beiden Institutionen erwarteten Auswirkungen des Binnenmarktes auf die deutsche Volkswirtschaft vorlegten. Einig sind sich die beiden Dachverbände, daß Europa „eine große Wachstumsdynamik freisetzen" könnte und daß der gemeinsame Binnenmarkt „nach innen und außen ein freier Markt" sein müsse.

Zum Umweltschutz in einem europäischen Binnenmarkt meinten DGB und BDI übereinstimmend, der kleinste gemeinsame Nenner dürfe nicht zum Maßstab europäischer Umweltpolitik werden. „Zur Harmonisierung der europäischen Umweltpolitik ist vielmehr bei den EG-Richtlinien grundsätzlich vom Stand der Technik auszugehen und für alle Neuanlagen kurzfristig umzusetzen. Die mit der Vollendung des Binnenmarktes zu erwartende Wettbewerbsverschärfung dürfe „nicht zu einer Nivellierung bestehender nationaler Vorschriften zum Schutz der Arbeitnehmer und zur Sicherung ihrer Rechte führen".

Quelle: Der Tagesspiegel, 1. 8. 1989

intensivste sei, hätte die **größten Erträge vom Wegfall aller Binnengrenzen zu erwarten.**

In Deutschland entsprach jedoch die Zustimmung zum Binnenmarkt nicht den erwarteten wirtschaftlichen Erfolgen; die deutsche Europa-

Begeisterung war im Laufe der Jahre zurückgegangen. Nach einer Untersuchung der Konrad-Adenauer-Stiftung von Ende 1988 sei

> „die Haltung der Deutschen gegenüber der Europäischen Gemeinschaft rationaler, pragmatischer und differenzierter geworden. Der einstige Europa-Enthusiasmus hat einer eher an eigenen, auch berufsspezifischen Interessen orientierten, aber generell durchaus noch positiven Einstellung Platz gemacht. Dabei rangiert die Bundesrepublik unter den EG-Partnern in der Europa-Begeisterung im letzten Drittel; nur die Dänen und die Briten sind skeptischer ... In der Bundesrepublik gilt die EG als eine nützliche Selbstverständlichkeit."

(Quelle: Die Welt, 15.3.1989)

Europaweit hatten es die Skeptiker beim Einstieg in die Vereinheitlichung des Binnenmarktes sehr leicht. Zu gigantisch erschien die Aufgabe, 12 Länder mit ihren unterschiedlichen Entwicklungsgraden und historischen Erfahrungen, nationalen Gesetzen und Sprachen zu einem funktionierenden Wirtschaftsraum zu vereinen.

Widersprüche existieren weiterhin

Das Lohngefälle beispielsweise zwischen der Bundesrepublik und Portugal war extrem hoch; die Unterschiede zwischen den Löhnen in Deutschland-Ost und -West waren im Vergleich dazu fast ohne Bedeutung. Die beträchtliche Unterschiedlichkeit der nationalen

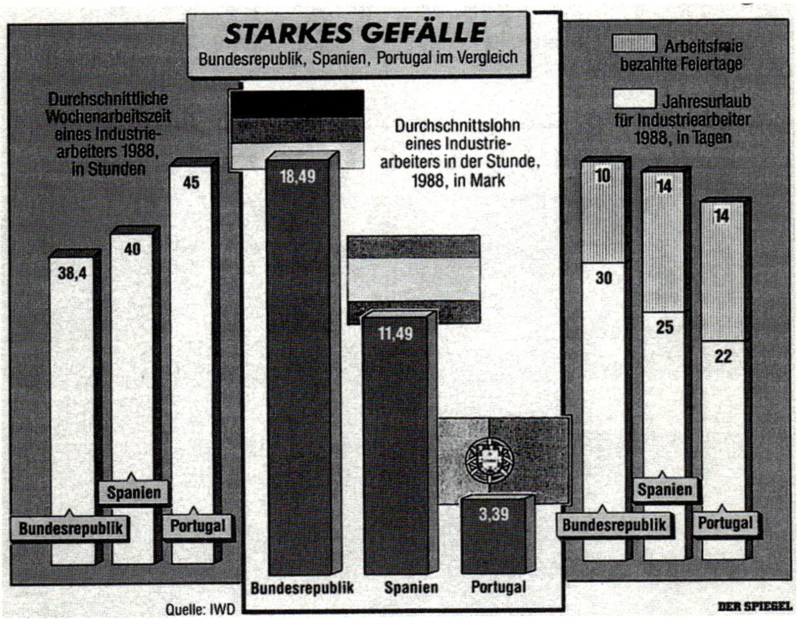

Quelle: Der Spiegel, Nr. 47/89, 20.11.1989

„Hü!" Zeichnung: Luff

Quelle: Der Tagesspiegel, 30. 3. 1989

Gesetzgebungen – z. B. bei der Steuererhebung – regten einen Karikaturisten an, Europa auf einem bunt zusammengehämmerten Stier in die Zukunft reiten zu lassen. Unübersehbar war, daß die zwölf Einzelstaaten mit ihren **unterschiedlichen nationalen Interessen** in das Einigungswerk hineingingen. Die Einheitliche Europäische Akte von 1985 hatte die widersprüchlichen Interessen der EG-Mitglieder keineswegs überwunden.

Folgen des Wandels in Osteuropa

Neue Daten für die Binnenmarktintegration setzte der Herbst 1989. Mit der größten, fast unblutigen Revolution dieses Jahrhunderts erkämpften mehrere mittel- und osteuropäische Staaten ihre demokratische Freiheit und öffneten sich in einem vorher unvorstellbaren Umfang ihren westeuropäischen Nachbarn. Letztere hatten, allen Skeptikern zum Trotz, schon während der Binnenmarktvorbereitung große wirtschaftliche Erfolge erzielt. Die Investitionen waren gestiegen, weil sich jedes Land auf eine gute Position im einheitlichen Markt einrichtete; die Arbeitslosigkeit ging zurück, der allgemeine Wohlstand wuchs, so daß die EG eine beachtliche Attraktivität auf die wegen jahrzehntelanger planwirtschaftlicher Mißerfolge verarmten Völker des östlichen Europas ausübte. Obwohl die EG angesichts der Integrationsprobleme öffentlich erklärt hatte, keine Beitrittsverhandlungen vor Vollendung des gemeinsamen Binnenmarktmarktes führen zu wollen, erklärten die sich marktwirtschaftlich umstrukturierenden Völker des östlichen Europas ihr Interesse an EG-Beitritt bzw. -Assoziierung.

Der Chefstratege der Investment Bank Morgan Stanley in London, D. Roche, kommentierte diese Entwicklung in der „Wirtschaftswoche" (Nr. 90, 2. 2. 1990):

> „1990 wird kein ungefährliches Jahr sein. Für Europas neu erwachtes Selbstbewußtsein ist die Perestroika genauso wichtig wie der Binnenmarkt von 1992. Man muß davon ausgehen, daß mit dem Fall der Berliner Mauer im letzten Jahr nicht die Trennung zwischen der DDR und der Bundesrepublik aufgehoben wurde, sondern die Trennung zwischen Ost- und Westeuropa. Und damit nehmen die Ereignisse eine ganz andere Dimension an."

Die EG nahm diese Herausforderungen in kurzer Zeit an; überzeugt von der Unumkehrbarkeit der Reformen in Osteuropa und der Attraktivität des Modells EG für diese Staaten setzte die Gemeinschaft auf **größere Beschleunigung ihres internen Einigungswerkes,** nicht zuletzt auch wegen der möglichen Belastungen, die sich aus der wirtschaftlichen und politischen Einheit Deutschlands für die zentraleuropäische Stabilität ergeben könnten.

Die Wachstumsprognosen für die EG wurden daher deutlich nach oben ausgeweitet. Die Prognosen des Cecchini-Reports von 1988 galten als überholt, weil die **Modernisierung Osteuropas wie ein überdimensionierter Wachstumsschub auf das lieferbereite Westeuropa** wirkte.

Auch wenn die Aussichten der EG sich im Verhältnis zu den Perspektiven von 1985 oder gar von 1980 zu Beginn der 90er Jahre als sehr günstig darstellten, lag vor den Beteiligten noch ein gewaltiger Berg von politischen, wirtschaftlichen und sozialen Widersprüchen und Problemen.

2. Vor- und Nachteile des EG-Binnenmarktes für Deutschland

2.1. „Festung Europa": Auswirkungen der Binnenmarktintegration auf die Handelspolitik der Bundesrepublik

Ein Gespenst ging um, weltweit: Das Gespenst der „Festung Europa", die mit Handelsbeschränkungen ummauerte Burg Europa, die sich gegen Eindringlinge aus Ost und West wehrt durch hohe Schranken

- aus Zolltarifen,
- aus Einfuhrkontingenten,
- aus sog. „nicht-tarifären" Hemmnissen (z. B. besondere Normen- und Sicherheitsvorschriften, die die Ausländer nicht ohne weiteres einhalten können).

Eine Festung zudem, die selbstgenügsam werden würde, indem sie nur die eigenen Mitglieder auf den heimischen Märkten zum Zuge kommen ließ.

Diese Sorgen waren nicht unbegründet. Die Schaffung des einheitlichen Binnenmarktes sollte ja bewußt den Wettbewerb zwischen den europäischen Produzenten verschärfen, um damit die Leistungsfähigkeit des europäischen Industriestandorts zu heben. Die Folge mußte sein, daß es innerhalb der EG selbst zu **erheblichen Anpassungsproblemen für eine Reihe von Unternehmen mit geringem Produktivitätsniveau** kommen würde. Es war nicht ausgeschlossen, daß zahlreiche Betriebe Europa '93 nicht überleben würden. Daher schien es plausibel, den Anpassungsdruck nicht noch dadurch zu verstärken, daß man den einheitlichen europäischen Markt der Konkurrenz aus aller Welt öffnete.

Anpassungsprobleme

Unabhängig davon, daß mit einer **Angst vor dem neu-europäischen Protektionismus** beispielsweise seitens der USA Politik gemacht wurde, um die Handelspolitik des geeinten Europa möglichst liberal zu gestalten, war unverkennbar, daß unter den EG-Staaten durchaus unterschiedliche Positionen anzutreffen waren. Im gewissen Sinne lebten die jahrzehntealten Interessenunterschiede wieder auf, die es in bezug auf einen weltweiten Freihandel schon immer gegeben hatte: Je besser entwickelt die heimische Industrie war, je stärker ihre Handelsposition auf den internationalen Märkten war, desto engagierter forderte die jeweilige Regierung den Übergang zu ungehindertem Handel.

Das gleiche galt unter umgekehrten Vorzeichen für die weniger entwickelten Volkswirtschaften. Da letztere Sorge vor dem Ausverkauf durch die stärkeren Handelspartner hatten, war hier der protektionistische Druck sehr viel stärker. Diese Länder hatten auch geringere

Protektionistischer Druck

Nachteile bei einem Rückgang des Welthandels zu erwarten und forderten daher sehr viel unbefangener den Schutz vor der ruinösen Konkurrenz des Auslands.

Die **Handelspolitik der Bundesrepublik wurde wesentlich von ihrer Außenhandelsstärke bestimmt.** Für sie war jede Behinderung des Welthandels eine Bedrohung ihrer wohlstandsfördernden Weltmarktgeltung. Die besondere Stellung der Bundesrepublik im Welthandel wurde durch die Außenhandelsüberschüsse deutlich gemacht, die 1987 knapp 118 Mrd. DM betrugen, 1988 auf 128 Mrd. DM und 1989 gar auf 134 Mrd. DM stiegen. Bemerkenswert war dabei der immer bedeutsamere Außenhandel mit den EG-Partnern. Dieser machte 1989 schon mehr als die Hälfte des gesamten Außenhandels bei stürmisch wachsenden Überschüssen aus: Das Plus der Bundesrepublik

Überschüsse im EG-Handel

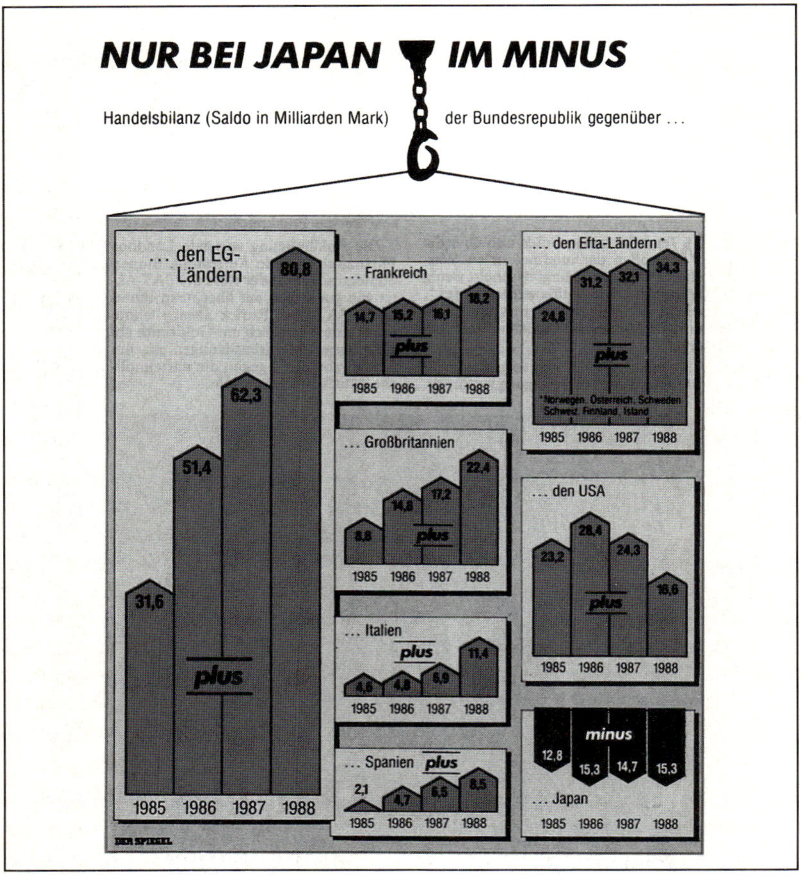

Quelle: Der Spiegel, Nr. 29/89, 17.7.1989

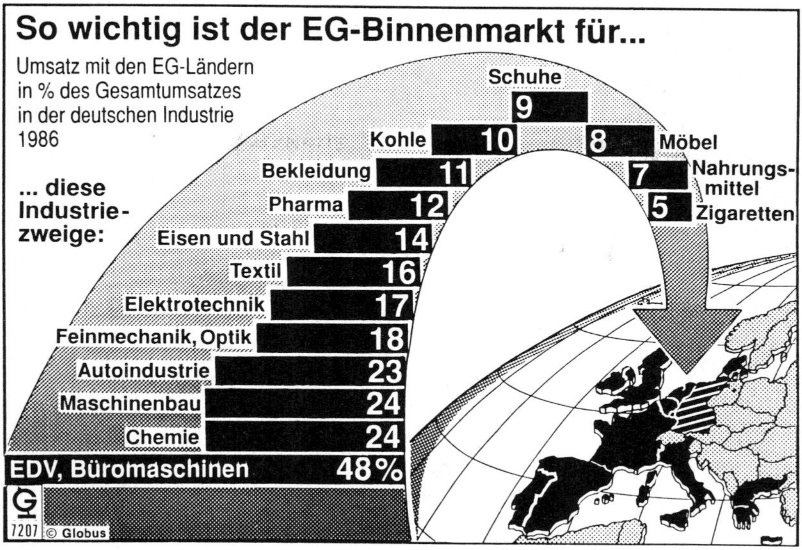

mit der Rest-EG betrug 1987 gut 62 Mrd. DM; es wuchs auf 81 Mrd. DM (1988), auf 94 Mrd. DM im Jahre 1989. Im Jahr 1990 machte sich der „DDR-Effekt" bemerkbar: Die zusätzliche Importnachfrage der fünf neuen Bundesländer führte dazu, daß der Überschuß des deutschen Handels mit den EG-Partnern zurückging, obwohl der Gesamtwert der Lieferungen weiterhin kräftig anstieg.

Es lag daher im **handelspolitischen Interesse der Bundesrepublik,**

- den **EG-internen Handel vor Gefährdungen zu schützen;** die Binnenmarktintegration war engagiertes Ziel der Bundesregierung;
- die Bedingungen für **freien Außenhandel mit dem „Rest der Welt"** gegen EG-interne Abschottungspolitik zu verteidigen; die Bundesrepublik war das EG-Land, das bei einer protektionistischen Politik – die ja ihrerseits von den Betroffenen mit Vergeltungsschlägen beantwortet werden würde – die stärksten Einbußen bei seinen Exporten erleiden würde. Beispielhaft sei auf den „Hähnchen-Krieg" zwischen der EG und den USA verwiesen: Behinderungen der Hühnerfleischimporte aus den USA wurden von den USA mit einer Erhöhung der Zölle auf EG-Fertigwaren beantwortet und trafen ausgerechnet die Exporte von VW-Transportern in die USA.

Die deutsche Haltung zum Freihandel war auch dadurch beeinflußt worden, daß die Industrie sich schon sehr frühzeitig auf diesen größeren Markt eingestellt hatte. Das gleiche galt für die Regierung, die daran interessiert war, die Bundesrepublik zu einem wettbewerbs-

Deutsche Standortvorteile

fähigen Industriestandort zu machen. Nach einer Untersuchung des „Instituts für Wirtschaft und Gesellschaft", an der u. a. der CDU-Politiker K. Biedenkopf mitgewirkt hatte, gehörte Deutschland „weiterhin zu den besten wirtschaftlichen Standorten der Welt. Die meisten europäischen Wettbewerber seien der Bundesrepublik bei den Standortqualitäten sogar mehr oder minder unterlegen" (Handelsblatt, 18. 10. 1989). Als Begründung führte an anderer Stelle Y. Kurosawa, Vize-Präsident der Industrial Bank of Japan, den

---

„... günstigen Ausgangspunkt der Bundesrepublik im Zusammenhang mit der Realisierung des EG-Binnenmarktes (an). Was Deutschland als Ziel für japanische Investitionen so interessant macht, sind u. a. das hohe Bildungsniveau und die gute Ausbildung der dort verfügbaren Arbeitskräfte, die hohe Produktivität, das stabile Arbeitgeber-Arbeitnehmerverhältnis, die gut ausgebaute Infrastruktur, vorbildliche Universitäten und Forschungseinrichtungen sowie eine hohe Fortschrittsgläubigkeit."

(Quelle: Wirtschaft und Wettbewerb, Heft 6, 1988, S. 456)

Es gab auch warnende Hinweise, die sich insbesondere auf die immer stärker zurückgehenden Arbeitszeiten bezogen. Insgesamt gesehen konnte die Bundesregierung in der EG jedoch aus einer Position handelspolitischer Stärke verhandeln. Das wurde insbesondere deutlich beim Streit um die Zulassung japanischer Automobilimporte. Hier vertraten die südlichen Autoproduzenten Frankreich und Italien eine harte Abwehrlinie, während sich die deutsche Seite für die **Offenhaltung der Märkte** auch gegenüber Japan einsetzte. Selbst E. Reuter, der Chef des größten deutschen Konzerns, der Daimler Benz AG, warnte vor der „Festung Europa", obwohl sein

„Wir wollen den Binnenmarkt — aber nicht als Festung Europa"

Bundeskanzler Kohl eröffnet Cebit '89

Die Welt, Bonn, vom 8. März 1989

wgi — Mit einem Bekenntnis zur politischen und wirtschaftlichen Weltoffenheit hat Bundeskanzler Helmut Kohl die Hannover Messe Cebit '89 in Hannover eröffnet. „Wir wollen den europäischen Binnenmarkt — aber nicht als ‚Festung Europa'", sagte der Bundeskanzler.

Die anstehenden Probleme können nach Ansicht von Kohl nicht durch den Schritt zurück hinter nationale Schutzzäune gelöst werden. Deshalb begrüßt die Bundesregierung, daß die Zustimmung zur stärkeren internationalen Zusammenarbeit nicht nur wirtschaftlich, sondern auch politisch zunehmend an Boden gewinnt. Alte nationale Handelsgrenzen dürften aber nicht durch neue und größere Handelsblöcke ersetzt werden, die nach außen um so stärker abgeschottet würden. „Wir unterstützen die Intensivierung regionaler wirtschaftlicher Zusammenarbeit. Doch dies darf nicht zum Vorwand für einen neuen Protektionismus werden", sagte Kohl.

Der europäische Binnenmarkt darf nach Ansicht des Bundeskanzlers nicht nur den europäischen Ländern neue Entwicklungsperspektiven eröffnen, sondern müsse zugleich den Handelspartnern in Übersee interessante, zusätzliche Absatzmöglichkeiten bieten. Aus dem gleichen Grunde wolle die Bundesregierung den Erfolg der laufenden Gatt-Verhandlungsrunde, denn bei allen verständlichen Interessengegensätzen gebe es für die Beteiligten keine wirkliche Alternative zu einem positiven Ausgang der Handelsgespräche.

In der Zeit bis 1992 seien in Europa noch schwierige Probleme zu bewältigen, so die Harmonisierung der indirekten Steuern und der technischen Normen, die Schaffung eines europäischen Gesellschaftsrechtes sowie die Ergänzung des europäischen Wettbewerbsrechtes um eine Fusionskontrolle. Geklärt werden müsse auch noch der Weg zu einer Zentralbank und Währung. ...

Quelle: Die Welt, 8. 3. 1989

Unternehmen von freien Japanimporten unmittelbar betroffen war. Für ihn – wie für die Bundesregierung – wäre der protektionistische Schutz nur die Schaffung eines windstillen Schonraumes, in dem eine langfristig erfolgreiche Wettbewerbspolitik mit weiter wachsender Produktivität nicht gedeihen konnte.

Importwettbewerb senkt Preise

Die Bundesregierung intensivierte die EG-internen Verhandlungen über die gemeinsame Zollaußenmauer, indem sie durch den damaligen Bundeswirtschaftsminister Haussmann die Forderung nach zusätzlichen Zollsenkungen gegenüber den Drittländern erhob. Als Begründung führte der Minister die **preissenkenden Wirkungen eines verstärkten Importwettbewerbs** bei niedrigeren Zollbelastungen an – eine aus seiner Sicht hilfreiche Unterstützung der Stabilitätspolitik der EG: „Ich würde es begrüßen, wenn wir in der EG auch durch außenwirtschaftliche Schritte dem Preisauftrieb entgegentreten könnten" (Der Tagesspiegel, 3. 8. 1989).

Die deutschen Unternehmen bereiteten sich ihrerseits, wie allerdings auch die Firmen der anderen EG-Staaten, auf den intensiveren Wettbewerb durch Investitionen in den Nachbarstaaten vor. Es wurden dort Unternehmen aufgekauft, neue Unternehmen gegründet oder mit Firmen aus den Nachbarstaaten Gemeinschaftsunternehmen („joint ventures") aufgebaut. Man versprach sich davon **größere Marktnähe** und damit eine **bessere Marktdurchdringung.** Die Industrie wollte so aber auch die **Kostenvorteile** wahrnehmen, die der Auslandsstandort bot, nicht zuletzt bei den Löhnen.

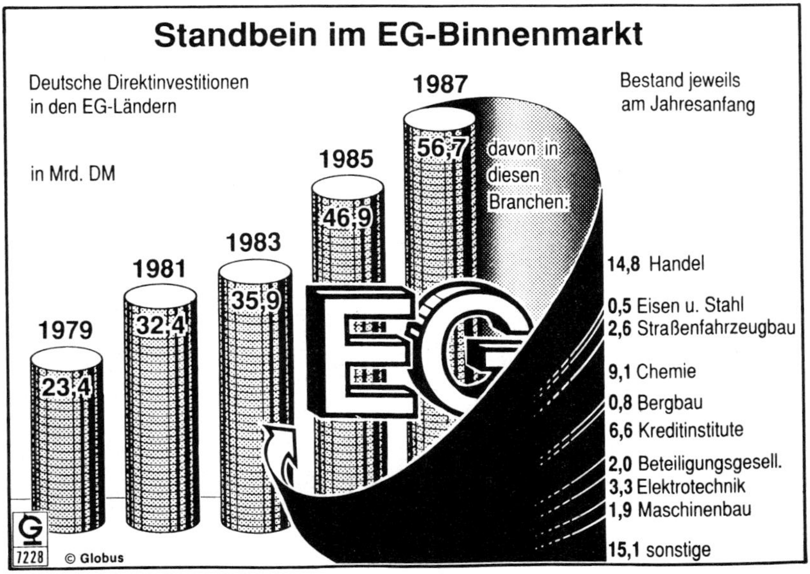

Die Bundesregierung ihrerseits ermunterte die Unternehmen zu verstärkten Auslandsaktivitäten. Für die eher exportschwachen kleineren und mittleren Unternehmen wurde ein besonderer Informationsdienst eingerichtet. Mit dessen Hilfe wurden diese Unternehmen besser auf den Binnenmarkt vorbereitet, so daß im Ergebnis zwei Drittel aller Betriebe vom EG-Binnenmarkt eine leichte bis deutliche Umsatzzunahme erwarteten.

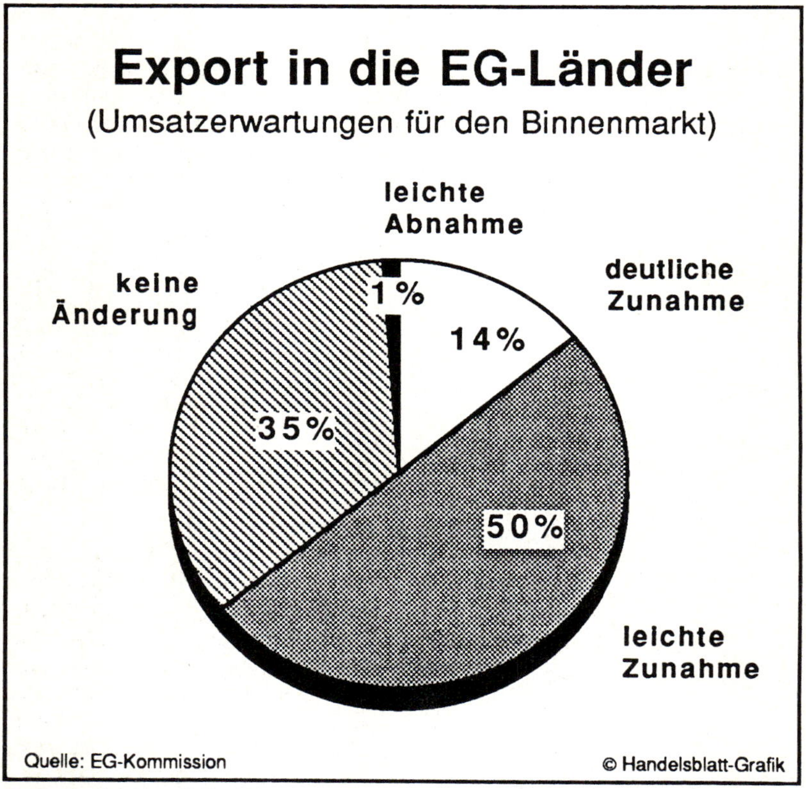

Quelle: Handelsblatt, 12.10.1989

Nicht jede Branche erwartete gleichermaßen eine Begünstigung durch Europa '93. Zu denen, die eher negativ betroffen sein dürften, zählten alle Industriezweige mit weitgehend „ausgereizter" Technik wie z. B. die Textil- und Bekleidungsindustrie. Diese Branche hatte, um überhaupt noch überleben zu können, einen Teil ihrer einfacheren Produktionen schon vor vielen Jahren in sog. Niedriglohnländer und -regionen innerhalb der EG ausgelagert. Da der „Wettbewerb in der europäischen Textilindustrie schon weit vorangeschritten (sei, wären) auf der reinen produktiven Seite, wie Spinnen und Weben, keine großen Kostensenkungen mehr möglich, weder durch Technik noch durch Großserien" (Frankfurter Allgemeine Zeitung, 20.10. 1989). Die Folge wäre, daß künftig **Unterschiede in den Lohn- und Sozialkosten stärker auf die Preise und damit die Wettbewerbsfähigkeit** durchschlügen. Die höheren deutschen Lohnkosten ließen sich dann nicht mehr durch überdurchschnittliche Produktivitätssteigerungen ausgleichen.

Wettbewerbsnachteile deutscher Unternehmen

Als Entwicklungsperspektive erwarteten die deutsche Textilindustrie und manch andere Branche, daß die europäische Industrie insgesamt neue **Wachstumsimpulse durch die Binnenmarktintegration** erhielt. Diese Expansionserwartungen führten bereits zu eher sonderbaren Angriffen gegen den Cecchini-Report der EG-Kommission, der bei insgesamt beachtlichen Wachstumserwartungen der Bundesrepublik Zuwachsraten nur unterhalb des EG-Durchschnitts zugesprochen hatte. Begründung: Das überdurchschnittliche Aufholen der bislang weniger industrialisierten neuen EG-Mitglieder würde das Wachstum der derzeit am weitesten entwickelten Staaten relativ kleiner ausfallen lassen: für die Bundesrepublik konkret 4,2% Wachstum bei einem EG-Schnitt von 4,5%. Hier meldete das Münchner Ifo-Institut für Wirtschaftsforschung Protest an: Laut „Handelsblatt" vom 23./ 24.2.1990 bemängelte das Institut, daß die EG einen besonderen Innovations- und Investitionsschub vernachlässigt hätte, den die Bundesrepublik erwartete. Die deutsche Investitionsgüterindustrie profitiere nämlich überdurchschnittlich davon, daß sich alle EG-Staaten auf Europa '93 einrichteten und unerwartet viele Anlagen und Maschinen in Deutschland orderten.

Deutschland liefert Maschinen und Anlagen

Mit dieser Argumentationskette hatte sich auch die Bundesregierung gegen die verärgerten Nachbarn politisch gewehrt – die deutschen Überschüsse waren ja gleichzeitig die Defizite der EG-Partner. Und wenn die Bundesrepublik so deutlich von der EG profitierte, sollte sie auch mehr für die Gemeinschaft leisten. Die Bonner Antwort: Wir würden ja nur deshalb so viel an die EG-Mitglieder verkaufen, weil die sich mit deutscher Technik auf den Binnenmarkt vorbereiteten. Damit würden sie produktiver und schärfere Konkurrenten der deutschen Industrie werden, womit die deutschen Überschüsse nur ein zeitweiliges Problem wären.

Trotz guter Ausgangslage gab es am Rande der Binnenmarktentwicklung noch eine Reihe von Unstimmigkeiten, die das politische Klima in der EG belasteten. Es waren umwelt- und verbraucherpolitische Entscheidungen der Bundesregierung, die die EG-Lieferanten schlicht als Handelsbeschränkungen auffaßten und zum Teil durch Urteil des Europäischen Gerichtshofs korrigieren mußten:

Verbraucherschutz als Handelsbeschränkung?

- Das von deutscher Seite verordnete **„Reinheitsgebot" beim Bierbrauen** hatte dazu geführt, daß alle ausländischen Biere, die dieser Norm nicht entsprachen, in Deutschland nicht verkauft werden konnten. Dieses von der deutschen Brauwirtschaft begrüßte Embargo scheiterte am Gerichtshof, der den Verbrauchern selbst die Entscheidung überließ, welche Biere sie trinken wollten – sofern diese vergleichbaren gesundheitspolitischen Ansprüchen genügten. Die Bundesregierung mußte einlenken und das Importverbot aufheben, behielt sich aber vor, ausländische Anbieter zu zwingen, auf der Verpackung die verwendeten alternativen Ausgangsstoffe darzulegen.

Diese grundsätzlich nicht unbillige Forderung wurde dann so verschärft, daß sie für die EG-Partner eine reine Diskriminierung darstellte. So mußten Konservierungsmittel detailliert ausgewiesen werden. Für den Verbraucher schien das Bier damit ein reines Chemieprodukt geworden zu sein.

- Einen **europäischen Weinkrieg** erwartete die „Wirtschaftswoche" (Nr. 33/89, 11. 8. 1989) als Folge der Absicht des Bundesumweltministeriums, Mehrwegverpackungen zu fördern. Die „Bonner Forderung, daß künftig 50 Prozent des in der Bundesrepublik verkauften Weins in Mehrwegflaschen abgefüllt sein müssen, rief die französischen Winzer auf den Plan. Sie fürchten um ihre besten Kunden" (ebenda). Ein provençalischer Winzer würde es nie schaffen, das Flaschenleergut zurückzunehmen. Reinigung und Transport über diese Entfernungen würden das Endprodukt so verteuern, daß die deutsche Weinwirtschaft lästige Konkurrenten loswerden würde. So „witterte die französische Regierung denn auch inzwischen protektionistische Absichten des deutschen Nachbarn und fürchtete ein neues Handelshemmnis" (ebenda) und drohte an, die Bundesregierung erneut zu verklagen.

Erinnert sei an den Streit um die Normen für Abgaskatalysatoren bei Autos – eine Umweltmaßnahme, die von der europäischen Konkurrenz als Versuch angesehen wurde, den deutschen Markt für andere EG-Fahrzeuge zu schließen.

Diese Streitigkeiten verdeutlichen, daß erst die **EG-interne Angleichung der gesundheits-, verbraucher- und umweltpolitischen Normen dazu führen wird, daß der Handel innerhalb des Binnenmarktes ohne Diskriminierung** verläuft. Die Abwehr EG-fremder Produkte mit denselben Begründungen wird jedoch auch noch in den kommenden Jahren zu erwarten sein.

2.2. „Soziale Demontage"? Vor- und Nachteile des Binnenmarktes für die Entwicklung von Mitbestimmung und sozialen Schutzrechten

Das Selbstverständnis der Europäischen Gemeinschaft – 1957 als „Wirtschafts"-Gemeinschaft gegründet – bestand darin, die wirtschaftliche Leistungsfähigkeit des „Alten Kontinents" durch Überwindung der Zersplitterung in kleine Märkte zu steigern. Die sozialen Folgen dieses Einigungswerkes waren zwar schon damals bedacht und in die Verträge aufgenommen worden, allerdings nur in sehr allgemeiner Form, die keine eigenständige sozialpolitische Kompetenz der EG begründete:

Keine sozialpolitische Kompetenz

Die Sozialpolitik blieb Sache der Mitgliedsstaaten; „anders als etwa im Verkehrs- oder im Agrarsektor verfügt die Gemeinschaft nicht über eine ausdrückliche Ermächtigung, eine ‚Arbeitsordnung' zu erlassen oder gar die innere Struktur von Betrieben und Unternehmen festzulegen" (W. Däubler, Sozialstaat EG? Notwendigkeit und Inhalt einer Europäischen Grundrechtsakte, in: Sozialstaat EG? Die andere Dimension des Binnenmarktes, Gütersloh 1989, S. 82).

Dieser „Geburtsfehler" der Gemeinschaft ließ es zu, daß sich die **Sozialordnungen der Mitgliedsstaaten weitgehend unkoordiniert** veränderten und dabei auseinanderentwickelten. Das galt nicht nur für die Lebensrisiken, die durch Sozialpolitik für die Betroffenen gemildert werden sollten, sondern auch für die staatlichen und privaten Finanzmittel, die zur Behebung bzw. Vermeidung sozialer Schäden aufzuwenden waren.

Sozialpolitik beeinflußt Wettbewerbsfähigkeit

Gerade letzterer Gesichtspunkt macht das fundamentale Dilemma deutlich: Sozialpolitik ist „Kostenpolitik". Je besser der Sozialstaat ausgebaut wird, desto teurer wird er. Und der Mitgliedsstaat, der besondere soziale Leistungen anbietet, ist dann womöglich derjenige, der wegen **kostspieligerer Produktion internationale Wettbewerbsnachteile** erleidet. Deren Folge: Weniger Absatz, geringere Produktion, höhere Arbeitslosigkeit! Kein Wunder also, daß die Sozialpolitik dem europäischen Einigungsprozeß hinterhertrottete.

EG '93 verändert Sozialpolitik der Gemeinschaft

Die Perspektive Europa '93 ließt es nicht mehr zu, sozialpolitisch wie bisher zu handeln. Es wurde offensichtlich, daß die Vollendung des Binnenmarktes die verschiedenartigen Regelungen der Sozialpolitik verstärkt zu einem Faktor machen würde, der die Wettbewerbsverhältnisse in der Gemeinschaft beeinflußte. Die Folge: **Die Kommission in Brüssel sollte zusätzliche Kompetenzen erhalten.** Dafür wurde als Rechtsgrundlage der EWG-Vertrag durch die Artikel 118 a (Verbesserter Arbeitsschutz in bezug auf Arbeitsplatzsicherheit und Gesundheit) und 118 b (Förderung des Dialogs zwischen den Sozialpartnern) ergänzt, und zwar ebenfalls durch die „Einheitliche Euro-

Quelle: FAZ, 30.6.1989

päische Akte“ von 1985, die ja allgemein die Grundlagen der Binnenmarktintegration legte.

Welche Aufgabenbereiche stellen sich einer europäischen Sozialpolitik? Wo können Konflikte entstehen? Betrachtet man den von der zuständigen EG-Kommissarin Vasso Papandreou Ende 1989 vorgelegten Entwurf für eine **EG-Sozialcharta,** dann findet man die folgenden Aufgabenfelder:

EG-Sozialcharta

- Freizügigkeit und Gleichbehandlung in allen EG-Staaten;
- freie Berufswahl und -ausübung;
- „gerechte“ Entgelte für jede Beschäftigung;
- unentgeltliche Inanspruchnahme der Dienste von Arbeitsämtern;
- Verbesserung aller Lebens- und Arbeitsbedingungen;
- Recht auf Urlaub und auf Ruhezeiten;
- Recht auf Mindesteinkommen;
- Organisations- und Gewerkschaftsfreiheit;
- Streikrecht;
- Recht auf berufliche Fortbildung;
- Chancengleichheit von Männern und Frauen;
- Mitwirkung der Arbeitnehmer bei betrieblichen Entscheidungen;
- ausreichender Gesundheits- und Sicherheitsschutz für alle;
- besondere Jugendschutzmaßnahmen;
- Schutz der Altersrentner;
- Schutz für Behinderte;
- Verpflichtung der Mitgliedsstaaten, diese Schutzrechte rechtlich oder tarifvertraglich abzusichern.

Ein Blick auf die Auflistung zeigt, daß die meisten der **sozialen Grundrechte** in der Bundesrepublik entweder **durch den Gesetzgeber** (z. B. dynamisierte Altersrente) oder **durch Tarifverträge** zwischen Unternehmerverbänden und Gewerkschaften (Urlaubsregelungen) abgesichert sind. Grundlegende Bestimmungen (z. B. Gleichberechtigung von Mann und Frau sowie das Streikrecht) haben sogar **grundgesetzlichen Schutz.** Insofern sind sie als Voraussetzungen, aber auch als Ergebnisse von vier Jahrzehnten sozialer Marktwirtschaft in Deutschland anzusehen.

40 JAHRE SOZIALSTAAT / Kohl warnt vor Sozialdumping

Soziale Marktwirtschaft als Modell für Europa

HANDELSBLATT, Montag, 30.10.1989

pt DÜSSELDORF. Bundeskanzler Helmut Kohl sieht in der Verwirklichung des in der Bundesrepublik so erfolgreichen Konzeptes der sozialen Marktwirtschaft den besten Weg, die „soziale Dimension des Binnenmarktes" zu verwirklichen. In Essen erteilte Kohl auf dem Kongreß „40 Jahre Sozialstaat Bundesrepublik Deutschland" des Bundesarbeitsministeriums erneut Sozialdumping in jeder Form durch den EG-Binnenmarkt eine Absage. Die Tarifpartner forderte er auf, den Staat bei der Bekämpfung der Langzeitarbeitslosigkeit nicht allein zu lassen.

Der Sozialstaat Bundesrepublik Deutschland sei, so Kohl weiter, vor neue Herausforderungen gestellt. Allein in diesem Jahr erwarte die Bundesrepublik 500 000 Aus- und Übersiedler. Er äußerte sich zuversichtlich, daß ihre Eingliederung dank der günstigen wirtschaftlichen Lage gelingen dürfte. Als Zukunftsaufgaben bezeichnete Kohl den Ausbau des Familienlastenausgleichs und die Versorgung von Dauerpflegefällen. Geburtenrückgang und der steigende Anteil älterer Bürgerinnen und Bürger würden in den nächsten Jahren das Sozialleistungssystem auf eine in ihrer Bedeutung kaum zu überschätzende Bewährungsprobe stellen.

Bei der Schaffung der sozialen Dimension des Binnenmarktes werde es vor allen Dingen darum gehen, eine Anhebung des sozialen Standards, vor allem in den weniger entwickelten Ländern der Gemeinschaft entsprechend dem wirtschaftlichen Fortschritt zu erreichen. Kohl: „Wir brauchen deshalb in der Gemeinschaft eine Sozialcharta, in der die sozialpolitischen Leitsätze unseres künftigen Handelns im Binnenmarkt aufgezeigt werden." Darüber hinaus sei ein verbindliches Regelwerk von europäischen Mindeststandards erforderlich. Notwendig sei weiter die Sicherung eines möglichst hohen Niveaus beim Arbeitsschutz. Hier gelte es sicherzustellen, daß das in der Bundesrepublik Erreichte beibehalten werde. Es gebe allerdings Bereiche, die wegen ihrer unterschiedlichen historischen Ausgestaltung derzeit für eine Harmonisierung nicht in Frage kämen. Dies gelte insbesondere für die sozialen Sicherungssysteme. Hier, so Kohl, wie auch im Bereich der Mitbestimmung „sehe ich vorerst noch ein Nebeneinander der unterschiedlichen nationalen Regelungen" (Seite 5).

Quelle: Handelsblatt, 31. 10. 1989

Streit gibt es dennoch, und zwar in erster Linie wegen der Unverbindlichkeit der EG-Sozialnormen. Der Deutsche Gewerkschaftsbund forderte daher, einklagbare Arbeitnehmerrechte vorzusehen und die EG-Sozialpolitik nur als gemeinsame soziale Untergrenze zu betrachten. Es sei auf jeden Fall zu verhindern, daß sich eine Angleichung aller sozialpolitischen Errungenschaften auf einem mittleren Niveau abspiele. Denn das hätte zur Folge, daß die deutschen sozialen Erfolge wieder abgebaut werden müßten.

EG-SOZIALCHARTA / Scharfe Kritik an Großbritannien und den deutschen Arbeitgebern

DGB-Chef Breit besteht auf einklagbaren Rechten für Arbeitnehmer im Binnenmarkt

HANDELSBLATT, Donnerstag, 2.11.1989

sm BONN. Viele „offene Konflikte und soziale Kämpfe" hat der Vorsitzende des Deutschen Gewerkschaftsbundes (DGB), Ernst Breit, angedroht, falls nicht EG-weit einklagbar Sozialrechte geschaffen würden.

Ohne gerechte soziale Spielregeln sei der Binnenmarkt für die Arbeitnehmer nicht akzeptabel, bekräftigte Breit die Haltung des DGB in der derzeitigen Auseinandersetzung um die Verabschiedung einer Europäischen Sozialcharta.

Breit forderte vor der Presse in Bonn die Bundesregierung, den EG-Ministerrat und die Brüsseler Kommission auf, den Entwurf der Gemeinschafts-Charta nachzubessern und das in Aussicht gestellte Aktionsprogramm mit konkreten Rechten auszugestalten. Diese Mindestrechte dürften keinesfalls zu Minimalrechten zusammenschrumpfen, die das jeweils niedrigste Niveau absicherten. Sie müßten vielmehr zu spürbaren Verbesserungen für die Arbeitnehmer führen, wie dies auch die Bundesregierung fordere.

Quelle: Handelsblatt, 3.11.1989

Bei der politischen Würdigung der Sozialpolitik entstanden Schwierigkeiten auf Seiten der deutschen Gewerkschaften: Diese kritisierten einerseits verbreitetes Elend bei unzureichendem sozialen Schutz in der Bundesrepublik, gleichzeitig wollten sie die sozialen Erfolge in der Bundesrepublik schützen und ausbauen, als es um das EG-Sozialrecht ging. Bemerkenswert war jedoch, daß die Gewerkschaften sozialpolitische Erfolge als Argument **für** (nicht: gegen) den Industriestandort Bundesrepublik anführten: Für letzteren sprächen

- das hohe Ausbildungsniveau,
- die gute Infrastruktur,
- die durchschnittlichen Lohnstückkosten,
- die hohe Produktionsflexibilität sowie
- der soziale Friede.

(Quelle: DGB, Informationen zur Wirtschafts- und Umweltpolitik, Düsseldorf, 13.9.1989)

Soziale Sicherheit fördert Innovationsbereitschaft

In dieser Einschätzung war den Gewerkschaften zuzustimmen. Die Bereitschaft, sich den technischen Herausforderungen zu stellen und diese im Interesse der internationalen Wettbewerbsfähigkeit schnell in neuen Produkten und verbesserten Produktionsverfahren einzusetzen, stieg mit dem Grad der sozialen Absicherung. Insofern konnte man die **Ausgaben für sozialen Schutz auch als eine Investition in die Anpassungsfähigkeit und Modernisierbarkeit des heimischen Wirtschaftsstandorts** ansehen.

Die EG-Wirklichkeit war leider komplizierter, wie die gemeinsame Abwehrfront von deutschen Gewerkschaften und Unternehmern gegen ein befürchtetes EG-Sozialdumping zeigte. Was hatte hier „Kapital und Arbeit" in ein gemeinsames (Rettungs-?)Boot gezwungen?

a. Sozialdumping

Es ging beim Sozialdumping um Veränderungen der internationalen Wettbewerbsfähigkeit zu Lasten der Länder mit hohen sozialen Standards. Letztere erwarteten massive Preisunterbietungen („Dumping") durch die weniger entwickelten Staaten, deren niedrige Löhne, aber auch unbedeutende Sozialaufwendungen entsprechend geringe Preise ermöglichten. Die befürchtete Folge: Eroberung größerer Marktanteile sowie Standortverlagerungen und Investitionen in den Ländern mit niedrigerem Standard. Die Wirkung für die Staaten mit hohen Sozialaufwendungen: Arbeitslosigkeit.

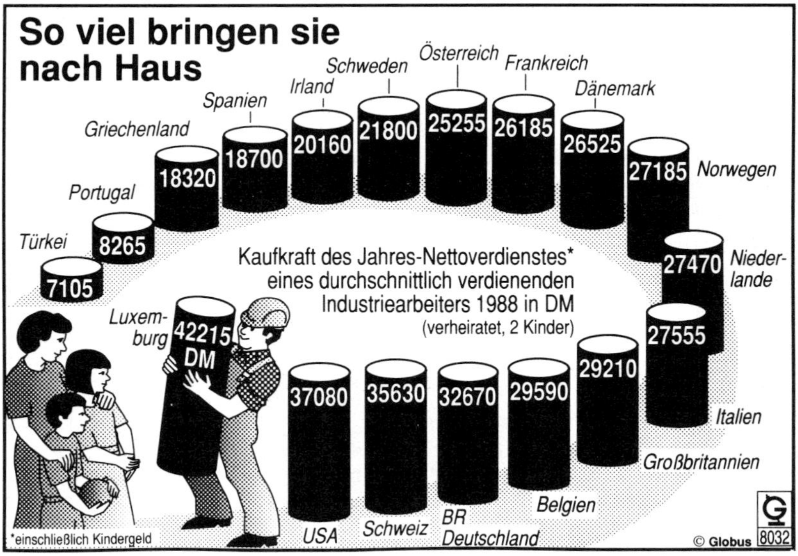

Tatsächlich waren die Löhne innerhalb der EG noch sehr verschieden. Das gleiche galt für die sog. Lohnnebenkosten, die in der Bundesrepublik etwa 90 % der Löhne ausmachten und das soziale Netz finanzierten. Als Teil der Lohnkosten konnte man aber auch die Arbeitszeitenregelungen (Wochenarbeitszeiten, Urlaub, Pausen usw.)

ansehen. Gleichfalls ein wichtiger Aspekt des sozialen Schutzes: Je länger die teuren Fabriken in Betrieb waren, desto geringer waren zwar die Produktionskosten, andererseits stellte der Mehrschichtenbetrieb eine große Belastung für die Arbeitnehmer dar (Nacht-, Wochenendarbeit). Hier gab es **Unterschiede innerhalb der Gemeinschaft mit erheblichen Einflüssen auf die jeweilige Arbeitsplatzsicherheit.**

Beispiel Autoindustrie

Wie das dann praktisch aussah, läßt sich am Beispiel der Automobilindustrie, der **Adam Opel AG,** darstellen. Die deutschen Gewerkschaften waren an hohen Löhnen und kurzen Arbeitszeiten, möglichst ohne Schichtbetrieb, interessiert. Die Geschäftsleitung wollte praktisch das Gegenteil. Es gelang ihr, im Werk Saragossa, Spanien, eine dritte Produktionsschicht durchzusetzen, so daß dort rund um die Uhr gearbeitet wurde. Dem hatte die spanische Gewerkschaft zugestimmt, weil in der dortigen Gegend eine 22%ige Arbeitslosigkeit herrschte und der Dreischichtenbetrieb zusätzliche Einstellungen ermöglichte.

Daraufhin gelang es dem Management, mit Hinweis auf Spanien die Maschinenlaufzeiten im Werk Antwerpen, Belgien, auf 110 Wochenstunden zu erhöhen. Der Widerstand der dortigen Belegschaften schmolz, als von möglichen Produktionsverlagerungen nach Spanien gesprochen wurde. Als letzte waren dann die Betriebsräte im Werk Kaiserslautern an der Reihe; Widerstand gegen einen Mehrschichtbetrieb bzw. Sonnabendarbeit hätte die baldige Produktionsverlagerung ins Ausland bedeutet.

Es war verständlich, wenn sich daraufhin die Gewerkschaften dafür einsetzten, möglichst hohe soziale Normen in allen Mitgliedsstaaten festzuschreiben – der Wettbewerbsvorteil der Niedriglohnländer würde sinken, das heimische Sozialleistungsniveau nicht gefährdet werden.

Es war andererseits nachvollziehbar, wenn Vertreter der deutschen Industrie darauf verwiesen, daß

„künftig auch Arbeits- und Sozialrecht, Betriebsverfassung und Mitbestimmung, Kündigungsschutz, Arbeitszeit und Sozialpläne zu Wettbewerbsfaktoren werden" (Präsident des Bundesverbands der Deutschen Industrie, Tyll Necker, in: Wirtschaftswoche, Nr. 26/89, 23. 6. 1989, S. 43).

Damit sollte gewarnt/gedroht werden, **zusätzliche soziale Forderungen würden dazu führen, daß sich in- und ausländische Investoren andere Standorte aussuchten** als Deutschland. Das Ergebnis wäre ein Arbeitsplatzrückgang. Dagegen kämpften wiederum die Gewerkschaften. Sie wollten verhindern, daß

„mit dem Binnenmarkt die Stunde kommen (werde), um soziale Standards einem niedrigeren Niveau in anderen Ländern anzupassen“ (DAG-Vorsitzender Roland Issen, in: Wirtschaftswoche, Nr. 26, 23.6.1989, S. 43).

Grenzen des Sozialdumpings

Tatsächlich waren die **Gefahren eines Sozialdumpings begrenzt.** Für die Wettbewerbsfähigkeit des Standorts Bundesrepublik waren – wie von den Gewerkschaften oben zu Recht herausgestellt worden war – die Produktivität, die Infrastruktur (Verkehrswesen, Bildungssystem), die Marktnähe, die Qualitäten und die Zuverlässigkeit besonders wichtig. Unterschiedliche Sozialstandards wurden davon aufgefangen.

Die Haltung der EG-Kommission läßt sich so kennzeichnen: EG-weite Setzung von Mindeststandards bei erkennbarer Tendenz, diese Sozialregelungen zu verschärfen. Länder mit weiteren Sozialrechten könnten diese beibehalten und auch ihrerseits noch ausdehnen. Angesichts der Leitfunktion der entwickelteren EG-Mitgliedsstaaten waren dann nicht nur die technologischen, sondern auch die sozialen Vorsprünge das Ziel, auf das sich die anderen Staaten mit zunehmender Binnenmarktintegration hinentwickeln würden.

b. Gefährdung der Mitbestimmung

Ein weiterer Konfliktfall für die Sozialpartner in der Bundesrepublik zog mit der Beratung über die **europäische Aktiengesellschaft** am Horizont auf: Hat die „deutsche“ Mitbestimmung in der EG noch eine langfristige Chance?

Europa-AG

Worum ging es bei der Europa-AG? Zunehmendes Zusammenwachsen der Mitgliedsstaaten führte auch zur Schaffung grenzüberschreitender Unternehmen – ein deutsches und ein französisches Unternehmen schlossen sich zu einem großen zusammen („Fusion“) oder gründeten Gemeinschaftsunternehmen („joint ventures“). Welche Rechtsform sollten diese neuen Betriebe haben? Eine wichtige Frage, weil das die Leitung, die Haftung, aber auch die Mitbestimmung innerhalb des Unternehmens regelte.

Die Frage nach der **Mitbestimmung wurde gerade aus deutscher Sicht zu einem besonderen Streitpunkt, weil hier der größte Umfang an Mitwirkungsmöglichkeiten durch die Arbeitnehmer erkämpft** worden war.

Da es keine Möglichkeit gab, sich EG-weit auf ein Modell zu einigen (Grund: In vielen anderen Ländern wollten die Gewerkschaften keine Mitbestimmung, um nicht in eine Verantwortung für das Gesamtunter-

Mitbestimmung

Vertretung von Arbeitnehmern in Aufsichts- und Verwaltungsräten

Land	Regelung
Belgien	nur in den Verwaltungsräten öffentlicher Verkehrsunternehmen
Dänemark	im Aufsichtsrat (Beteiligung: zwischen zwei und der Hälfte der Mandate)
Bundesrepublik Deutschland	im Aufsichtsrat (Beteiligung: ein Drittel bis zur Hälfte der Mandate)
Frankreich	Beobachterstatus
Griechenland	keine Vertretung
Großbritannien	keine Vertretung
Irland	in den Boards von sieben staatlichen Unternehmen
Italien	keine Vertretung
Luxemburg	im Verwaltungsrat (ein Drittel der Mandate)
Niederlande	im Aufsichtsrat (ein Drittel der Mandate)
Portugal	keine Vertretung
Spanien	nur in Verwaltungsräten öffentlicher Betriebe

Wirtschafts Woche

Quelle: Wirtschaftswoche, Nr. 26/89, 23.6.1989

nehmen einbezogen zu werden), veröffentlichte die **EG-Kommission einen Entwurf für eine europäische AG, der alle Varianten offenhielt:**

- Vertretung der Arbeitnehmer in einem Aufsichtsrat (deutsches Modell);
- Schaffung eines eigenständigen Personalvertretungsorgans;
- tarifvertragliche Regelungen über Umfang und Inhalt von Mitwirkungsrechten.

Jedem Mitgliedsstaat sollte es unbenommen sein, eine oder mehrere Varianten auf seinem Territorium für verbindlich zu erklären.

Gefährdung der Mitbestimmung

Für die Gewerkschaften blieb die bisher erkämpfte Mitbestimmung dennoch gefährdet: Was geschähe im obigen Fusionsfall, wenn die

Zentrale des Unternehmens nach Frankreich verlegt und dort eine mitbestimmungsfreie Europa-AG gebildet wird? Dann würde zwar für das rechtlich selbständige deutsche Tochterunternehmen die deutsche Mitbestimmung gelten, nicht aber mehr für die Zentrale, wo zudem die wichtigen Entscheidungen gefällt werden.

Beispiel Airbus Industries

Daß diese Sorgen nicht nur theoretisch bestanden, zeigte das Beispiel der Airbus Industries, die ein europäisches „High-Tech-Paradestück" (so die ZEIT vom 21.4.1989) herstellte, den Airbus. Wenn dessen Produktion technisch auch klappte, so „klaffen doch gesellschafts- und sozialrechtlich gewaltige Lücken für die Menschen, die alles organisieren und koordinieren" (ebenda). Es gab dort praktisch keinen Betriebsrat. Die von ihren deutschen Firmen für die Airbus-Montage nach Frankreich abgestellten Mitarbeiter waren „plötzlich Arbeitnehmer minderen Rechts, die sich mit einem fremden Arbeitsrecht, dem französischen, konfrontiert sehen." (ebenda) Arbeitsplatzregelungen, die in Deutschland mitbestimmungspflichtig waren, wurden in Frankreich über die Köpfe der Betroffenen hinweg vom „Patron" entschieden. Statt Verhandlungen blieb dann nur die Zuspitzung des Konflikts und der Versuch, eine Veränderung durch Streiks herbeizuführen.

Mitbestimmung als Faktor von Investitionsentscheidungen

Der für die Binnenmarktintegration zuständige Vizepräsident der EG, M. Bangemann, versicherte zwar in einem Beitrag in der „Wirtschaftswoche" (Nr. 43/89 vom 20.10.1989), daß es die „Bundesregierung selbst in der Hand habe, die deutsche Mitbestimmung auf alle Europa-AGs mit Sitz in der Bundesrepublik auszudehnen." Dennoch müsse sich die neue Rechtsform in Europa einem Wettbewerb stellen, ob sie die geeignetste für die Unternehmen sei. Obwohl die Europa-AG, so Bangemann, eine „vernünftige Brücke zwischen den verschiedenen Rechtskulturen schafft", wäre nicht auszuschließen, daß Unternehmen aus der Bundesrepublik abwanderten, „um der Mitbestimmung zu entgehen." Nur wäre das keine neue Erscheinung, weil Unternehmen das theoretisch schon immer konnten – praktisch sei kein Fall überliefert, daß sie das dann auch tatsächlich taten. Im Gegenteil, mit der Europa-AG werde das noch weniger wahrscheinlich, weil die eine oder andere Form der Mitbestimmung in jedem Mitgliedsstaat eingeführt werden würde.

Auf fortbestehendes Mißtrauen der Gewerkschaften traf dann noch die Kritik der deutschen Unternehmen: Die EG-Kommission hatte nämlich zu einem Trick gegriffen, um die Europa-AG gegen den heftigen britischen Widerstand durchsetzen zu können. Da die Briten jede Mitbestimmungsregelung mit einem Veto verhindert hätten, bezog sich die Kommission als Rechtsgrundlage auf Art. 54 EWG-Vertrag, der eine Mehrheitsentscheidung zuläßt. Damit konnte der britische Widerstand überstimmt werden.

Bemerkenswert war, daß der Art. 54 nur die Koordinierung von

Arbeitsschutzvorschriften beinhaltet. Fragen der Mitbestimmung, also „Bestimmungen über die Rechte und Interessen der Arbeitnehmer“, werden vom Art. 100 a geregelt, für den jedoch Einstimmigkeit vorgeschrieben ist. Die deutschen Arbeitgeber befürchteten, daß die EG-Regelungen zum Anlaß genommen werden könnten, in **Deutschland** Mitbestimmungsrechte einzuführen, die über das geltende Recht hinausgingen und die Eigentumsgarantie des Grundgesetzes verletzten. Letzteres erwarteten sie von einer paritätischen Mitbestimmung, bei der sich die Eigentümer nicht mehr in letzter Konsequenz gegen die Arbeitnehmervertreter durchsetzen könnten.

c. Export von Sozialleistungen

Konflikte zwischen supranationalem EG-Recht und nationalem sozialen Schutz waren 1989 deutlich sichtbar geworden. Sie hatten zu offenem Streit zwischen der Bundesregierung und der EG-Kommission geführt. In diesem Zusammenhang war die **deutsche Regierung verklagt worden, ihre Sozialleistungen auch in das Ausland zu überweisen.** Der Europäische Gerichtshof hatte Anfang 1990 in aufsehenerregenden Entscheidungen die Position der EG-Kommission bestätigt.

Kindergeldzahlungen an das Ausland

Konkret ging es um die Zahlung von Kindergeld an im Ausland befindliche Kinder von Gastarbeitern, sog. **„Wanderarbeitnehmer“** im Sinne der EG. Ein Italiener, der in der Bundesrepublik arbeitete, beanspruchte für seine volljährigen Kinder, die bei der Mutter in Sizilien lebten, das bundesdeutsche Kindergeld. Als Begründung führte er an, daß seine Kinder dort keine Arbeit gefunden hätten. Die deutschen Behörden verweigerten diese Zahlung mit der Begründung, daß die Kinder dem deutschen Arbeitsmarkt nicht zur Vermittlung zur Verfügung stünden.

Der Europäische Gerichtshof wies die Begründung der Bundesregierung zurück. Maßgeblich für den EG-Binnenmarkt sei vielmehr die **Freizügigkeit aller Arbeitnehmer.** Diese dürfe nicht dadurch eingeschränkt werden, daß die Familienangehörigen in einem anderen Land lebten als dem, das die Leistungen erbringt. Einschränkungen der Zahlungen würden in der Konsequenz zu einer Behinderung des Rechts auf Freizügigkeit führen. Wichtig wäre zudem, daß die Kinder der Arbeitsvermittlung an ihrem Wohnort zur Verfügung stünden.

Kostspieliger Sozialtourismus

Die Kritik an der Abschaffung des „Territorialprinzips“ bei den Sozialleistungen hob hervor, daß „dem bundesdeutschen Sozialsystem ein mittelverschlingender Sozialtourismus“ drohte (Wirtschaftswoche, Nr. 52–53/89 vom 22.12.1989), dessen Konsequenzen nicht abzusehen wären. Eine Folge könnte sein, daß bisher angebotene Sozialleistungen wieder zurückgenommen werden müssen – insofern würden deutsche Arbeitnehmer gleich schlecht behandelt wie Ausländer, was unter Diskriminierungsaspekten nach EG-Recht unbedenklich wäre. So womöglich in den folgenden Fällen:

- Die EG-Kommission hat angekündigt, die neu eingeführten **„Baby-Jahre"** bei der Rentenversicherung nicht hinzunehmen, weil diese (meist) Frauen eine zusätzliche Rente gewährten, die ihre Kinder in Deutschland erzogen. Die EG forderte hier die Ausweitung der Rentenleistungen auf alle Frauen der EG, sofern diese in einer „hinreichend engen Beziehung zum deutschen Sozialversicherungssystem" stünden. Dafür reichte, daß sie (oder der Ehemann) einmal „Wanderarbeitnehmerinnen" in der Bundesrepublik waren. Eine Deckung für die möglicherweise zu erwartenden finanziellen Ansprüche hatte die Solidargemeinschaft der Versicherten damals noch nicht erarbeitet.
- Pläne der Bundesregierung, im Rahmen der Rentenreform alle Mindestrenten durch Zusatzleistungen so weit anzuheben, daß eine **„bedürftigkeitsorientierte Mindestsicherung"** für jeden erreicht wird. Ziel war, die „verschämte Altersarmut" anzugehen. Ältere Leute hätten vielfach Scheu, zusätzlich zu ihrer kleinen Rente ergänzende Sozialhilfeleistungen zu beanspruchen. Wie der Direktor des Verbandes Deutscher Rentenversicherungsträger, F. Ruland, im „Handelsblatt" (26.10.1989) mitteilte, wäre zu erwarten, daß derartige Ausgleichszulagen auch an Berechtigte im Ausland hätten gezahlt werden müssen. Das wäre der Fall bei Gastarbeitern mit wenigen Beitragsjahren und entsprechend kleiner Rente, die keine weiteren Ansprüche gegen Rentenversicherer in ihrem Heimatland erworben hätten, weil sie sich nach Rückkehr aus Deutschland selbständig gemacht hatten. Die Zusatzkosten dafür waren nicht kalkulierbar.
- Weitere Auswirkungen auf die Sozialleistungen in der Bundesrepublik könnte die Rentenrechtsprechung der EG bringen. So z.B. auf die für Männer und Frauen unterschiedlichen Zeiten des Rentenbezugs. **Die EG behandelte beide Geschlechter gleich,** während das deutsche Recht für Frauen ein früheres Verrentungslebensjahr vorsah. Die deutschen Einschränkungen bei Witwerrenten müßten ebenfalls an die EG-Sozialpolitik angepaßt werden.
- Es wurden schon erste Anträge auf **Arbeitslosenunterstützung von EG-Ausländern** gestellt, die in ihre Heimat zurückgekehrt waren und dort keine Arbeit finden konnten. Da die deutsche Arbeitslosenunterstützung bzw. -hilfe höher ist als das Einkommensniveau in den südlichen EG-Staaten, eröffnet sich hier ein weiterer Leistungsanspruch gegen das soziale Netz in Deutschland.

Die Hoffnung der Bundesregierung, allzu weitreichende Zusatzansprüche von EG-Ausländern abzuwehren, könnte scheitern. Die EG-

Rentenalter

Gesetzliche Grenze für Altersruhegelder (ohne Vorruhestandsregelungen)

Land	Frauen	Männer
Belgien	60	65
Bundesrepublik Deutschland	60	65
Dänemark	67	67
Frankreich	60	60
Griechenland	60	65
Großbritannien	60	65
Irland	60	65
Italien privater Sektor	55	60
öffentl. Sektor	65	65
Luxemburg	60	65
Niederlande	65	65
Portugal	62	65
Spanien	65	65

Quelle: Europäisches Gewerkschaftsinstitut. Wirtschafts Woche

Quelle: Wirtschaftswoche, Nr. 26/89, 23. 6. 1989

Kommission war nachdrücklich entschlossen, die **Integration des Binnenmarktes voranzutreiben und die Sozialleistungen der Mitgliedsstaaten auf die gesamte EG auszudehnen.** Dazu war die Kommission bestrebt, das Einstimmigkeitsprinzip zugunsten von Mehrheitsentscheidungen aufzugeben. Da die deutschen Sozialleistungen vom finanziellen Umfang her an der Spitze in der Gemeinschaft lagen, befürchtete die Bundesregierung, daß sich die anderen EG-Partner mit breiter Mehrheit auf eine EG-weite Auszahlung der deutschen Sozialleistungen einigten.

2.3. Macht der Großkonzerne oder Intensivierung des Wettbewerbs? Veränderungen der Wettbewerbsbedingungen in der Bundesrepublik durch den gemeinsamen Binnenmarkt

Die Frage nach der Funktionsfähigkeit des Wettbewerbs hatte für die deutsche Wirtschaftspolitik traditionell einen zentralen Stellenwert. Zwei Gründe sind dafür maßgeblich:

1) Wettbewerb wird in den Marktwirtschaften gebraucht, um die entscheidenden **Lenkungsaufgaben** zu erfüllen: Im Wettbewerb wird gewährleistet, daß

Wettbewerbsfunktionen

- die Produktion den Verbraucherwünschen folgt;
- Arbeitskräfte und Sachkapital (Maschinen, Anlagen) in die volkswirtschaftlichen Sektoren wandern, wo diese Ressourcen am dringendsten gebraucht werden;
- die Verteilung der Ergebnisse der Produktion, das Volkseinkommen also, nach der erbrachten Leistung erfolgt – und nicht nach leistungsfremden Privilegien;
- die Volkswirtschaft insgesamt anpassungsfähig bleibt und schnell (viel schneller als eine bürokratisierte Planwirtschaft) auf Änderungen in Verbraucherwünschen, technischen Weiterentwicklungen usw. reagiert;
- die Wirtschaft insgesamt beschleunigt Neuerungen hervorbringt und damit schlechte Produkte, ungünstige Produktionsverfahren, überholte Managementmethoden verdrängt.

2) Gleichzeitig ist Wettbewerb ein Verfahren, private wirtschaftliche **Macht zu kontrollieren.** Der Zwang, sich in Konkurrenz zu anderen Unternehmen am Markt behaupten zu müssen, begrenzt die mißbräuchliche Machtausübung, die gerade starken Unternehmen offenstünde: Sie könnten ja sonst die Preise beliebig stark erhöhen, die Warenqualitäten verschlechtern, mißliebige Konkurrenten verdrängen, die Märkte für andere Anbieter schließen. Bei funktionsfähigem Wettbewerb gelingt das nicht; die Erfahrung hat in zahlreichen Beispielen belegt, daß selbst große Unternehmen gezwungen sind, Preise und Qualitäten den Verbraucherwünschen anzupassen, solange sie durch Wettbewerb kontrolliert werden.

Für diese Anforderungen, die eine soziale Marktwirtschaft an den Wettbewerb richtet, ist der Europäische Binnenmarkt sehr widersprüchlich:

Wettbewerbsbelebende und ...

- einerseits **öffnet der gemeinsame Binnenmarkt die Grenzen** zwischen den Mitgliedsstaaten völlig, so daß sich der **Wettbewerb beleben** dürfte. So stellte das Bundeskartellamt in seinem Zweijahresbericht 1987/88 fest, daß es „das Vordringen ausländischer Hersteller durch Fusionen wettbewerbspolitisch positiv (bewerte), wenn dadurch der Wettbewerb auf verkrusteten Märkten belebt wird“ (Bundestagsdrucksache 11/4611, S. 14).

...beschränkende Wirkungen

- andererseits besteht die **Gefahr, daß sich der gemeinsame Markt nach außen abschottet** und gemeinschaftsfremde Konkurrenz abwehrt;
- weiterhin ist zu befürchten, daß die Perspektive Europa '93 die Unternehmen veranlaßt, sich mit bisherigen Wettbewerbern zusammenzuschließen bzw. ehemalige Konkurrenten aufzukaufen, um (vermeintlich?) für den größeren gemeinsamen Markt besser gerüstet zu sein. **Damit verringerte sich die Zahl der selbständigen Wettbewerber.**
- andererseits könnte der gemeinschaftsweite Wettbewerb belebt werden, wenn durch diese Maßnahmen Unternehmenseinheiten entstehen, die aufgrund gewachsener Betriebsgrößen und erzielter Massenproduktionsvorteile den gemeinsamen Markt erfolgreicher versorgen.

Die Problemlage, die sich der Bundesrepublik stellt, ist damit umrissen: Marktwirtschaftlicher **Wettbewerb wird aus Gründen der Leistungsstimulation und der Machtkontrolle** als unabdingbares Fundament der sozialen Marktwirtschaft gebraucht. Ob Europa '93 jedoch diesem Erfordernis dient, ist lebhaft umstritten.

Umbestritten ist allerdings, daß die Perspektive „Europa '93“ in der Bundesrepublik den Prozeß der **Unternehmenskonzentration weiter beschleunigt** hat. Der kräftige Anstieg bei der Zahl der verschiedenartigen Formen von Zusammenschlüssen – „Fusionen“ genannt – seit Mitte der 80er Jahre fand im Jahre 1989 mit über 1300 Fusionen seinen absoluten Höhepunkt. Etwa 45% aller vom Kartellamt registrierten Zusammenschlüsse hatte einen „Auslandsbezug“.

Betrachtet man die Ursachen dieser Fusionswelle, so wird man immer wieder finden, daß der „Schatten des Binnenmarktes“ angeführt wird: „In ‚Old Europe‘ überlegen immer mehr Unternehmen, wie sie sich für diesen dann größten Wirtschaftsraum mit seinen mehr als 320 Millionen Verbrauchern fit machen können“ (Tagesspiegel 20. 8. 1989). Fit werden will man durch diese Zusammenfassung der Produktionsanlagen, der Forschungsabteilungen und der Vertriebsapparate zu einem Großunternehmen. Nur so glauben die Unternehmen, die entfernteren Märkte des gemeinsamen Binnenmarktes besser erschließen zu können; nur so könne man die Produktvarianten entwickeln, die im Ausland ihren Absatz finden; nur so erhalte man die dafür notwendigen Großkredite von den Banken; nur auf diese Weise lasse sich eine Großserienproduktion aufbauen, die die technisch möglichen Kostensenkungen auch tatsächlich realisiert.

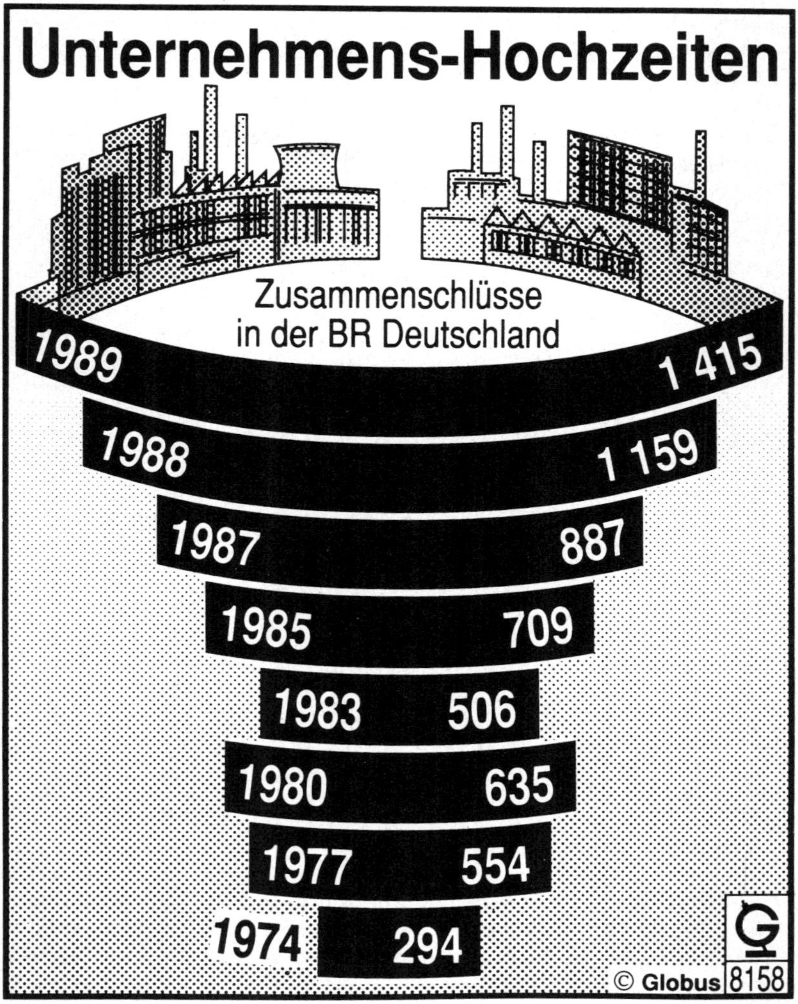

Neben diesen eher technischen Gründen gibt es noch handfeste **marktstrategische Interessen:** Zunehmende Unternehmensgröße soll auch zusätzliche Marktmacht verleihen. Als Marktmacht gilt die Fähigkeit, auch gegen die Widerstände der Konkurrenz in neue Märkte eindringen zu können:

1. **Räumlich** gesehen, will das fusionierte Unternehmen in die ihm bislang fremden Heimatmärkte anderer Konzerne eindringen;

2. **produktpolitisch** betrachtet, will man jetzt das eigene Angebot um die Varianten erweitern, über die bisher nur die Konkurrenz verfügte;
3. **produktionstechnisch** gesehen, soll das Größenwachstum als Folge der Konzentration diejenigen Massenproduktionsvorteile und damit Kostensenkungen ermöglichen, die bislang die ausländische Konkurrenz begünstigten.

Fusionen in der Bundesrepublik nahmen stark zu

Neue Steuergesetzgebung und der kommende Europäische Binnenmarkt als Ursache

Berlin (dpa/VWD). Das Fusionskarussell hat im zu Ende gehenden Jahr in der Bundesrepublik Deutschland weiter an Fahrt gewonnen. Beim Bundeskartellamt wurden weit über 1300 vollzogene Unternehmenszusammenschlüsse angezeigt, 1988 waren es 1159 und 1987 erst 887. Zu den auslösenden Momenten dieser verstärkten Fusionswelle gehört bei den Erwerbern die Vorbereitung auf den europäischen Binnenmarkt, bei den Verkäufern auch die Änderung des Steuerrechts, durch die alle Verkaufsgewinne von mehr als 30 Mill. DM aus der Veräußerung von Firmen beziehungsweise Beteiligungen an Kapitalgesellschaften von mehr als 25 Prozent vom 1. Januar 1990 an dem Höchststeuersatz von 53 (bisher 28) Prozent unterliegen.

Durch diese Neuregelung wurde sicher eine Reihe von Familienunternehmern veranlaßt, noch vor dem Jahresende „Kasse zu machen". Im Bundeskartellamt rechnet man deshalb noch bis zum Jahresultimo mit vollen Postsäcken. Begünstigt wurde die Welle der Unternehmenskäufe auch von den gefüllten Unternehmenskassen sowie durch die für Aktiengesellschaften auf Grund der günstigen Börsensituation eröffnete Möglichkeit, sich via Kapitalerhöhung mit für die Unternehmen attraktiven Börsenkursen Geld zu beschaffen.

Weiter zugenommen haben dürfte die Zahl der ausländischen Käufer deutscher Unternehmen beziehungsweise Unternehmensbeteiligungen, auf die bereits in den Jahren 1987 und 1988 — 1989 muß erst ausgezählt werden — mehr als 25 Prozent aller beim Bundeskartellamt angezeigten Fusionsfälle entfielen. Unternehmen aus anderen EG-Ländern suchen Standorte auf dem größten Teilmarkt der EG, Firmen von außerhalb der EG wollen sich Positionen auf dem sich entwickelnden Binnenmarkt erwerben.

Die Diskussion über Fusionen und Fusionskontrolle wurde 1989 von zwei Themen überragt: Das eine war der größte Unternehmenszusammenschluß in der Geschichte der Bundesrepublik, die Fusion Daimler-Benz/MBB. Nicht so breite Aufmerksamkeit fanden die Kontroversen um die am 21. Dezember vom EG-Ministerrat abgesegnete EG-Fusionskontrolle, die Großfusionen mit einem Gesamtumsatz von 5 Mrd. Ecu (rund 10 Mrd. DM) und mehr der Kontrolle der EG-Kommission unterwirft.

Quelle: Der Tagesspiegel, 30.12.1989

Das Ifo-Instituts für Wirtschaftsforschung befragte 1989 (west)deutsche Unternehmen, welche Gründe dafür maßgeblich waren, daß in ihrem jeweiligen Wirtschaftszweig Fusionen stattgefunden hatten. Danach diente die Unternehmenskonzentration

- der Erschließung neuer Märkte,
- der Verteidigung der bestehenden Marktposition und
- der Ausschaltung der Konkurrenz.

Diese Untersuchung spricht mittelbar auch für die Unumkehrbarkeit der Politik der Europäischen Gemeinschaft, 1993 einen gemeinsamen Binnenmarkt zu schaffen. Die privaten Unternehmen hatten sich schon längst ernsthaft darauf eingerichtet: Sie wollten diesen großen Markt für sich erschließen, indem sie vorhandene Unternehmen aufkauften; sie wollten andererseits ihre eigenen Märkte gegen das Vordringen anderer Unternehmen, die durch den Wegfall der Wirtschaftsgrenzen angelockt werden, verteidigen; und sie wollten auf dem größeren gemeinsamen Markt so stark werden, daß sie sich vor Konkurrenz nicht zu fürchten brauchten. Für alle drei Motive bot sich ihnen der Aufkauf anderer Unternehmen („Fusion") an. Insofern gingen von der europäischen Binnenmarktpolitik Konzentrationsimpulse aus.

Notwendige Großfusionen?

Für E. Reuter, Vorstandsvorsitzender der Daimler Benz AG, ist die Lage einfach zu bewerten. Im Hinblick auf das Zusammenwachsen der europäischen Industrie zu einem großen Binnenmarkt seien als Instrument „sogar Großfusionen zweckdienlich, notwendig und gerechtfertigt." Es sei „geradezu hirnverbrannt, im nationalen Schmollwinkel vermeintlich marktwirtschaftlicher Sittenstrenge zu hocken und die vorbeiziehende Karawane anzugreinen" (Die ZEIT, Nr. 39/88, 23. 9. 1988).

Tatsächlich gibt es Wirtschaftsbereiche, die von den nationalen Regierungen, auch von der Bundesregierung, als politisch wichtige Schlüsselbereiche angesehen werden. Für den Präsidenten des Bundeskartellamtes, Kartte, gehören dazu beispielsweise die Luft- und Raumfahrt und die Mikroelektronik.

„Diese Bereiche", so Kartte in der „Frankfurter Allgemeinen Zeitung" vom 22. 4. 1989, „will man nicht dem normalen Wettbewerb überlassen; hier soll der Wettbewerb zur staatlichen Veranstaltung erhoben werden. An die Stelle des freien Wettbewerbs der Unternehmen über die Grenzen hinweg tritt der Wettbewerbskampf der Staaten oder der Wirtschaftsblöcke gegeneinander."

Politisch motivierte Fusionen

Deutlich wird hier die **politische Dimension** eines Konzentrationsprozesses. Der Staat bedient sich gleichsam der Fusionsförderung als Mittel, eigene wirtschaftspolitische Zielsetzungen – vermittelt über privatwirtschaftliche Unternehmen – durchzusetzen. Derartige „politische" Fusionen erzwingen, worauf Kartte zutreffend hinweist, politische Hilfen in den Fällen, in denen die Kunstgebilde Schwächen aufweisen: Sie müssen durch Subventionen oder durch Importbehinderungen geschützt werden.

Subventionen als Wettbewerbsverfälschungen und Importschutz als Wettbewerbsbehinderung verletzen unmittelbar das ordnungspolitische Interesse an funktionsfähigem Wettbewerb. Dieses Ziel wird zusätzlich dadurch verletzt, daß die vom Staat begünstigte Konzentration „Abwehr"- bzw. „Aufhol"-Fusionen als Marktgegenmacht bei den bisherigen Konkurrenten stimuliert.

Gerade in der Bundesrepublik werden hitzige wettbewerbspolitische Diskussionen geführt, die nicht zuletzt Folge einer langen ordnungspolitischen Tradition sind: Waren es nicht hauptsächlich die findigen kleineren und mittleren Unternehmen, die Marktlücken entdeckt und geschlossen haben? Haben letztere nicht in großem Umfang neue Arbeitsplätze geschaffen, während die großen Konzerne Arbeitsplatzabbau größeren Umfangs betrieben haben? Kam je von Mittelständlern die von Großkonzernen fast schon vertraute politische Drohung, bei Nichterfüllung von Sonderwünschen den „Standort Bundesrepublik" zu verlassen und in Niedriglohnländern abzuwandern?

Jede demokratische legitimierte Regierung wird daher den Vorgang der Unternehmenskonzentration sorgfältig beobachten und prüfen.

Eine kartellpolitische Machtkontrolle wäre zudem auch betriebswirtschaftlich zu empfehlen. Wie der Unternehmensberater Gellert in einem Gespräch mit dem SPIEGEL (Nr. 45/89, 6.11.1989) ausführte, entwickelten Großunternehmen „eine Tendenz zur Schwerfälligkeit. Die Entscheidungswege werden länger, die Entscheidungsbildung wird schwerer." Für die Bundesregierung betonte Wirtschaftsminister Haussmann, daß „schiere Größe" die Innovationsfähigkeit der Unternehmen sogar beeinträchtigte. „Marktanteile lassen sich auf Dauer nicht einfach zusammenkaufen, sie müssen durch kundengerechte Preise täglich neu im Wettbewerb erkämpft und verteidigt werden" (Wirtschaftswoche, Nr. 4/89, 20.1.1989).

Mittelstandsförderung

Als Konsequenz aus dieser Einsicht fördert die Bundesregierung insbesondere die mittelständische Wirtschaft, um diese EG-fähig zu machen. Da diese eher kleinen Unternehmen sich bisher nur im nationalen Wettbewerb behaupten mußten, fehlt ihnen vielfach die Kenntnis der fremden Märkte, auf denen sie sich werden zurechtfinden müssen. Hier Hilfen zur Information anzubieten und eine Zusammenarbeit zwischen den rechtlich und wirtschaftlich auch weiterhin selbständigen Mittelständlern zu fördern, ist ein politisches Ziel, dem sich auch die öffentlich-rechtlichen Kammern – so der Deutsche Industrie- und Handelstag (DIHT) – angeschlossen haben.

Internationale Kooperation

Daß diese Ideen insgesamt auf fruchtbaren Boden gefallen sind, zeigt die Kooperationsbereitschaft der mittelständischen Unternehmen in der Bundesrepublik, wobei es sich hier nicht nur um Zusammenarbeit mit anderen deutschen Unternehmen handelt, sondern durchaus um **grenzüberschreitende Kooperationen,** mit deren Hilfe sich die Beteiligten wechselseitige Unterstützung beim Verkauf, bei der Produktion, bei der Rohstoffbeschaffung, bei der Werbung gewähren. Daß hierbei noch nicht alle wettbewerbsfördernden Formen der Zusammenarbeit erprobt wurden, zeigt der Vorschlag des damaligen Vorsitzenden der AEG, H. Dürr, der selbst aus einem mittelständischen Familienunternehmen stammt. Er schlug die Bildung von „Mittelstands-Multis für den Binnenmarkt" (Handelsblatt, 2.11.1989) als Antwort auf die Herausforderungen des EG-Binnenmarktes und der generellen Internationalisierung der Märkte vor.

Die mittelbar wirkende Politik, den Wettbewerb durch Förderung des

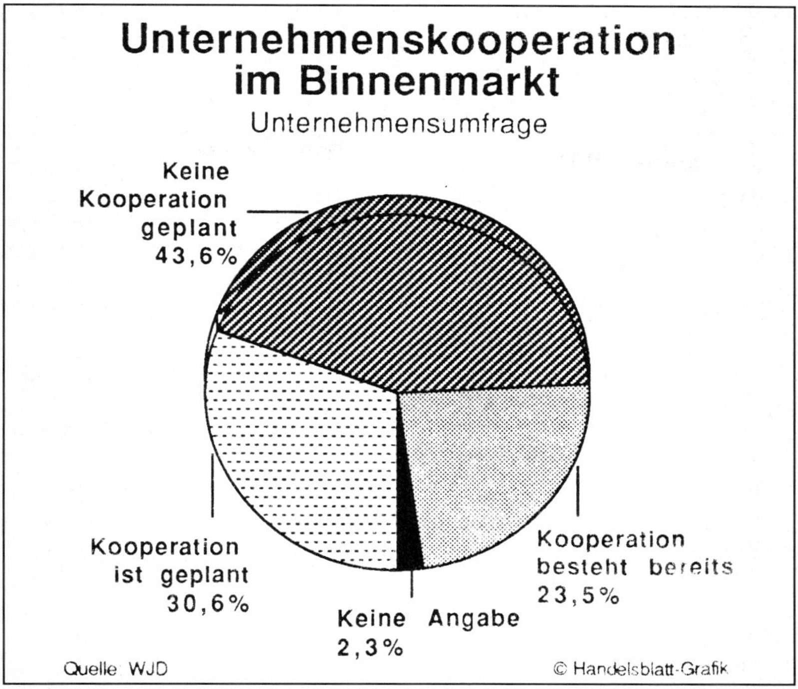

Quelle: Handelsblatt, 4.12.1989

Leistungspotentials kleinerer und mittlerer Unternehmen zu stärken, bedarf noch eines **direkt** wirkenden Schutzes – einer Fusionskontrolle nämlich, durch die in den Vorgang der Unternehmenskonzentration unmittelbar eingegriffen werden kann. Tatsächlich existiert eine Fusionskontrolle im deutschen Wettbewerbsrecht bereits seit 1973. Sie ist an der Erhaltung wettbewerblicher Märkte ausgerichtet und bekämpft dementsprechend die Entstehung „marktbeherrschender Stellungen."

Deutsche Fusionskontrolle

Andererseits kennt das deutsche Kartellrecht den politischen Eingriff des Wirtschaftsministers – dieser darf (was bei der Fusion Daimler-MBB zu heftigen innenpolitischen Auseinandersetzungen geführt hatte) Fusionen trotz Wettbewerbsgefährdung auch dann genehmigen, wenn er sich davon andere wichtige wirtschaftspolitische Ergebnisse verspricht.

Mit einer Fusionskontrolle ist die Bundesrepublik in Europa fast allein auf weiter Flur. Es gibt nur in England und in Irland vergleichbare Regelungen. Wenn jedoch der Binnenmarkt zusammenwächst, wäre es wenig sinnvoll, unterschiedliche nationale Konzentrationskontrollen zu haben. Eine Angleichung des nationalen Wettbewerbsrechts zu einer europäischen Fusionskontrolle war im Hinblick auf Europa '93 das Gebot der Zeit.

EG-Fusionskontrolle

Die Kommission der EG in Brüssel wandte sich dem Thema im Hinblick auf die **politische Machbarkeit** zu: Wie streng darf eine Fusionskontrolle sein, damit die Mehrzahl der Mitgliedsstaaten, die den freien Wettbewerb ähnlich wie „le waldsterben“ für eine typisch deutsche Marotte hielt, dem auch zustimmt. Länder nebenbei, die angesichts des einheitlichen Binnenmarktes noch einen gewaltigen Rückstau bei der Schaffung wettbewerbsfähiger Unternehmenseinheiten zu haben glaubten. Mit anderen Worten, alle Staaten außer der Bundesrepublik meinten, daß weitere Konzentration, nicht jedoch deren Verhinderung, zu erfolgen hätte.

Es überrascht nicht, daß die ersten Kommissionsentwürfe eher wie ein Konzentrationsförderungsgesetz aussahen als ein Gesetz zur Machtkontrolle. Nach heftigen Debatten und größeren innenpolitischen Auseinandersetzungen einigte man sich Ende 1989 auf eine europäische Fusionskontrolle, die im Herbst 1990 eingeführt wurde.

Unklar blieb dabei lange Zeit das Nebeneinander von europäischem und deutschem Recht. Die Kommission in Brüssel sollte die gewichtigen – zahlenmäßig eher geringen, man schätzte 40–80 Fälle pro Jahr – Konzentrationsvorgänge prüfen, wobei die Verordnung einen Gesamtumsatz der Fusionspartner von gut 10 Mrd. DM im Jahr als Aufgreifschwelle festlegt. Für die nationale Fusionskontrolle verbleiben dann die weniger wichtigen Fällen – nur noch „Mäusezirkus“ findet beim Kartellamt in Berlin statt:

Künftig nur noch Mäusezirkus

HANDELSBLATT: Bensch

Quelle: Handelsblatt, 8.11.1989

Europas Fusionskontrolle ist erkennbar ein **politischer Kompromiß** zwischen der deutschen Wettbewerbsphilosophie und dem Interesse der meisten anderen EG-Partner, möglichst große Unternehmenseinheiten zu schaffen. Die reine Lehre – falls es sie je gab – ließ sich nicht durchsetzen. **Die EG-Politik ist konzentrationsfreundlicher als das deutsche Kartellgesetz.**

2.4. Stabiler Geldwert oder Inflationsgemeinschaft? Gefährdet die EG-Währungsunion die Stabilität der D-Mark?

Obwohl die Überschrift eine Dramatik zeigt, die es am Anfang der 90er Jahre wegen der beachtlichen Erfolge bei der Inflationsbekämpfung seitens aller EG-Mitgliedsstaaten nicht mehr gab, bezeichnet sie doch einen die **EG-Zusammenarbeit strukturell belastenden Meinungsgegensatz** – einen Widerspruch, der nur den Weg, nicht das Ziel der europäischen Währungsunion berührte.

So wurde in den Diskussionen unterschieden zwischen

- den sog. **Monetaristen,** die die „Grundsteintheorie" vertraten: Eine sofortige Währungsunion würde die Grundlage für eine weitere Intensivierung der wirtschaftlichen Zusammenarbeit legen und fast zwangsläufig die nationalen Wirtschaftsentwicklungen harmonisieren; und den
- sog. **Ökonomisten,** die der **„Krönungstheorie"** verschrieben waren: Eine Währungsunion in der EG setzte zwingend die völlige Übereinstimmung der Wirtschaftspolitik der Teilnehmer und das Fehlen von unterschiedlichen Inflationsraten voraus; das gemeinsame europäische Geld wäre dann die „Krönung" der Zusammenarbeit.

Die Haltung der Bundesrepublik war – fast im diametralen Gegensatz zu der etwas später der DDR angebotenen Währungsunion – durch die „ökonomistische" Position gekennzeichnet. Bundesbank und Bundesregierung vertraten damit die deutschen politischen Interessen. Diese waren durch die folgenden Tatbestände bestimmt:

D-Mark als internationales Zahlungsmittel

1) Die D-Mark war durch die langjährige erfolgreiche Stabilitätspolitik der Bundesbank zunehmend zu einem international für Handel und Währungsreserven verwendeten Geld geworden. Der Anteil der D-Mark an den Weltdevisenreserven betrug 1970 1,9 %, steigerte sich bis 1987 auf 14,7 %, wuchs 1988 auf 16,2 % und 1989 auf über 19 %. Damit wurde sie nach großem Abstand hinter dem US-Dollar zur zweitwichtigsten Reservewährung. Die Bundesbank stellte dazu in ihrem Monatsbericht vom Januar 1990 fest, daß die Rolle der D-Mark

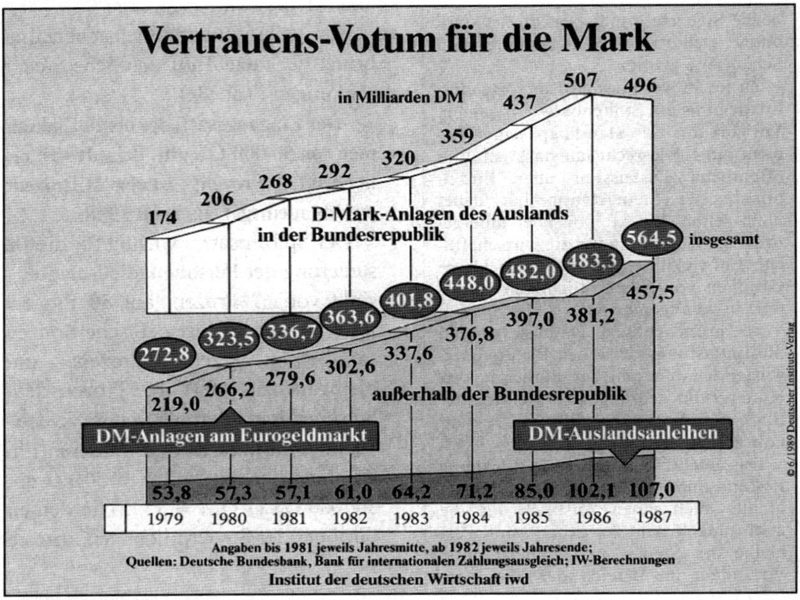

Quelle: iwd, Nr. 6/89, 9.2.1989

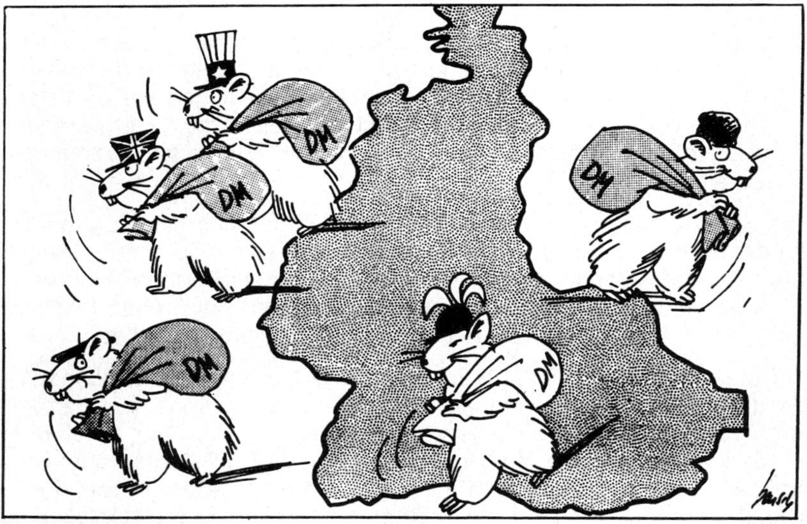

Die „Hamsterwährung" HANDELSBLATT: Bensch

Quelle: Handelsblatt, 19./20.1.1990

bedeutsamer geworden war als die der Reichsmark unmittelbar vor dem ersten Weltkrieg. Damals entfiel auf die deutsche Währung etwa 14 % der Devisenreserven der Notenbanken.

Ein Karikaturist sah die D-Mark als Hamsterwährung: Die Notenbanken anderer Länder würden sich des relativ wertstabilen deutschen Geldes bedienen, um damit ihre eigenen Reserven aufzustocken.

Angesichts der mehr als 230 Mrd. DM, die von Ausländern gehalten wurden, sah die Bundesbank eine besondere Verpflichtung, ihre auf **Wertstabilität ausgerichtete Politik** fortzusetzen. Jeder Vertrauensverlust gegen die D-Mark wäre zu vermeiden. Würde die Mark schnell in einem gemeinsamen europäischen Geld aufgehen, könnte diese Stabilitätsgarantie nicht mehr uneingeschränkt gegeben werden.

2) Auch ohne ein gemeinsames europäisches Geld sahen Bundesbank und -regierung das Europäische Währungssystem **(EWS) als eine Zone beachtlicher Wechselkursstabilität:** So hatte es seit dem 13. März 1979, dem Beginn des EWS, nur elf Neufestsetzungen der gemeinsamen Wechselkurse gegeben, und auch diese nur, um die unterschiedlich hohen Raten der Geldentwertung der Mitgliedsstaaten auszugleichen. Aus diesem Grunde hatte sich der sog. „reale Außenwert" der D-Mark gegenüber den Nachbarwährungen trotz der Aufwertungen so gut wie nicht verändert.

Gefahren für die Stabilität

Mit anderen Worten, die Aufwertungen der D-Mark gegenüber anderen Europawährungen **glichen nur die Inflationsdifferenzen** aus, so daß sich die Kaufkraftbeziehungen nicht änderten. Ein Beispiel: Hatte Frankreich innerhalb von zwei Jahren eine insgesamt 10 % höhere Inflation als die Bundesrepublik, so wurde die Mark gegenüber dem Franc nominal um 10 % aufgewertet. Damit erhielt der deutsche Käufer von Franc 10 % mehr französisches Geld. Dieses benötigte er aber auch, um denselben Warenkorb angesichts der höheren Inflationsrate kaufen zu können. „Real" hatte sich also nach der Aufwertung nichts verändert.

3) An dieser nachvollziehbaren Erkenntnis entzündet sich jedoch ein harter Konflikt zwischen der Bundesbank und ihren europäischen Partnern: Die Bundesbank verlangte, daß es angesichts fortbestehender Ungleichgewichte in den Inflationsraten auch weiterhin die Möglichkeit gebe, daß sich die Wechselkurse an die unterschiedlichen Geldentwertungsraten anpassen. Wäre das nicht mehr möglich, so bestünde aus deutscher Sicht die Gefahr, daß die **Inflation importiert und die heimische Stabilitätspolitik unterlaufen** wird.

Das jedoch lag nicht im Interesse der hart an der Stabilität ihrer nationalen Währungen arbeitenden europäischen Partner. Insbesondere Franzosen und Spanier wehrten sich vehement gegen künftige Kursanpassungen (oder, im EG-Fachjargon: „Realignments"), weil sie

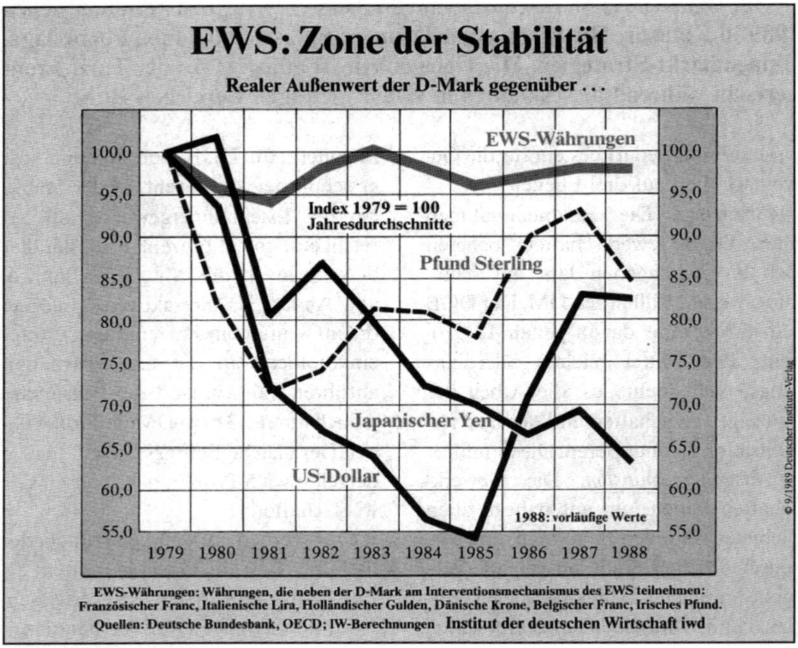

Quelle: iwd, Nr. 9/89, 2.3.1989

davon Inflationsschübe bei sich zu Hause befürchteten. Jede Abwertung ihrer Währungen gegenüber der Mark machte die deutschen Lieferungen in die EG-Länder (1989 immerhin mehr als 350 Mrd. DM) für die importierenden Staaten teurer.

Wechselkursbedingter Überschuß des Außenhandels

Das Problem war allerdings, daß sich angesichts unveränderter Wechselkurse ein immer deutlicherer Handelsüberschuß der Bundesrepublik gegenüber diesen Staaten herausbildete. Dieser erreichte 1989 fast 100 Mrd. DM. Der D-Mark-Aufwertungstendenz, die Folge der gestiegenen Nachfrage der D-Mark für die Bezahlung der Importrechnungen war, begegneten die anderen EG-Staaten mit einer drastischen Erhöhung ihrer heimischen Zinsen. Damit gelang es ihnen, soviel ausländisches Finanzkapital in ihr Land zu holen, daß sie damit ihre Importrechnungen begleichen konnten – allerdings um den Preis von sehr hohen Zinsen. Zinsen waren andererseits die Kosten für die wachstumsfördernden Investitionen in diesen Ländern. Mit steigenden Zinsen verteuerte sich eine Wirtschaftspolitik, die die immer noch hohe Zahl von Arbeitslosen mittels Nachfragebelebung abbauen wollte.

Der Konflikt zwischen Stabilitätsinteresse und nationaler geldpolitischer Autonomie war unauflöslich:

- entweder Stabilität, dann feste Kurse zur D-Mark und deren Absicherung durch wachstumsdämpfende hohe Zinsen;
- oder freie nationale Geldpolitik mit niedrigen, wachstumsbelebenden Zinsen, dann aber Abwertung gegenüber der D-Mark.

4) Die Bundesbank vertrat in bezug auf den Geldwert der gemeinsamen europäischen Währungseinheit, den ECU („European Currency Unit"), kompromißlos die Auffassung, daß der **ECU solange kein „richtiges" Geld sei,** bis es eine einheitliche europäische Notenbank gäbe, die uneingeschränkt für den Wert des ECU verantwortlich wäre. Zur Zeit sei der ECU nur ein Währungskorb, der sich aus verschiedenen nationalen Beiträgen zusammensetzte und dessen Wert sich im Durchschnitt der verschiedenen nationalen Inflationsraten ständig abwertete.

ECU blieb Kunstwährung

Bestätigt wurde die Bundesbank durch das tatsächliche Verhalten der Unternehmer und Verbraucher in der EG. Sieht man von gewissen Geldanlagen ab, die auf ECU lauteten und hauptsächlich als stabilitätssichere Anlagen in Ländern mit traditionell höherer Inflationsrate vorgenommen worden waren, so wurden fast alle Käufe in nationalen Währungen getätigt.

Angesichts der Tatsache, daß die deutsche Volkswirtschaft innerhalb der EG die – gemessen am Sozialprodukt und der Exportkraft – größte war und die meisten Notenbanken der EG-Partner DM-Reservebestände größeren Umfanges aufgebaut hatten, war **die D-Mark in die Rolle einer EG-Leitwährung hineingewachsen.** Insbesondere außerhalb der EG, also in den USA und Japan, sprach man ohne größere Hemmungen vom „DM-Block" in der EG und erkannte eine faktische Führungsrolle der Mark an. Die Bundesbank schien mit dieser Rolle durchaus einverstanden zu sein. Sie konnte dies auch als Folge ihrer im sonstigen internationalen Zusammenhang ungewöhnlichen Stellung werten – ihrer großen Autonomie gegenüber der Bundesregierung.

Tatsächlich beruhte die **Autonomie der Bundesbank** auf einem Gesetz, das ihr bei aller Verpflichtung zur konjunkturpolitischen Zusammenarbeit mit der Bundesregierung als Hauptaufgabe gab, die „Währung zu sichern" (§ 3 Bundesbankgesetz). In Erfüllung dieser Aufgabe war sie frei von den Wünschen von Interessengruppen, die geldpolitische Wohltaten mit Wahlkampfforderungen verbanden. Die Bundesbankleitung unterlag keiner regelmäßigen Wiederwahl. Sie konnte daher eine Politik stabilen Geldwerts auch dann verfolgen, wenn das mit kurzfristigen innenpolitischen Opfern verbunden war.

Geldpolitische Autonomie der Bundesbank

Zu denken war hier an die Situation zu Beginn der 80er Jahre, als in der Bundesrepublik als Folge des zweiten Ölpreisschocks sowohl hohe Arbeitslosigkeit wie beachtliche Inflationsraten auftraten. Die Bundesregierung war damals hauptsächlich an der Überwindung der Arbeitslosigkeit interessiert und wollte dafür noch höhere Geldentwertungsraten in Kauf nehmen. Die Bundesbank dagegen sah sich in erster Linie der „Sicherung der Währung" verpflichtet und verfolgte eine **Preisdämpfungspolitik, die allerdings Nachfrage und Produktion senkte und gleichzeitig die Arbeitslosigkeit erhöhte.**

Ähnliche **Konflikte zwischen Regierung und Notenbank** konnten in den meisten anderen EG-Staaten nicht entstehen, weil die Zentralbanken vielfach nur eine weisungsgebundene Abteilung der Finanzverwaltung waren. Als solche hatten sie dann alle geldpolitischen Wünsche der Regierungen zu erfüllen, einschließlich inflationsfördernder Wahlgeschenke.

Auf deutscher Seite bestand keinerlei Bereitschaft, die DM in einem gemeinsamen EG-Geld aufgehen zu lassen, solange nicht eine der Bundesbank gleichartige europäische Zentralbank, die in erster Linie der Stabilität verpflichtet wäre, geschaffen wurde:

> „Pöhl (der Präsident der Bundesbank, M.T.) hob die Bedeutung der Rolle der D-Mark als Stabilitätsanker im EWS hervor. Danach habe man sich nicht gedrängt. Die europäische Währungseinheit Ecu könne wegen ihrer Konstruktion als Korbwährung eine solche Rolle nicht spielen. Einzige Alternative zur Dominanz der D-Mark im EWS sei eine eigenständige europäische Währung, die von einer Europäischen Zentralbank herausgegeben werde ... Pöhl verwies auf die unterschiedliche Rolle der kurzfristige Erfolge anstrebenden Politiker und der auf die Geldwertstabilität verpflichteten Zentralbanken."

(Quelle: Handelsblatt, 30.10.1989)

Standort Frankfurt für die EG-Zentralbank?

5) Die Gründung einer europäischen Zentralbank als Notenbank für Europa wird das Ziel der EG-Währungspolitik bleiben. Wo sollte die Bank innerhalb der EG angesiedelt werden? Die deutsche Position war da ohne Zweideutigkeiten: Am Sitz der Bundesbank in Frankfurt am Main.

Die Entscheidung für den Standort der EG-Zentralbank mußte allen Beteiligten als Vorentscheidung dafür erscheinen, wo sich das (hoch profitable) Banken- und Börsenzentrum der Gemeinschaft ansiedeln würde, und da gab es ja die Vorherrschaft Londons bei gleichzeitigen Kämpfen von Paris und Frankfurt um den zweiten Platz. Als Kompromiß hatte die französische Regierung die Hauptstadt des Elsaß und den Sitz des europäischen Parlaments, Straßburg, vorgeschlagen.

Einem Bonmot zufolge würde die stabilitätsbewußte Bundesbank die Bezeichnung des europäischen Geldes dem Standort der EG-Notenbank unterordnen: Das Geld könnte „Franc" heißen. Es müsse jedoch ein „franc fort" (ein starker Franc) in „Francfort" (die französische Bezeichnung für Frankfurt am Main) sein.

Die deutsche Position muß allerdings noch um eine wichtige andersartige Meinung ergänzt werden: Aus politischen Gründen, zur Unterstützung des europäischen Einigungswerkes, ging 1988 vom Bundesaußenminister Genscher die auch von Altbundeskanzler Schmidt unterstützte **Initiative aus, die geldpolitische Einigung zu beschleunigen.**

Das Genscher-Memorandum

Bundesaußenminister Genscher hat Ende Februar eine detaillierte Stellungnahme zur Errichtung einer Europäischen Währungsunion abgegeben. Darin wird eine gemeinsame Zentralbank als ökonomisch notwendige Ergänzung des europäischen Binnenmarktes bezeichnet. Genscher knüpft seine Forderung allerdings an die Erfüllung bestimmter Voraussetzungen. Im einzelnen:
① *Unabhängigkeit.* Die Europäische Zentralbank muß personell und funktionell von den Regierungen der einzelnen Mitgliedsländer sowie von den gemeinschaftlichen Institutionen unabhängig sein.
② *Geldwertstabilität.* Dieses Ziel muß bei der Gestaltung der Währungspolitik Vorrang beispielsweise vor den Zielen Beschäftigung und Wachstum haben. Dabei kann das Bundesbankgesetz als Vorbild dienen.
③ *Einklang mit der Fiskal- und sonstigen Wirtschaftspolitik.* Die Geld- und Währungspolitik kann nicht isoliert von den anderen Politikbereichen geführt werden.
④ *Eigene Gemeinschafts-Währung.* Der heutige ECU bietet sich dafür als Ausgangsbasis an.

Das Memorandum regt an, Einzelfragen in einem fünf- bis siebenköpfigen Sachverständigengremium zu klären. Es soll auf der Sitzung des Europäischen Rats in Hannover Ende Juni 1988 eingesetzt werden.

Quelle: iwd, Nr. 14/88, 7. 4. 1988

Ähnlich, wenn auch nicht uneingeschränkt vergleichbar mit dem späteren Vorschlag einer beschleunigten Währungsunion mit der DDR, sahen die Befürworter der geldpolitischen Einigung Europas die **Unumkehrbarkeit und vollständige Nutzung der Vorteile der Binnenmarktvollendung, wenn diese mit der Schaffung eines einheitlichen europäischen Geldes verbunden** sei. Verglichen wurde Europa häufig mit den USA. Wäre die überragende Leistungsfähigkeit der größten westlichen Wirtschaftsmacht auch dann noch gegeben, wenn in jedem der Mitgliedsstaaten eigene Währungen mit den üblichen Erschwernissen und Risiken beim Umtausch existierten?

Politiker, die das Schwergewicht ihrer Arbeit auf das europäische Einigungswerk richteten – nicht zuletzt aus dem deutschlandpolitischen Interesse der Absicherung der wirtschaftlichen und staatlichen Einheit Deutschlands im geordneten europäischen Haus –, sahen in den stabilitätspolitischen Bedenken der Bundesbank überwindbare technische Probleme. Sie hatten daher keine Probleme, die

Probleme mit der Lenkung HANDELSBLATT: Pielert

Quelle: Handelsblatt, 7.11.1989

Lenkungsaufgabe von der Bundesbank weg auf eine EG-Zentralbank zu verlagern.

Euro-Zentralbank schon 1993?

Tatsächlich beschleunigte die unerwartet schnelle staatliche Einigung Deutschlands die währungspolitische Zusammenarbeit in der EG. So schlug die Kommission der EG überraschend im August 1990 vor, eine **europäische Zentralbank bereits 1993** einzurichten und damit die Einigung der Gemeinschaft weiter zu beschleunigen, obwohl die grundlegenden Voraussetzungen für die Integration der

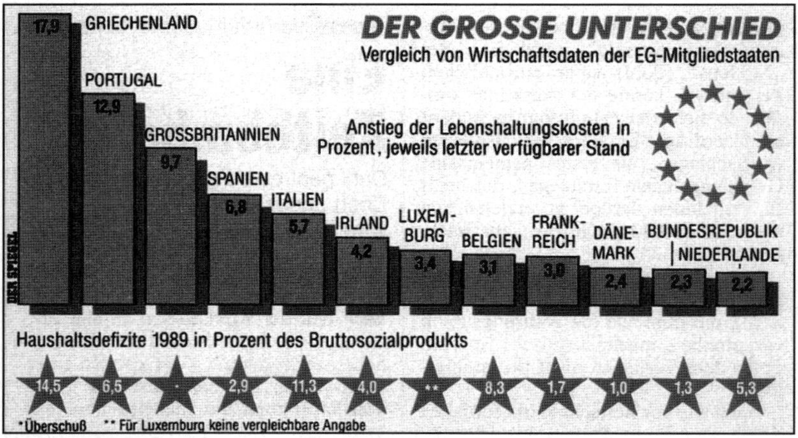

Quelle: Der Spiegel, Nr. 26/90, 25. 6. 1990

Währungen (allseits geringe Inflation und ausgeglichene Staatshaushalte) nicht gegeben waren.

Es überraschte nicht, daß dieser Vorschlag auf hinhaltenden Widerstand bei Bundesbank und Bundesfinanzminister traf.

„Hüa!" HANDELSBLATT: Bensch

Quelle: Handelsblatt, 18.9.1990

2.5. „Aktiver Umweltschutz"? Schwächere Umweltstandards in der Bundesrepublik durch EG '93?

Die Entstehungsgeschichte der Umweltpolitik in den entwickelten Industriestaaten folgte vereinfacht dem folgenden Muster:

1) Ein Land erreichte einen hohen Stand seiner Industrialisierung mit verbreitetem **materiellen Wohlstand** in der Gesellschaft;

2) Als Folge der intensiven industriellen Produktion entstanden Umweltbelastungen in Form von Gewässer- und Luftverunreinigungen, die zunehmend nicht mehr als unabweisbare Folge des Industrialisierungsprozesses („Der Schornstein muß rauchen") hingenommen wurden;

Ausweitung der Produktion...

3) **Proteste gegen die Umweltbelastungen** wurden von Industrie, Regierungen, Unternehmen und Gewerkschaften **zurückgewiesen** mit Hinweisen auf

...zunehmende Umweltbelastungen...

- die Sicherheit der nationalen Versorgung;
- die Aufrechterhaltung der internationalen Wettbewerbsfähigkeit;
- die Sicherheit der Arbeitsplätze;

– die hohen, Produktkosten und damit Preise erheblich steigernden, Kosten der Verschmutzungsvermeidung;
– den fehlenden Kausalitätsnachweis („Die Wissenschaft hat den Beweis nicht erbracht, daß die Wälder am sauren Regen sterben!“).

... Organisation der Umweltinteressen ...

4) Die **Umweltschutzinteressen konnten sich organisieren** und in die beherrschenden Organisationen (Parteien, Industrieverbände, Gewerkschaften) eindringen. Sie erwiesen sich als mehrheitsfähig. Die Mißachtung ihrer elementarsten Forderungen konnte den Machterhalt gefährden.

... Umweltschutz als staatliche Politik

5) **Umweltschutzmaßnahmen** wurden entsprechend **zum Zweck jeder Regierung.** Gegen hinhaltende Widerstände gelang die schrittweise Durchsetzung und Verschärfung von Schutznormen. Die betroffenen Unternehmen reklamierten Wettbewerbsnachteile auf den internationalen Märkten und veranlaßten die Regierungen, auf internationale Umweltstandards hinzuarbeiten. Damit sollte erreicht werden, daß die internationale Konkurrenz dieselben Umweltschutzkosten in die Preise weiterzugeben hatte wie die heimische Wirtschaft.

6) Umwelttechnisch entwickelte Staaten begriffen zunehmend, daß **Umweltschutzerfahrungen Wettbewerbsvorteile** verschafften. Die Länder mit der modernsten Umwelttechnik waren diejenigen, die auf dem Milliardenmarkt der Umweltinvestitionen die profitabelsten Geschäfte machten. Weiterentwicklungen der Umwelttechnologie brachten den Herstellern weitere Gewinne – den Regierungen brachten diese Neuerungen die Möglichkeit, die Umweltstandards zu verschärfen, weil sich der „Stand der Technik“ entsprechend verbessert hatte.

7) Länder, die **Umweltschutz vernachlässigten,** waren diejenigen, die gewinnbringende Märkte nicht bedienen konnten. Sie wurden zudem mit den größten **Altlastenkosten** beschwert, als sie die Versäumnisse von Jahrzehnten aufarbeiten mußten. Es stellte sich heraus, daß die Kosten der Vermeidung von Umweltschäden geringer waren als die Kosten der nachträglichen Beseitigung.

Der Überblick über die Integration von Umwelterfordernissen in moderne Marktwirtschaften macht die Konflikte deutlich, die auf verschiedenen Ebenen entstanden und immer wieder in der praktischen Anwendung von Umweltnormen wirksam wurden. Das galt für die Bundesrepublik, das galt gleichermaßen für die Ausweitung umweltpolitischer Eingriffe seitens der EG.

Der wichtigste **Konfliktpunkt** lag in der grundsätzlichen **Unverträglichkeit von marktwirtschaftlichem Erfolgsstreben und umweltpolitischer Verantwortung:** Diejenige Produktion war die billigste und profitabelste – aus der Sicht des Einzelunternehmers! –, die auf Umweltbelange keine Rücksicht nahm und die Natur als kostenloses Gut in die Produktion einbaute (Luft, Abwasser usw.). Umweltschutz mußte daher erzwungen werden: durch Gesetze, Verordnungen, Gebote und Verbote, mit Geld- und Haftstrafen. Insofern kam keine Marktwirtschaft ohne Staat aus, der die Aufgabe zu übernehmen hatte, mit seinem Gewaltmonopol auf Umweltschutz zu dringen.

Staat muß Umweltnormen durchsetzen

Mit der staatlichen Umweltgesetzgebung änderten sich die Konfliktfelder ganz erheblich: Da diese Rechtssetzungen für alle galten, begriffen die Unternehmen sie als eine der üblichen Rahmenbedingungen, unter denen unternehmerisches Handeln stattzufinden hatte. So war beispielsweise eine der traditionellen Rahmenbedingungen das „Gesetz gegen den unlauteren Wettbewerb", das eine vergleichende Werbung verbot. Da diese Norm für alle galt, konnten alle Unternehmen dieses Gesetz akzeptieren, weil es prinzipiell keinen mehr bevorzugte oder benachteiligte. Dasselbe galt für Umweltschutz: Jeder mußte die Luft reinhalten; somit konnte man seine Energie darauf verwenden, dieses Reinhaltungsgebot kostengünstigst umzusetzen, und damit noch als besonders umweltfreundlicher Hersteller für sich zu werben.

Wettbewerbsneutralität

Damit konnte der Staat einen wichtigen Widerspruch in seinem nationalen Geltungsbereich überwinden. Es blieb der Konflikt, daß grenzüberschreitende Konkurrenz nur mit laschen Umweltnormen auskommen mußte, billiger war und den unter strengeren Umweltnormen arbeitenden Unternehmen Umsatzanteile und damit Arbeitsplätze wegnahm.

Es sei denn, der Mechanismus der Schaffung neuer, allgemein gültiger Rahmenbedingungen für die gesamte EG könnte gelingen, wie er im nationalen Rahmen bereits geglückt war. Dabei war nur zu bedenken, daß die **jeweiligen EG-Staaten die Umweltprobleme sehr unterschiedlich wahrnahmen:** Für die hochindustrialisierte Bundesrepublik mit einer besonders großen Bevölkerungsdichte waren die Belastungen von anderer Intensität als z. B. im weit weniger dicht besiedelten Frankreich. Umweltschutz, der in einem Land dringend nötig war, war beim weiträumigen Nachbarn womöglich überhaupt noch nicht als Problem erkannt worden.

Diese Ausführungen sollen die Konflikte verständlich machen, innerhalb derer die Bundesregierung sich bewegen mußte. Hinzu kam, daß bei Umweltbelastungen die nationalen bzw. die EG-Grenzen nicht mehr zur Abwehr ausreichten: Unerwünschte fremde Waren ließen sich an den Grenzen fernhalten; das gelang nicht mehr mit den Schmutzfrachten, die z. B. von nicht entschwefelten Kraftwerken jenseits der EG-Grenzen hereinwehten. Angesichts der globalen Gefährdung des Lebens durch die Verseuchung der Natur mußte jede Politik immer so angelegt sein, daß sie auch **grenzüberschreitend** eingesetzt werden konnte.

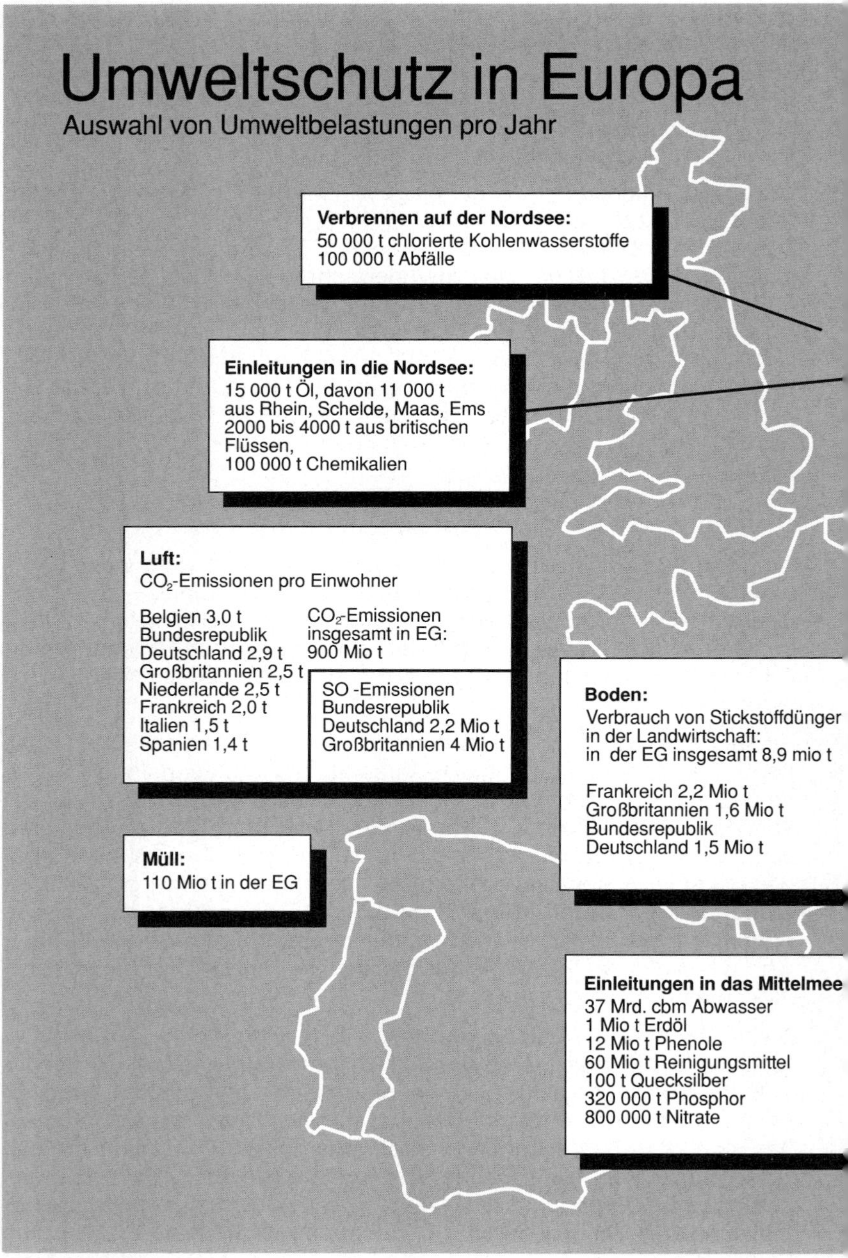

Quelle: Wirtschaftswoche, Nr. 11/89, 10. 3. 1989

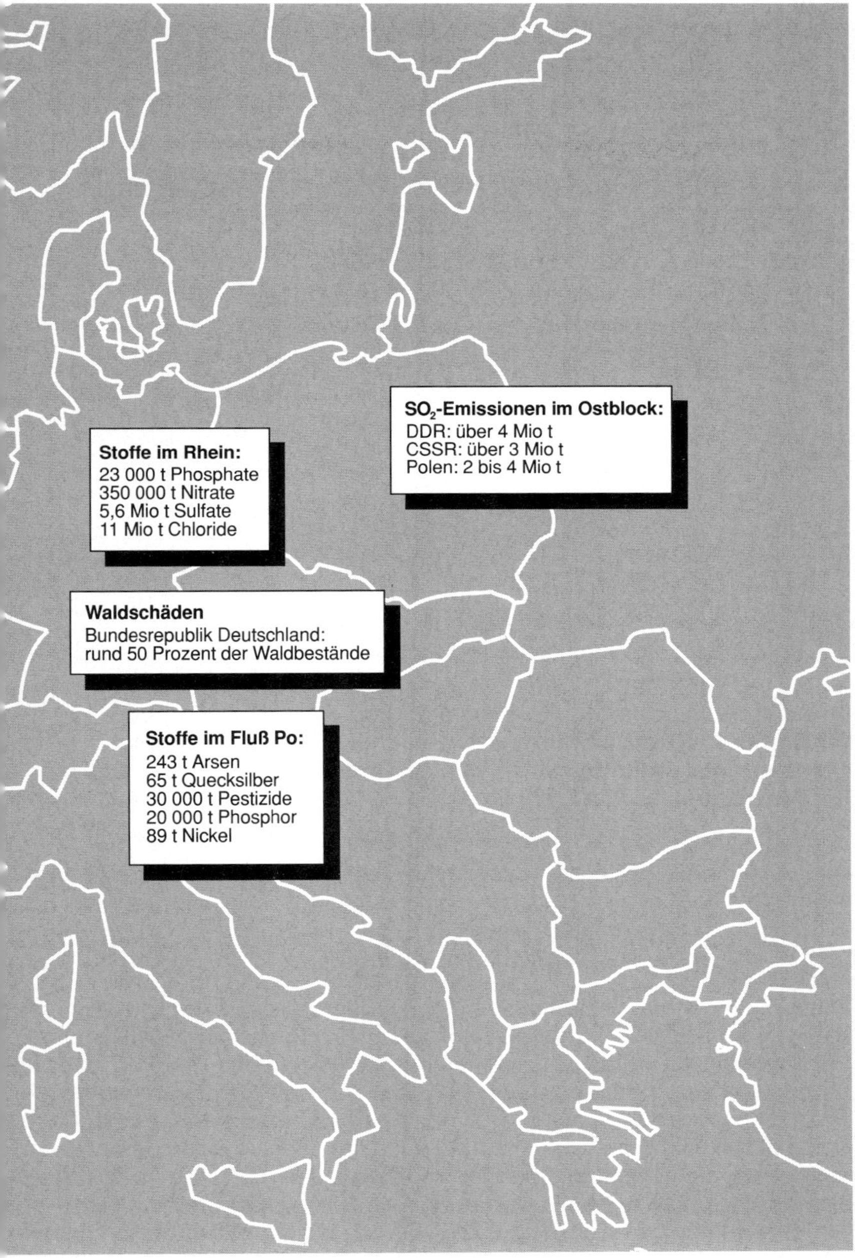
SO_2-Emissionen im Ostblock:
DDR: über 4 Mio t
CSSR: über 3 Mio t
Polen: 2 bis 4 Mio t
Stoffe im Rhein:
23 000 t Phosphate
350 000 t Nitrate
5,6 Mio t Sulfate
11 Mio t Chloride
Waldschäden
Bundesrepublik Deutschland:
rund 50 Prozent der Waldbestände
Stoffe im Fluß Po:
243 t Arsen
65 t Quecksilber
30 000 t Pestizide
20 000 t Phosphor
89 t Nickel

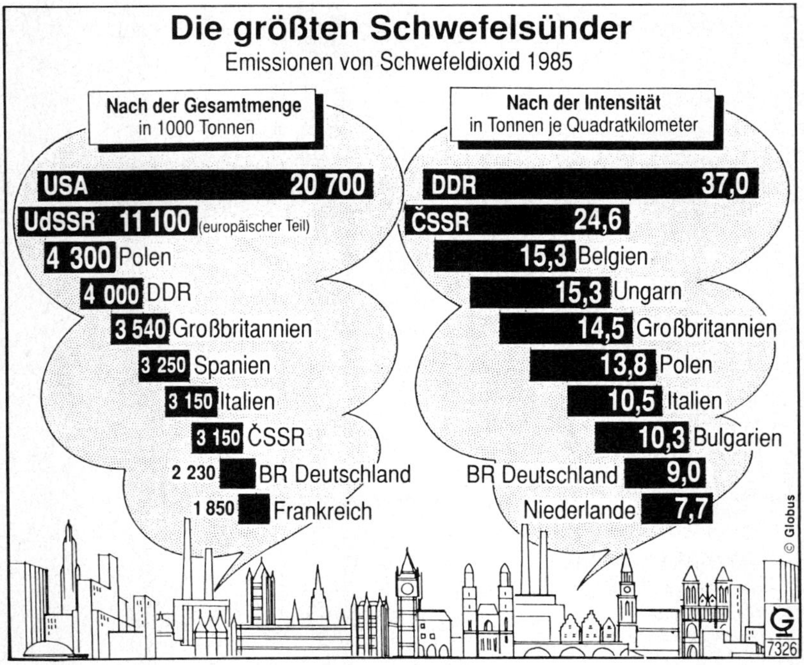

Obwohl die Bundesrepublik zusammen mit Dänemark und den Niederlanden zu den Ländern mit der engagiertesten Umweltpolitik gehörte, entstanden Konflikte mit der Kommission der EG. Diese Konflikte betrafen zwei Problemfelder:

a) Nichteinhaltung der Umweltvorschriften der EG einerseits und Abschwächung des deutschen Umweltschutzes durch EG-Normen andererseits;

b) Nutzung von Umweltvorschriften als Behinderung der Konkurrenz angesichts der Binnenmarktintegration EG '93.

Agrarchemie gefährdet das Grundwasser

Zu a) Die EG-Kommission mußte die **Bundesrepublik verklagen,** weil diese nicht bereit war, die **EG-Trinkwasserrichtlinie von 1980** in die Praxis umzusetzen. Mit dieser Richtlinie wollte die EG erreichen, daß für den Menschen ungefährliches Wasser EG-weit angeboten würde. Tatsächlich waren insbesondere in ländlichen Gebieten Deutschlands die Richtlinien nicht einzuhalten, weil die Belastungen des Wassers durch die gewaltigen Mengen von Pestiziden (Gifte zur Abtötung ertragsschädlicher Lebewesen in der Landwirtschaft) und von Nitraten (ertragssteigernder Bestandteil im künstlichen Dünger) nicht mehr zurückgeführt werden konnten. Diese Belastungen waren Folge einer Hochleistungslandwirtschaft, die ihre Erträge auf gegebenen

Böden dadurch zu steigern versuchte, daß sie immer größere Mengen von Düngern und Giften auf die Äcker verbrachte. Letztere sikkerten dann in die für die Trinkwasserbereitung verwendeten Grundwässer durch. Der SPIEGEL (Nr. 2/89, 8.1.1989) schilderte die Lage drastisch:

> „Wie Junkies am Heroin hängt die Mehrheit der EG-Bauern an der chemischen Spritze. Typisches Beispiel für den chemischen Teufelskreis ist der Weizenanbau: Intensive künstliche Düngung soll höhere Erträge bringen, gleichzeitig spritzen die Landwirte Wachstumshemmer, um so die Halme kurz zu halten und ein Abknicken der schweren Ähren zu verhindern. Weil das Korn dadurch näher am Boden und anfälliger für Pilzbefall ist, müssen Fungizide her. Solch chemischer Großeinsatz erhöht wiederum die Anfälligkeit der Pflanze gegen Mehltau und Blattläuse und verlangt deshalb nach weiteren Schädlingskillern. Da Unkraut und Ungeziefer gegen viele dieser Mittel zunehmend resistent werden, sind ständig neue, meist stärkere Pestizide gefragt."

Eine Kontrolle dieser Entwicklung wäre nur bei einem Umdenken der Landwirtschaft denkbar. Im Konflikt zwischen den Ertragsinteressen der Landwirte und den EG-Wasserrichtlinien entschied sich die Bundesregierung, der stärkeren Lobby nachzugeben: den Bauern.

In gleicher Weise versagte die Bundesregierung bei der Umsetzung der EG-Absprachen zur Reinhaltung des Grund- bzw. des Oberflächenwassers.

Die Bundesregierung ihrerseits sah sich durch die EG gezwungen, eine Entschärfung ihrer pflanzenschutzrechtlichen Bestimmungen hinzunehmen. Es war nicht zu verkennen, daß die Bundesregierung bemüht war, Pflanzenschutzmittel mit erkannten negativen Wirkungen zu verbieten und die Entwicklung umweltverträglicherer „chemischer Keulen" zu fördern. Der gemeinsame Markt könnte dieses Bemühen gefährden, weil analog zu den sonstigen Bestimmungen auch hier auf eine totale Gleichmacherei verzichtet, dafür das **Prinzip des gegenseitigen Vertrauens** angewendet werden sollte: Pflanzenschutzmittel, die ein Land für unbedenklich erklärte oder nicht verbot, weil die Gefährdung nicht erwiesen war, **sollten in allen Ländern der EG verkauft werden können.** Es verblieb damit zwar für jeden einzelnen Staat die Möglichkeit, die Produktion dieser Stoffe auf seinem Territorium zu untersagen; er hatte aber keine Möglichkeit mehr, die Einfuhr eben dieser Stoffe aus dem EG-Ausland zu verbieten. Umweltgifte, die, wie z. B. das Atrazin, vom deutschen Markt verschwinden sollten, könnten von jenseits der Grenzen wieder importiert werden.

zu b) Da die Bundesrepublik sehr zeitig mit einer eigenständigen Umweltpolitik begann (der erste Umweltbericht des damals für

Umweltfragen zuständigen Innenministers stammt aus dem Jahre 1971), hatte die deutsche Industrie einen größeren Entwicklungsvorlauf bei der Herstellung von Umweltinvestitionen als ihre EG-Konkurrenten. Umweltinvestitionen seien „ein irrer Markt für die nächsten zwanzig bis vierzig Jahre“, befand laut ZEIT (Nr. 41/89, 6.10.1989) ein leitender Manager des zur Daimler Benz AG zählenden MBB. „Mit der ganz klaren Zielsetzung Europäischer Markt ’93“ hatte nach derselben Quelle ein AEG-Direktor eine Umweltpilotanlage entwickeln und vorführen lassen.

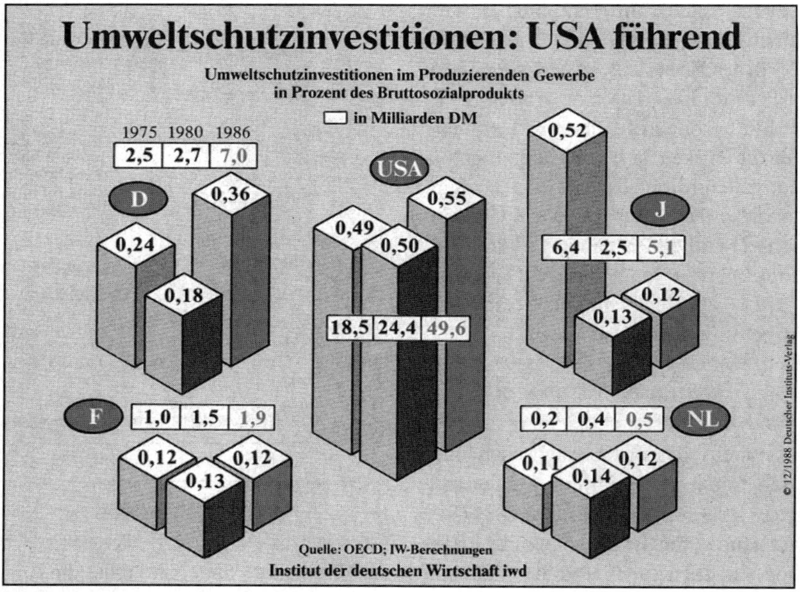

Quelle: iwd, Nr. 12/88, 24.3.1988

Umwelttechnik als Wettbewerbsmittel

Die **deutsche Industrie war daher tendenziell daran interessiert, möglichst strenge Umweltnormen in Europa zu verankern,** sofern sie diese Normen einhalten konnte und die Ausländer gehalten waren, die Technologie bei ihr einzukaufen. Ein Beispiel dafür war der Streit um die Abgaskatalysatoren bei Kraftfahrzeugen. Die deutsche Industrie befürwortete die Katalysatoren europaweit; insbesondere die Kleinwagenhersteller in Frankreich, Italien und England wehrten sich mit allem Nachdruck gegen diesen Zwang, weil sie davon Wettbewerbsnachteile zu erwarten hatten.

Ein Beispiel aus dem Niedrigtechnologiebereich war der Streit um die Kunststoffpfandflasche: Aus Umweltgründen wollte die Bundesregierung vom 1.12.1989 an Flaschen aus Kunststoff mit einem Pfand von 50 Pfennigen. Das Ziel war, diese Verpackungen entweder mehrfach zu verwenden oder geordnet zu recyceln; sie sollten jedenfalls nicht mehr in dem altgewohnten Umfange in den Haushaltsmüll wandern. Für die französische Industrie „stiller" Mineralwasser, die diese Wasser traditionell in Wegwerfflaschen aus Plastik anbot, war das praktisch das Ende ihrer Verkäufe in der Bundesrepublik. Es bestand keine Möglichkeit, diese Flaschen leer nach Frankreich zurückzutransportieren. Andere Reaktionen waren ausgeblieben, weil der französische Anbieter „zu lange auf einen Erfolg einer Beschwerde Frankreichs bei der EG-Kommission gewartet hatte" (Handelsblatt, 1./2.12.1989). Die EG-Kommission beabsichtigte, gegen das Flaschenpfand Klage vor dem Europäischen Gerichtshof wegen Behinderung des freien Handels innerhalb der EG einzureichen.

Wirkungen der EG-Umweltpolitik

Eine Gesamtbeurteilung, ob die EG die Weiterentwicklung der deutschen Umweltschutzgebung eher gefördert oder behindert hatte, ist schwer zu treffen:

Einerseits gab es für die Bundesrepublik wenig Sinn in fortgesetztem nationalen Bemühen, wenn in den umliegenden Staaten für Umweltschutz nichts getan wurde. Sauberkeit bei den Nachbarn nutzte jedem gleichzeitig. Wenn es also möglich war, in ganz Europa mit dem Umweltschutz zu beginnen – bei Verzicht auf besonders strenge Vorschriften zu Hause –, dann sollte mit dem gemeinsamen Handeln ernst gemacht werden.

Andererseits war die Bundesrepublik nicht daran gehindert, mehr als die Nachbarn für den Umweltschutz zu tun. Die EG stellte immer wieder heraus, daß niemand gezwungen war, bei sich die Produktion schädlicher Substanzen zuzulassen. Jeder Staat durfte nach der Änderung des EG-Vertrages durch die Einheitliche Europäische Akte von 1986 (Art. 130t) verstärkte Schutzmaßnahmen beibehalten oder ergreifen, die mit diesem Vertrag vereinbar sind:

> „Die EG hindert die Bundesrepublik nicht an der Kontrolle von Abfallexporten in Drittländer, an der Sanierung von Rhein, Elbe, der Weser, an der Verminderung der Belastungen von Nord- und Ostsee, an einem vollständigen Verbot der Ozon-Killer FCKW ... an der Katalysatorpflicht für alle in der Bundesrepublik hergestellten Kraftfahrzeuge."

(Quelle: Laurens Bringhorst, EG-Generaldirektion für Umweltschutz, Brüssel, in: Die ZEIT, 5.5.1989)

Allerdings: **Die Bundesregierung müßte alle Waren, die diesen Verboten widersprachen, nach Deutschland hereinlassen, solange sie nach geltenden EG-Normen hergestellt wurden.** Verständlich, daß sich dagegen der Protest der deutschen Anbieter richtete, die ungleiche Wettbewerbschancen befürchteten.

In einer Reihe von Fällen, so z. B. bei den Richtlinien über gentechnische Verfahren, zeigten sich immer deutlicher die Grenzen nationalen Rechts. Es wurde in den Anhörungsverfahren von vornherein verlangt, die EG-Richtlinien auch zum Maßstab nationaler Entscheidungen zu machen.

2.6. Subventionen in der Bundesrepublik: Hilft die EG beim Abbau?

In ihrem 10. Subventionsbericht („Bericht über die Entwicklung der Finanzhilfe des Bundes und der Steuervergünstigungen") definierte die Bundesregierung die Grundlagen ihrer Politik staatlicher Beihilfen wie folgt:

> „In einer sozialen Marktwirtschaft dürfen Subventionen nur in besonders zu begründenden Ausnahmefällen zum Ausgleich politisch nicht hinnehmbarer Nachteile bzw. zum Anreiz bestimmter Aktivitäten gewährt werden. Im Rahmen dieser Grundorientierung gibt es eine Reihe von wirtschafts-, finanz- und gesellschaftspolitischen Zielen, die für die Gewährung von Subventionen eine Rolle spielen.... Staatliche Eingriffe in das wirtschaftliche Geschehen sind... stets mit Vorrang auf ihre Vereinbarkeit mit den Grundbedingungen der marktwirtschaftlichen Ordnung zu prüfen" (Ziff. 8).

Als allgemein akzeptierte Gründe für die staatliche Subventions- oder Beihilfegewährung gelten

Gründe für die Subventionsgewährung

- Maßnahmen der Arbeitsplatzsicherung bzw. -schaffung;
- Erhaltung und Schaffung erwünschter Strukturen, z. B. Agrarstruktur, Wohnungsmarkt, Raumordnung (die Berlinhilfen z.B. waren dementsprechend Subventionen, die raumordnend den Standort Berlin rentabel halten sollten);
- „Gegensubventionen" zum Schutz der heimischen Industrie, die sich den beihilfebedingten Preissenkungen der Anbieter aus hochsubventionierenden Staaten gegenübersieht;
- Förderung von Projekten, die die Regierungen für wichtig halten, ohne daß eine ausreichend private Initiative z. B. wegen zu großer Kosten oder Risiken vorhanden wäre;
- Sicherung der Versorgungsunabhängigkeit bei wichtigen Rohstoffen; Aufrechterhaltung einer eigenständigen Energiebasis durch Kohlebeihilfe.

Trotz allgemeiner Ablehnung von Subventionen durch die Bevölkerung fanden die besonderen Subventionen immer die Zustimmung der sie Begünstigenden – auch dann, wenn jene generell gegen Beihilfen waren. Das Ergebnis war, daß bislang alle Bemühungen, einen nachhaltigen **Subventionsabbau auf nationaler Ebene herbeizuführen, gescheitert waren.** Zeitweilige Rückgänge der Beihilfe waren weniger einer zielgerichteten Politik, als vielmehr leeren öffentlichen Kassen zuzuschreiben.

EG-bezogene Probleme entstanden für die Bundesrepublik an der typischen Schnittstelle zwischen Subventionszweck und Auswirkung auf den grenzüberschreitenden Handel: Die staatliche Beihilfe, mit der beispielsweise überhaupt nur noch Ruhrkohlebergbau betrieben werden konnte, war gleichzeitig eine Einflußnahme auf den Handel mit Kohle, der durch die Subvention zu Lasten von EG-Lieferanten verzerrt wurde. Gerade bei dem als „Jahrhundertvertrag" gefeierten Vertragswerk zur Sicherung des deutschen Steinkohlenbergbaus zeigten sich die typischen Konflikte zwischen nationalem Subventionszweck und EG-weiter Politik freien Warenhandels.

Nach diesem Vertrag sollte der Steinkohlenbergbau sich einerseits selbst modernisieren, andererseits aber eine Abnahmegarantie für seine Kohle erhalten. Die deutschen Elektrizitätshersteller mußten letztere zur Stromerzeugung verbrennen („verstromen"). Aufgrund der hohen Kosten des Brennstoffeinsatzes waren damit die Preise für elektrische Energie in Deutschland so hoch, daß es sich für ausländische Kraftwerke lohnte, Strom nach Deutschland zu liefern. Gemeinsamer Binnenmarkt bedeutete auch, daß die Anbieter elektrischer Energie frei über die Grenzen liefern durften.

Kohlepfennig

Der „Jahrhundertvertrag" wollte das aber verhindern: Die Kraftwerke mußten deutsche Kohle verfeuern; da diese teurer war als die Weltmarktkohle, wurde ihnen die Preisdifferenz durch den sog. Kohlepfennig (ein Zuschlag von 8,5% auf den Elektrizitätspreis, den jeder Abnehmer zu zahlen hatte) vergütet. Diese Subventionszahlung durch die Abnehmerschaft hatte die Bundesregierung gesetzlich verordnet; desgleichen die wettbewerbsfeindliche Abnahmeverpflichtung für die teure heimische Kohle. Damit gelang es der Bundesregierung, die französische Konkurrenz vom deutschen Markt fernzuhalten, die mit ihren Überkapazitäten von Atomstrom deutsche Abnehmer mitbeliefern wollte.

Die **EG-Kommission verlangte von der Bundesregierung, die Höhe der Subventionen planmäßig zu verringern,** also den Kohlepfennig abzubauen. Das gleiche sollte für die erzwungenen Mengen von Verstromungskohle gelten, damit andere EG-Anbieter auf dem Markt zum Zuge kommen könnten. Weiterhin wurde Bonn verpflichtet, die Voraussetzungen für eine subventionsfreie Kohleversorgung zu schaffen, die durch einen Umstrukturierungs-, Modernisierungs- und Rationalisierungsplan zu gewährleisten wäre. Gegen entsprechende Anordnungen der Kommission hatte der deutsche Steinkohlenberg-

Kohleklage gegen EG soll ruhen

Bonn will nachbessern

Von HEINZ JÜRGEN SCHÜRMANN

Die Bundesregierung hat ihre Klage gegen die kohlepolitischen Auflagen der EG-Kommission vom März 1989 nicht zurückgezogen, sondern zunächst unter Wahrung ihrer Rechtsposition nur ruhen lassen. Diese Entscheidung ist ein vernünftiger politischer Kompromiß. Wäre Bonn nämlich dem Anliegen von Brüssel nachgekommen, auf die Klage vollständig zu verzichten, hätte keine Möglichkeit mehr bestanden, bei Tempo und Umfang von Zechenstillegungen mitbestimmen zu können. Für die Entwicklung eines nationalen Kohlekonzepts wäre ein enormer Zeitdruck entstanden. Grünes Licht aus Brüssel für die Kohleverstromungshilfen gibt es bisher nur bis März 1991. Jetzt kann Bonn die Ergebnisse der Mikat-Kommission abwarten, die Ende März 1990 vorliegen sollen. Beim Mengengerüst des Jahrhundertvertrags sind keine Rechtspositionen aufgegeben worden. Die subventions- und kartellrechtlichen Genehmigungsspielräume müssen von Bonn und Brüssel neu ausgehandelt werden.

Für einen ausgewogenen Kompromiß ist ein Geben und Nehmen beiderseits notwendig. Das Argument der Versorgungssicherheit durch Gemeinschaftskohle gewinnt vor dem Hintergrund der Veränderungen in Osteuropa ein neues Gewicht. Die Energieziele der EG geben dem deutschen Bergbau eine Überlebenschance, wenn sie nicht einseitig interpretiert werden. Darauf muß Bonn hinwirken. Denn nach den Kommissionszielen sollen die Kostenaspekte, die Zuverlässigkeit von Lieferungen und die Umweltverträglichkeit ausbalanciert werden.

Quelle: Handelsblatt, 9./10.2.1990

bau vor dem Europäischen Gerichtshof geklagt; die Bundesregierung war dieser Klage beigetreten, wobei die Verhandlungen zwischen Bonn und Brüssel fortgesetzt wurden.

Ein weiterer Streitpunkt war die Politik der Bundesregierung, die Zahl der Langzeitarbeitslosen durch entsprechende Förderprogramme zu verringern. Von den mehr als 2 Mio. Arbeitslosen um die Jahres-

Wiedereingliederungshilfen für Langzeitarbeitslose

wende 1989–90 waren ein Drittel sog. Langzeitarbeitslose, bei denen es seit mehr als einem Jahr keine Vermittlung mehr in ein Arbeitsverhältnis gegeben hatte. Das Problem gerade bei diesem Personenkreis war, daß es neben einer Reihe erschwerender Bedingungen (Gesundheits- und Qualifikationsprobleme) das besondere Handicap der sich verstärkenden De-Qualifikation gab: je länger aus dem Arbeitsverhältnis heraus, desto schwerer die Wiedereingliederung.

Für diesen Personenkreis mußten besondere Anreize geboten werden, damit Arbeitgeber eine Einstellung von Langzeitarbeitslosen versuchten. Ein Mittel war, seitens der Bundesanstalt für Arbeit für längstens ein Jahr einen nennenswerten Teil der Lohnkosten zu übernehmen. Angesichts der geringen Produktivität dieser Menschen sollten somit die dann effektiv vom Betrieb zu zahlenden Löhne entsprechend sehr viel geringer sein. In Ausnahmefällen wurden die gesamten Löhne übernommen.

Die Maßnahme wurde von der EG-Kommission mit der Begründung, hier lägen **versteckte Subventionen für deutsche Produzenten** vor, in Frage gestellt: Lohnkostensubventionen verringerten die Lohnkosten und damit die Wettbewerbspreise für deutsche Anbieter. Die Bundesregierung vertrat dagegen die Auffassung,

---

> „daß Hilfen zur Erleichterung der allgemeinen Ausbildung oder der Arbeitsaufnahme von ‚sozialbehinderten' Arbeitssuchenden nicht zu den Beihilfen im Sinne des EWG-Vertrages zählen, sofern sie für die gesamte Wirtschaft verfügbar sind" (Handelsblatt, 10.–11.11.1989).

Fahrzeugkontrolle HANDELSBLATT: Pielert

Quelle: Handelsblatt, 9./10.11.1989

EG-Kritik an der Berlinhilfe

Kritisch wurden seitens der EG auch die Förderungsprogramme der Bundesregierung für das Zonenrandgebiet und Berlin (West) betrachtet; die Kommission der EG hatte den Verdacht, daß die Beihilfen für die gewerbliche Wirtschaft und die Bevorzugungen von Unternehmen aus den betreffenden Gebieten bei der Vergabe öffentlicher Aufträge eine unzulässige **Bevorzugung** nationaler Unternehmen und damit eine Behinderung des freien Güteraustausches über die Grenzen darstellten. Die Bundesregierung dagegen betonte, daß es sich bei den Förderungsmaßnahmen nur um vorübergehende Kompensationen von Standortnachteilen an der ehemals innerdeutschen Grenze handelte, keinesfalls um eine EWG-vertragswidrige Bevorzugung deutscher Unternehmen. Für die Position der Bundesregierung sprach, daß auch nicht-deutsche Unternehmen, die sich im damaligen Zonenrandgebiet niederließen, gleichermaßen gefördert wurden.

EUROPA / Das Schicksal der Zonenrandförderung

Brüsseler Kritik an den regionalen Präferenzen

HANDELSBLATT, Mittwoch, 11.10.1989

df DÜSSELDORF. Die Bundesregierung steht auf dem Standpunkt, daß von den gesamten Förderungsmöglichkeiten des Zonenrandförderungsgesetzes (Investitionszuschüsse und -zulagen, steuerliche Vergünstigungen, Frachthilfen, Bevorzugung bei der Vergabe öffentlicher Aufträge, aber auch Förderung der wirtschaftsnahen, verkehrlichen, sozialen und kulturellen Infrakstruktur) allein die Beihilfen für die gewerbliche Wirtschaft der Überprüfung der EG-Kommission im Hinblick auf Wettbewerbsverfälschungen unterliegen.

Beihilfen, die Unternehmen im Rahmen der Zonenrandförderung gewährt würden, seien allerdings nach Art. 92 Abs. 2 Buchstabe c des EWG-Vertrages mit dem Gemeinsamen Markt vereinbar, soweit sie zum Ausgleich der durch die Teilung Deutschlands verursachten wirtschaftlichen Nachteile erforderlich seien.

Die Bundesregierung sieht solche Nachteile als gegeben an, solange die Teilung Deutschlands und Europas in der gegenwärtigen Form fortbesteht.

Die EG-Kommission stehe allerdings, so die Bundesregierung, der wirtschaftlichen Zonenrandförderung, soweit sie in Form von Investitionszuschüssen und -zulagen im Rahmen der Gemeinschaftsaufgabe „Verbesserung der regionalen Wirtschaftsstruktur" gewährt werde, seit langem kritisch gegenuber.

Konkrete Schlußfolgerungen aus ihrer kritischen Einstellung habe die EG-Kommission bis jetzt jedoch noch nicht gezogen. Die Bundesregierung erwartet nicht, daß während der Laufzeit des Kompromisses, also bis Ende 1990, die Zonenrandförderung insgesamt von der EG-Kommission aufgegriffen werde.

Auch hinsichtlich der regionalen Präferenzsysteme im öffentlichen Auftragswesen, die von der EG-Kommission in allen Mitgliedsländern abgelehnt würden, steht die Bundesregierung auf dem Standpunkt, daß die „Richtlinien für die bevorzugte Berücksichtigung von Personen und Unternehmen aus dem Zonenrandgebiet und aus Berlin (West) bei der Vergabe öffentlicher Aufträge" nicht einen regionalwirtschaftlichen, sondern einen deutschlandpolitischen Ansatz habe.

Dies gelte auch für das öffentliche Auftragwesen. Die Bundesregierung ist diesbezüglich noch mit der Kommission im Gespräch.

Die Bundesregierung hat angekündigt, daß sie, wie bisher, auch in den weiteren Verhandlungen mit der EG-Kommission den Handlungsspielraum voll nutzen werde, den ihr der EWG-Vertrag mit der besondeen Absicherung der Zonenrandförderung biete, um einen Ausgleich für die teilungsbedingten Nachteile im gesamten Zonenrandgebiet auch zukünftig zu gewährleisten.

Quelle: Handelsblatt, 12.10.1989

Neue Bundesländer

Nach der deutschen Einigung entstanden vergleichbare Probleme bei den Bemühungen, die fünf neuen Bundesländer (ehemalige DDR) gezielt zu fördern, um deren Entwicklungsdefizite auszugleichen. Die Förderung seitens des Bundes sollte aus direkten Beihilfen (Investitionszulagen) und Steuerermäßigungen bestehen. Damit könnten, wie EG-Partner argwöhnten, Wettbewerbsvorteile für deutsche Unternehmen auf den Märkten der EG entstehen. Auch wenn diese Förderprogramme jedem Investor unabhängig von seiner Nationalität offenstanden, wären allein schon aus geographischen, historischen und sprachlichen Gegebenheiten die deutschen Unternehmen die hauptsächlichen Nutznießer.

Bisherige Bundesländer

Auch Programme einzelner Bundesländer fanden keine Zustimmung seitens der EG-Kommission. Nordrhein-Westfalen beispielsweise wurde in ein Verfahren wegen des Verstoßes gegen die Beihilferegelungen des EWG-Vertrages verwickelt, weil es öffentliches Geld in ein „Programm Zukunftstechnologie" und ein „Technologieprogramm Wirtschaft" gesteckt hatte. Die Kommission befürchtete hier die ungesetzliche Subventionierung einzelner nationaler Unternehmen, die sich die sonst üblichen Forschungsaufwendungen vom Staat bezahlen ließen und damit Wettbewerbsvorteile gegenüber der nicht geförderten Konkurrenz erhielten.

Regionalförderung durch die EG

Andererseits war die EG selbst Subventionsgewährerin – für die Zwecke, die ihr nach dem EWG-Vertrag vorgegeben wurden. Dazu gehörten insbesondere die Beihilfen zur Stärkung entwicklungsschwächerer Regionen. Analog zum Bonner Grundgesetz, das die „Gleichheit der Lebensbedingungen" in der Bundesrepublik als ein Ziel staatlichen Handels vorgab, setzte sich auch die Europäische Gemeinschaft im Rahmen eines Regionalförderungsprogramms die Aufgabe, Gebiete mit niedrigerem Entwicklungsstand zu fördern. So waren auch in der Bundesrepublik 27 Regionen im Rahmen der Reform der Strukturfonds „als Gebiete industriellen Niedergangs förderberechtigt" (EG-Nachrichten vom 9.1.1990). EG-Subventionen unterstützten dabei die regionalen Fördermaßnahmen, die Bund und Länder für diese Gebiete vorgesehen hatten.

Diese Gebiete sollten bis 1991 von der EG 280,3 Mio. ECU (= 567,4 Mio. DM) zur Förderung ihrer regionalen und sozialen Entwicklung erhalten.

Vielfach handelte es sich bei den **EG-Subventionen um eher belanglose Unterstützungen.** Zu vermuten ist, daß deren ersatzlose Streichung keine wirtschaftlichen Katastrophen zur Folge hätten. Wie die EG beispielsweise in ihren Nachrichten vom 13.6.1989 berichtete, erhielten Unternehmen in Deutschland Subventionen für die Herstellung von Fruchtsäften aller Art (ein Unternehmen in Mönchengladbach), für Herstellung, Veredelung und Vertrieb von Spanplatten (ein Unternehmen in Steinheim) usw. Auch ein Großlabor zur Herstellung und zum Vertrieb von Fotoarbeiten in Oldenburg war der EG einen Betrag von genau 1,083 Mio. DM wert. Die Gesamtzahl der in Deutschland auf diese Weise geschaffenen Arbeitsplätze bezifferte die EG auf 835.

2.7. EG '93: Welche Auswirkungen hat Berlin zu erwarten?

Die stürmischen politischen Entwicklungen seit Öffnung der Berliner Mauer am 9.11.1989 bis zur deutschen Einigung am 3.10.1990, die gleichzeitig die faktische und rechtliche Wiedervereinigung Berlins besiegelten, führten zu einer neuen Sichtweise des europäischen Einigungsprozesses:

- vor der deutschen Einheit war die EG-Bindung Berlins politisch, wirtschaftlich und psychologisch bedeutsam, um den **Status quo der Stadt gegenüber einem als feindselig empfundenen Umland zu sichern.** Im Rahmen der Bindungen an den Bund und mit Einverständnis der Alliierten gehörte Berlin (West) zum westeuropäischen Wirtschaftsraum; gleichzeitig standen der Stadt gewisse EG-Förderungen (Regional-, Sozialfonds) zur Verfügung. Letztere halfen, die erheblichen politisch-geographischen Nachteile gegenüber den ökonomischen Zentren (West-)Europas zu mildern.

EG als Entwicklungschance

- nach Wiedererlangung der Einheit und gleichzeitiger Integration der fünf neuen Bundesländer in die Europäische Gemeinschaft fiel die isolierte geographische Lage weg. Senat und Magistrat beider Stadtteile erklärten am 12.7.1990, also noch vor der Vereinigung, daß sie bemüht seien, „weitere europäische Einrichtungen in Berlin anzusiedeln und die Stadt zu einem europäischen Kommunikations-, Kultur-, Wissenschafts-, Dienstleistungs- und Finanzzentrum voranzutreiben." Sie verwiesen dabei auf die besonderen Stärken Berlins in Gestalt der hier ansässigen Hochschulen, Forschungs- und Bildungseinrichtungen, Consulting- und Beratungsgesellschaften sowie eines leistungsfähigen Telekommunikationsangebots.

In der an die neuen Herausforderungen angepaßten Strategie wurde die räumliche Lage der Stadt am östlichen Rand der Gemeinschaft als eine Zukunftschance angesehen. Erhebliche politische und wirtschaftliche Veränderungen hatten sich vor und während des deutschen Einigungsprozesses in den Staaten des „Rates für gegenseitige Wirtschaftshilfe" (RGW) abgespielt und dort ausnahmslos den Übergang zu grundsätzlich offenen Marktwirtschaften bewirkt. Die meisten der Staaten des in Auflösung befindlichen RGW waren zudem an einer Mitgliedschaft bzw. einer Assoziierung mit der EG interessiert. Berlin ist diejenige Metropole der EG, die dieser Staatengruppe räumlich am nächsten liegt. Seine auch schon der Vergangenheit angestrebte Funktion einer „Drehscheibe zwischen Ost und West" schien erstmals wirklich erfüllbar zu werden.

Strukturhilfen durch die EG

Die Hilfen, die Berlin aus dem **Europäischen Strukturfonds** vor der Vereinigung erhalten hatte und die für den Zeitraum 1989 bis 1991 etwa 123 Mio. DM betrugen, dienten beispielsweise der Wiederherrichtung von Industrieflächen zur Ansiedlung von Unternehmen, dem

Schutz der Umwelt, der Verbesserung der Einrichtungen Berlins als internationalen Konferenz- und Messeorts, der Förderung mittelständischer Unternehmen. Weiterhin gehörten Hilfen zur Finanzierung von Existenzgründungen, Weiterqualifikationen und zur Wiedereingliederung von Langzeitarbeitslosen dazu. Zusätzliche EG-Hilfen zur schnellen Verbesserung der Verkehrsinfrastruktur der Stadt – die Wiederinbetriebnahme stillgelegter S-Bahn-Strecken – mußten Ende der 80er Jahre sogar zurückgewiesen werden, weil es keine kurzfristig auszuführenden Baupläne gab.

Berlin erhält 123 Millionen DM aus den Regionalfonds der EG

Verlassene Industriestandorte sollen wieder nutzbar gemacht werden

Berlin/Brüssel (dpa). Berlin erhält bis 1991 aus den Regionalfonds der Europäischen Gemeinschaft Beihilfen in Höhe von 123 Millionen DM. Dies sieht ein Entwicklungsprogramm vor, auf das sich die EG-Kommission und der Berliner Senat verständigt haben. Wie die EG-Behörde gestern in Brüssel mitteilte, dient das Vorhaben vor allem dazu, verlassene Industriestandorte wieder nutzbar zu machen, neue Unternehmen anzulocken sowie Probleme des Umweltschutzes und der Abfallbeseitigung zu lösen.

Der für die Regionalpolitik zuständige EG-Kommissar Millan, der in den vergangenen zwei Tagen in Berlin mit dem Regierenden Bürgermeister Momper und Mitgliedern des Senats zusammengekommen war, unterrichtete die Berliner Stadtregierung zugleich davon, daß die EG den Wiederaufbau der Kronprinzenbrücke im Jahr 1990 mit 10,2 Millionen DM unterstützen wird. Dies sei die Hälfte der zu erwartenden Kosten. Nach der Wiederaufnahme des Verkehrs zwischen Ost und West habe dieses Projekt für die Stadt eine besondere Priorität.

Im Rahmen des Entwicklungsprogramms erhält Berlin von der EG-Kasse in einem ersten Schritt Regionalhilfen in Höhe von 80 Millionen DM. Im einzelnen ist geplant: die Nutzbarmachung verlassener Industrieanlagen einschließlich der „Speer-Platte" im Bezirk Charlottenburg; die Verbesserung des Umweltschutzes vor allem durch Anpassung kleinerer Industrieanlagen in Kreuzberg; die Verbesserung der Attraktivität Berlins als Kongreß- und Ausstellungsstadt durch Erweiterung und Modernisierung der Messehallen am Funkturm und Belebung unternehmerischer Initiativen durch Schaffung einer „Ost-West-Wirtschaftsakademie" und einer „Berliner Datenbank" für kleine und mittlere Unternehmen.

Quelle: Der Tagesspiegel, 10. 2. 1990

Weiterhin unterstützte die EG aus ihrem **Sozialfonds** Projekte in Berlin, die sich auf die berufliche Förderung von Jugendlichen, von ausländischen Arbeitnehmern und von Behinderten bezogen. Die Finanzierung von Jugendaustauschprojekten durch die EG sollte dem gegenseitigen Verständnis und der internationalen Verständigung dienen.

Neben diesen finanziellen Beihilfen war der Senat von Berlin sehr daran interessiert, die Stadt zum **Standort von EG-Behörden** zu machen. Durch diese Behörden, ihren geistigen Austausch mit anderen Institutionen in der Stadt, durch den Zuzug von Bediensteten aus allen Teilen Europas, durch die ständigen Kommunikationsbeziehungen zu Regierungen, Unternehmen und sonstigen Einrichtungen wollte der Berliner Senat die belastenden Folgen der seinerzeit peripheren Lage der Stadt abmildern. Es war über viele Jahre der durch die Mauer erzwungenen Isolierung ein zentrales Ziel, die **Integration West-Berlins in die Gemeinschaft der westlichen Marktwirtschaften zu wahren und auszubauen.**

EG-Behörden in Berlin

In Berlin waren bereits ansässig ein Presse- und Informationsbüro der Gemeinschaft sowie das „Europäische Zentrum zur Förderung der Berufsbildung" („CEDEFOP"). In aussichtsreicher Position war die Stadt, Standort der „Europäischen Stiftung für Osteuropäische Studien" zu werden. Die Bundesregierung setzte sich weiterhin dafür ein, die „Europäische Umweltagentur" in Berlin einzurichten. Weiterhin zeigte sich Berlin daran interessiert, Standort eines eventuell zu gründenden europäischen Kartellamtes zu werden – einer Behörde also, die das europäische Kartellrecht einschließlich der neugeschaffenen Fusionskontrolle anwenden soll. Das für das deutsche Kartellrecht zuständige Bundeskartellamt arbeitete bereits seit 1958 in Berlin, so daß umfangreiches wettbewerbspolitisches Erfahrungswissen in der Stadt vorhanden war und für europäische Einrichtungen nutzbar gemacht werden könnte. Besonders interessiert zeigte sich der Senat, die „Europäische Bank für Wiederaufbau und Entwicklung" nach Berlin zu holen. Da diese Bank den wirtschaftlichen Aufbau Osteuropas durch die Finanzierung privater Investitionsvorhaben unterstützen sollte, erschien der Standort Berlin an der Nahtstelle zwischen Ost und West besonders gut geeignet zu sein: Der bisherige Umstand, aus EG-Sicht sehr weit östlich gelegen zu sein, könnte sich angesichts der neuen Entwicklungen als Vorteil erweisen.

Standort für Osteuropahandel

Wie ein Staatssekretär in der Senatswirtschaftsverwaltung im Dezember 1989 ausführte, war Berlin „nach wie vor eines der größten Industrie- und Dienstleistungszentren zwischen Paris und Moskau". Bei Fortsetzung der Wirtschaftsreformen in Ost- und Mitteleuropa werde Berlin als Stadt der gesamteuropäischen Wirtschaftskooperation an Bedeutung gewinnen. Für europäische, amerikanische und asiatische Firmen sei Berlin ein wichtiger Standort für die langfristige Erschließung der Märkte in Ost- und Mitteleuropa. Als östlichste Stadt des Westens verfüge Berlin über eine intakte Infrastruktur, die vorläufig in keinem der östlichen Staaten geboten werden könne. Das Dienstleistungsangebot der Stadt erleichterte zudem die Anbahnung des Ost-West-Handels. Dieser wurde durch das bereits im Herbst 1990 im Rahmen der Rückgewinnung der Einheit verbesserte Verkehrsangebot gefördert. So wurden beispielsweise zahlreiche Anträge auf Einrichtung von Flugverbindungen zu europäischen Zentren gestellt.

Die Bedeutung der EG-Zugehörigkeit von Berlin (West) konnte nicht hoch genug eingeschätzt werden, und zwar nicht bloß wegen der oben dargelegten Zuwendungen aus dem Regional- und Sozialfonds der EG. Wichtiger war die **Zugehörigkeit der Stadt zu den wirtschaft-**

FINANZPLÄTZE / Japanische Banken sind im Anmarsch

Berlin als Stützpunkt für das Geschäft in Osteuropa

HANDELSBLATT, Dienstag, 19.6.1990

ga TOKIO. Nach der Bank of Tokyo und der Wertpapiergesellschaft Nomura Securities wollen in Kürze weitere führende japanische Geschäftsbanken und Brokerhäuser Stützpunkte in Berlin einrichten, das sich nach japanischer Einschätzung zu dem Finanzzentrum Mittel- und Osteuropas entwickeln wird.

Das japanische Finanzministerium hat jetzt weiteren Banken hierfür „Grünes Licht" gegeben. Wie aus japanischen Bankkreisen verlautete, wurde jetzt den vier Geschäftsbanken (City Banken) Sumitomo Bank, Sanwa Bank, Mitsubishi Bank und Mitsui Taiyo Kobe Bank inoffiziell die Genehmigung zur Einrichtung eines Stützpunktes in Berlin erteilt.

In Japan wird nun damit gerechtet, daß von diesen Instituten nach Vorlage der erforderlichen Genehmigung der deutschen Behörden noch bis zum Ende des laufenden Geschäftsjahres 1990/91 (31. März) Repräsentanzen in Berlin eingerichtet werden, die später in Niederlassungen umgewandelt werden sollen.

Das japanische Finanzministerium hatte dabei in den letzten Monaten mit Blick auf die internationale Debatte über die übermächtige Präsenz japanischer Banken an außerjapanischen Finanzplätzen die Zulassung von neuen Stützpunkten im Ausland äußerst restriktiv gehandhabt. Die jetzige Genehmigung für die Einrichtung von Büros in Berlin wird daher in Japan im Zusammenhang mit dem politisch motivierten Bemühen gesehen, Finanzmittel aus Japan nach Mittel- und Osteuropa zu lenken.

Angesichts der starken Position westeuropäischer, vor allem deutscher, Banken in dieser Region sehen die japanischen Finanzinstitute vor allem Geschäftsmöglichkeiten bei der Anbahnung und Betreuung von Joint Ventures und Investitionsvorhaben, an denen japanische Unternehmen beteiligt sind. Neben der DDR konzentriert sich hierbei das Interesse der japanischen Finanzinstitute vor allem auf die CSFR und Ungarn.

Gleichzeitig hierzu wurde in Tokio bekannt, daß nach dem Brokerhaus Nomura Securities, das bereits seit 11. Juni mit einem Stab von fünf Mitarbeitern in Berlin vertreten ist, nun auch die Wertpapiergesellschaften Nikko Securities und Yamaichi Securities noch bis Ende dieses Jahres Büros in Berlin einrichten wollen. Daneben werde auch bei Japans zweitgrößter Wertpapiergesellschaft, Daiwa Securities, daran gedacht, so früh wie möglich in Berlin einen Stützpunkt zur Informationsbeschaffung einzurichten, heißt es in einem Bericht der Wirtschaftszeitung Nikkei.

Quelle: Handelsblatt, 20.6.1990

lich dynamischsten Regionen Europas und damit die Zugehörigkeit zu einer „Entwicklungs“-Gemeinschaft, die Berlin veranlaßte, immer wieder seine Konkurrenzfähigkeit zu erarbeiten und unter Beweis zu stellen. Sich aus dieser Entwicklung selbst herauszunehmen und in eine allgemeine Subventionsmentalität herabzusinken, hätte die Lebensfähigkeit der Stadt nachhaltig verletzt. „Schließlich waren die Industriebetriebe in Berlin bereits früher in besonderem Maße spezialisiert und exportorientiert. Im Jahr 1985 gingen 48% der Berliner Exporte in die Mitgliedsländer der EG“ (E. Jaedtke, Berlin in der EG – EG in Berlin, 1987, S. 5), 1988 bereits 56% (Pressedienst Berlin vom 12.7.1990). Die Integration in die technischen und wirtschaftlichen Entwicklungen in Europa und der gesamten Welt war – wie das negative Beispiel der Länder beweist, die durch ihre demokratisch nicht legitimierten Regierungen gezwungen worden waren, sich abzukapseln und in wirtschaftliche, soziale und ökologische Armut herabzusinken – für Berlin noch viel bedeutsamer als die finanziellen Zuwendungen der EG, so angenehm diese im Einzelfall bei einer konkreten Hilfestellung auch gewesen waren.

Mitglied war das damalige West-Berlin bereits zum Zeitpunkt der Entstehung der EWG 1957 geworden. So erklärte der ehemalige britische Außenminister und Präsident des EG-Ministerrates, Lord Carrington, anläßlich eines Berlinbesuchs vom 29. bis 30.10.1981:

> „Von Anbeginn an war Berlin – vorbehaltlich der erforderlichen Zustimmung der Alliierten – in den Verträgen der Gemeinschaft eingeschlossen. Ich weiß, daß Sie meine Überzeugung teilen, daß diese europäische Dimension eine zusätzliche Quelle der Stärke und Stabilität für Berlin ist – als Ergänzung zu den Sicherheitsgarantien der drei Schutzmächte und der für die Stadt lebenswichtigen Bindungen mit der Bundesrepublik, die durch das Vier-Mächte-Abkommen sanktioniert wurden.“

Am 18.11.1957 hatten die westlichen Alliierten der Anwendung der Römischen Verträge auf Berlin (West) – vorbehaltlich ihrer besonderen Rechte in bezug auf den Status der Stadt und die Sicherheitsfragen – zugestimmt. Am 12.12.1957 hatte das Berliner Abgeordnetenhaus die Übernahme der Vertragsgesetze nach Berlin beschlossen. Im Vier-Mächte-Abkommen vom 3.9.1971 war die Einbeziehung Berlins in die EG rechtlich bestätigt worden. Vor Wiedererlangung der deutschen Souveränität konnten die Berliner Mitglieder des europäischen Parlaments (insgesamt drei) jedoch nicht direkt gewählt werden; wie bei den Bundestagsabgeordneten der Stadt nahm die Wahl das (West-)Berliner Abgeordnetenhaus vor. Als Mitglieder des Europäischen Parlaments waren sie jedoch (im Gegensatz zu den West-Berliner Mitgliedern des Bundestags) voll stimmberechtigt.

Mit Vollendung der wirtschaftlichen und politischen Einigung Deutschlands, der Wiedererlangung seiner Souveränität und dem

Wegfall der alliierten Vorbehaltsrechte wurde Berlin mit seinen beiden Teilen integraler Bestandteil der Europäischen Gemeinschaft. Übergangsbestimmungen für den Ostteil der Stadt sollten nur bis zum Zeitpunkt der Binnenmarktvollendung 1993 gelten.

2.8. Die Gemeinschaft und die Vereinigung Deutschlands

Der Beitritt der DDR zur Bundesrepublik Deutschland am 3.10.1990 erweiterte die EG um weitere 16 Mio Verbraucher. **Rechtlich** betrachtet war die Integration der Wirtschaft der ehemaligen DDR in die EG **kein Neubeitritt** eines 13. Mitglieds, sondern die Übertragung der Inhalte des Vertragswerks der Europäischen Gemeinschaft auf ein Territorium, um das ein Gründungsmitglied der EG vergrößert wurde.

Komplizierte Beitrittsverhandlungen

Tatsächlich erinnerte die Einbeziehung der DDR an die Beitrittsverhandlungen, die die EG jeweils mit ihren neuen Mitgliedern geführt hatte. Dabei ging es üblicherweise um die Regelung der Übergangszeiten bis zur uneingeschränkten Wirksamkeit des EG-Rechts und aller auf seiner Grundlage erlassenen Verordnungen. Die Integration der fünf neuen Bundesländer auf dem Boden der ehemaligen DDR war allerdings besonders kompliziert, weil es sich hier um ein Mitglied der ehemals rivalisierenden östlichen Wirtschaftsgemeinschaft, des „Rates für gegenseitige Wirtschaftshilfe“ (RGW), handelte. Als Folge der Bündniszugehörigkeit zum RGW bestanden zu den damaligen RGW-Partnern der DDR Vertragsverhältnisse fort, für die sowohl Bundesregierung wie EG-Kommission einen Vertrauensschutz einräumen wollten. Für die Bundesregierung war das zudem eine der Voraussetzungen der deutschen Einheit schlechthin. Ohne dieses Entgegenkommen hätte die Sowjetunion die Einbeziehung der DDR in EG und NATO schwerlich akzeptieren können.

Schon vor dem stürmisch verlaufenden Einigungsprozeß hatte die damalige DDR **eine Sonderrolle im Verhältnis zur Europäischen Gemeinschaft,** und zwar über den **„Innerdeutschen Handel“** (IDH). Dieser galt seiner Bezeichnung entsprechend nicht als Handel der EG mit einem Drittland. Die Konsequenz: Die DDR hatte ihre Produkte völlig ohne Abgaben und mengenmäßige Beschränkungen in die EG liefern dürfen – allerdings nur in das EG-Mitglied Bundesrepublik. Lieferungen der DDR in andere EG-Länder wurden wie sonstige Drittlandslieferungen behandelt, also mit verteuernden Abgaben belegt.

Aufgrund dieses besonderen Status wurde die DDR in kritischen Äußerungen von einigen EG-Mitgliedstaaten als „13. EG-Mitglied“ bezeichnet. Vom gesamten Handel der DDR mit Mitgliedsländern der EG entfielen etwa drei Viertel auf den IDH. Das war einerseits Folge der geographischen Nähe zur Bundesrepublik, der traditionellen

Außenhandel der DDR mit Westeuropa nach Ländern 1988

Umrechnung des Handels mit der Bundesrepublik inkl. West-Berlin zu Marktkursen, auf Dollarbasis

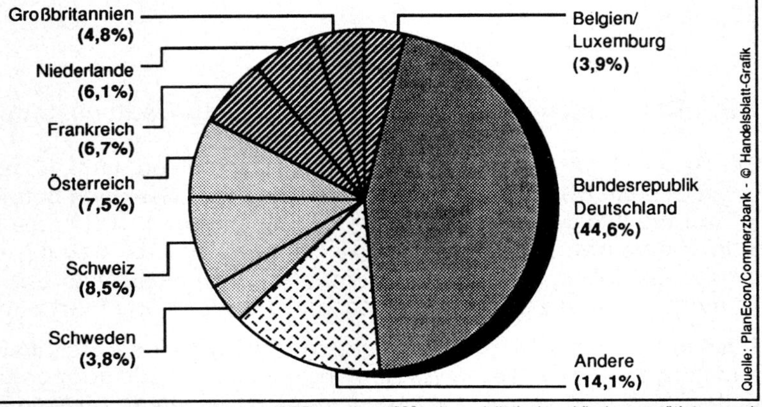

Über zwei Drittel des Außenhandels der DDR wurden 1988 mit sozialistischen Ländern getätigt, nur ein knappes Drittel mit den „kapitalistischen Industrieländern". Unter ihnen lag die Bundesrepublik mit einem Anteil von 44,6 % an der Spitze. Auf die anderen EG-Länder wie auch auf die Efta-Länder entfiel jeweils rund ein Fünftel.

Quelle: Handelsblatt, 27./28. 4. 1990

Probleme des innerdeutschen Handels vor der Vereinigung

innerdeutschen Handelsbeziehungen und einiger Vergünstigungen, die der IDH hatte (z. B. zinsfreie Überziehungskredite bei einem Handelsungleichgewicht). Andererseits kritisierten die elf anderen EG-Mitglieder gelegentlich, daß der IDH zu einem Verfahren mißbraucht wurde, DDR-Waren unerkannt und zollfrei in alle anderen EG-Gebiete einzuschleusen – etwa im Huckepackverfahren mit den westdeutschen Exporten in die EG. Letztere machten 1989 insgesamt 353 Mrd. DM aus; in diesem Exportvolumen, das einen historischen Rekord darstellte, wären die DDR-Lieferungen leicht zu verstecken.

Tatsächlich war der IDH schon bei der Gründung der EG geregelt worden, und zwar in einem Protokoll zu den Römischen Verträgen von 1957. Dieses Protokoll war Bestandteil des EWG-Vertrages und somit „Primärrecht", das nicht durch Erklärungen der Mitgliedsstaaten oder durch Art. 8 a der Einheitlichen Europäischen Akte (also durch alle Maßnahmen, die die Vollendung des Binnenmarktes betrafen) aufzuheben war: Ohne die deutsche Einigung wäre damit der IDH unverändert fortgesetzt worden.

Schon vor den dramatischen Umwälzungen des Herbstes 1989 hatte die Führung der DDR – ähnlich wie andere Mitgliedsländer des Rates für gegenseitige Wirtschaftshilfe (vergl. unten 4.3.) – eine engere Zusammenarbeit mit der EG angestrebt. Obwohl die DDR nicht zuletzt aus politischen Gründen den überwiegenden Teil ihres Außenhandels mit den Ländern des RGW abwickelte, war sie daran interessiert, ihren Westhandel aus der dominierenden Abhängigkeit der Bundesrepublik zu befreien. Andererseits litt der „Westhandel" der ehemaligen DDR daran, daß sie – wie das DIW in seinem Wochenbericht 9/90 vom 1. 3. 1990 herausarbeitete – „von ihrer weltwirtschaftlichen Integration her strukturell im Nachteil" war:

Schwächen des Handels der DDR

- Exporte schienen der DDR nur ein notwendiges Übel zu sein, um an Devisen heranzukommen, mit denen man Lücken im eigenen Angebot schließen konnte;
- Die DDR war kaum in die internationale Arbeitsteilung eingebunden;
- Der Außenhandel der DDR war überwiegend auf wirtschaftlich schwache Länder ausgerichtet, die nur wenig Geld für dementsprechend rückständige Waren zahlen konnten;
- Die Spezialisierung der DDR im EG-Handel entsprach nicht derjenigen eines hoch entwickelten Industrielandes, sie lieferte kaum forschungs- und technologieintensive Produkte;
- Die RGW-Einbindung und fehlender Konkurrenzdruck verhinderten, daß die DDR eine an Leistungskriterien orientierte Arbeitsteilung mit dem Ausland einging.

Die **Hypotheken dieser Fehlentwicklungen gingen mit der Einigung auf die Bundesrepublik über.** Gleichzeitig belasteten sie die EG, deren Teil die ehemalige DDR mit der deutschen Einigung geworden war.

Anfang 1990 stellte sich heraus, daß der Prozeß der wirtschaftlichen und politischen Einigung Deutschlands schneller ablaufen würde als nach den Jahrzehnten der Trennung und des west-östlichen Blockantagonismus zu vermuten war.

HANDELSBLATT: Pielert

Quelle: Handelsblatt, 13. 2. 1990

Die Perspektiven für eine Einbeziehung der DDR in die europäischen Marktwirtschaften hatten sich nach den Volkskammerwahlen vom 18.3.1990 nochmals einschneidend verändert. Waren unmittelbar nach den politischen Umwälzungen in der DDR zunächst noch Kontakte mit der EG gesucht worden, um die sozialistische Planwirtschaft durch verbesserten Handel mit dem Westen zu reformieren und zu stärken, so war mit der Fortsetzung der Reformen in der Sowjetunion und den politischen und marktwirtschaftlichen „Revolutionen" in Polen, Ungarn und der Tschechoslowakei Anfang 1990 eine neue Lage entstanden. Der **Übergang zur Marktwirtschaft aus Gründen der größeren wirtschaftlichen Leistungsfähigkeit war nicht länger mit einem Ausscheren aus einem festgefügten politisch-ideologisch-militärischen Block gleichzusetzen** und damit nicht mehr unmöglich.

Das Aufbrechen der Osteuropa aufgezwungenen Strukturen markierte einen epochalen Einschnitt, der vielfach als das **„Ende der Nachkriegszeit"** bezeichnet wurde. Damit war jedoch die Frage einer EG-Mitgliedschaft der DDR in den Mittelpunkt des Interesses und – je nach Standort – der Befürchtungen gerückt.

Der Sterndeuter HANDELSBLATT: Bensch

Quelle: Handelsblatt, 12.12.1989

Neben formalen Aspekten – DDR-Eintritt als Teil der Bundesrepublik oder als eigenständiger Staat mit entsprechenden Neuverhandlungen – gab es auch wirtschaftliche Sorgen: Welche Übergangszeit benötigte das neue Mitglied? Welche Anforderungen an die drei Strukturfonds der EG (Regional-, Sozial- und Garantiefonds für die

Landwirtschaft) würde es stellen? Könnte man eine wirtschaftliche Stärkung oder Schwächung der EG erwarten? Welche EG-Beiträge hätte der neue deutsche Gesamtstaat zu zahlen? Wie sind die Fragen der Landwirtschaft zu beantworten?

„Nordost"-Orientierung der EG

Zudem war nicht zu verkennen, daß sich die politisch-wirtschaftlichen Gewichte innerhalb der EG verschieben könnten. Stand in den letzten Jahren wegen der mit der Süderweiterung verbundenen Probleme die südliche Hälfte der EG im Mittelpunkt des Interesses, so verschob sich aufgrund der Assoziierungswünsche von RGW-Staaten und der sich anbahnenden DDR-Mitgliedschaft das Gewicht nun konkret nach Nordosten.

Spanien: Angst vor Osteuropa

„Auf die Entwicklungen in Osteuropa, welche die Welt seit Monaten in Atem halten, reagierte Spaniens Öffentlichkeit nicht anders als die anderer Länder – mit Überraschung, mit Begeisterung oder auch mit Ungläubigkeit.

Die zweite Reaktion war schon etwas differenzierter. In Unternehmer-, Gewerkschafts-, aber auch in Regierungskreisen wird nun diskutiert: Welche Auswirkungen können sich für Spanien aus dem Zusammenbrechen des Eisernen Vorhangs ergeben? Wie wird sich die Entdeckung des Ostens durch Brüssel, besonders aber die Öffnung der DDR in Richtung Bundesrepublik Deutschland auf das Land auswirken? Einhellige Meinung: Es könnte Spanien empfindlich treffen. Die Investitionen durch Ausländer dürften im kommenden Jahr nach einem Rekordhoch 1989 kräftig zurückgehen. Denn der Bewerberkreis um die Investitionsströme aus den reichen EG-Partnerländern, den USA und aus Japan erweitert sich jetzt um osteuropäische Länder und Unternehmen, die zumindest in Teilen fast bessere Konditionen bieten können als die südeuropäischen EG-Staaten – etwa bei den Lohnkonditionen, aber auch als Standort. Letzteres gilt vor allem für Unternehmen aus der Bundesrepublik im Hinblick auf die DDR.

In spanischen Firmen, die sich besondere Hoffnungen auf wachsenden Handel mit den EG-Nachbarn oder auch Unterstützungen durch bundesdeutsche Unternehmen machten, breitet sich sogar ein gewisser Pessimismus aus. Solche Deals wie die Übernahme des spanischen Nutzfahrzeugherstellers Enasa durch Daimler-Benz und MAN werden sicherlich in Zukunft immer seltener werden, weil die Bundesrepublik künftig lieber in der DDR oder vielleicht auch in Polen investiert. Vage Hoffnung: Die marode spanische Handelsbilanz, die bislang vorrangig durch Investitionen aus dem Ausland saniert wurde, könnte durch den immensen Bedarf des Ostens an kleineren und mittleren Gebrauchsartikeln wieder ins Lot kommen.

José Fernández Marín

Quelle: Wirtschaftswoche, Nr. 52–53/89, 22. 12. 1989

Hinzu kam, daß die **EG-Partner ein Übergewicht Deutschlands befürchteten.** Innerhalb der EG war die Volkswirtschaft der Bundesrepublik diejenige mit der größten Wertschöpfung und Exportkraft. Der DDR-Beitritt würde ihr Gewicht nach einer kürzeren Anpassungszeit für die Modernisierung der DDR-Wirtschaft noch weiter stärken.

Wachstumspotential

Daß sich die wirtschaftliche Einigung gerade für die Deutschen auch finanziell lohnen würde, stand für Wirtschaftssachverständige außer Zweifel: Der technologische und ökologische Umbau der DDR-Wirtschaft war wie ein überdimensioniertes Wachstumsprogramm anzusehen, das der wirtschaftlichen Dynamik in beiden Landesteilen gewaltig auf die Sprünge helfen würde. Die EG-Kommission nahm jedenfalls Milliardengewinne an, als sie sich ein Bild von den Alternativen „Entwicklung ohne ..." und „Entwicklung mit Einheit" verschaffte.

Einige EG-Partner machten erhebliche Vorbehalte geltend, als das Undenkbare Realität zu werden begann. Auch jenseits der EG wurde darüber nachgedacht, wie sich in Europa die Gewichte ändern könnten, falls es zu einer staatlich-wirtschaftlichen Einheit käme. Es war dabei das Interesse der deutschen Außenpolitik, den **Einigungsvorgang in den Rahmen einer europäischen Verständigung** – symbolisiert durch die 35 Staaten umfassende Konferenz über Sicherheit und Zusammenarbeit in Europa (KSZE) – einzubeziehen

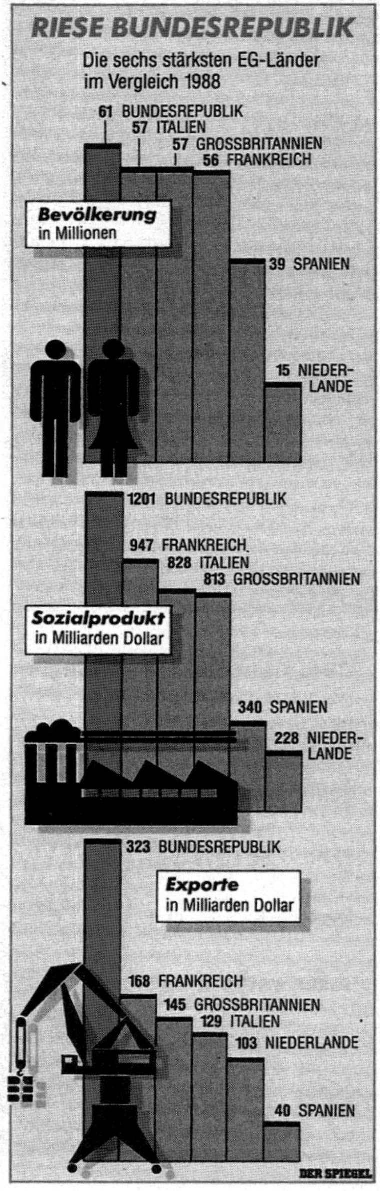

Quelle:
Der Spiegel, Nr. 44/89, 30.10.1989

Einheit: Wachstumsschub für die bundesdeutsche Wirtschaft

	Gewinn pro Jahr	Gesamtgewinn
1990	12	12
1991	36	48
1992	62	109
1993	89	198
1994	118	316
1995	148	464
1996	180	644
1997	214	858
1998	249	1107
1999	287	1394
2000	326	1720

WACHSTUM

Einheit lohnt

Die Einheit bringt der bundesdeutschen Wirtschaft nach Einschätzung der EG-Kommission einen zusätzlichen Wachstumsschub von einem Prozent pro Jahr. Bisher wurde für das Jahr 2000 ein Anstieg des Sozialprodukts auf drei Billionen D-Mark erwartet. Mit dem höheren Wachstumstrend läge das Sozialprodukt im Jahre 2000 bei 3,4 Billionen D-Mark (zu Preisen von 1990). Bereits 1998 würden die Westdeutschen aufgrund der wiedergewonnenen Einheit um fast eine Billion D-Mark reicher sein als zuerst zu erwarten gewesen wäre – also reichlich Spielraum für eine tatkräftige Unterstützung.

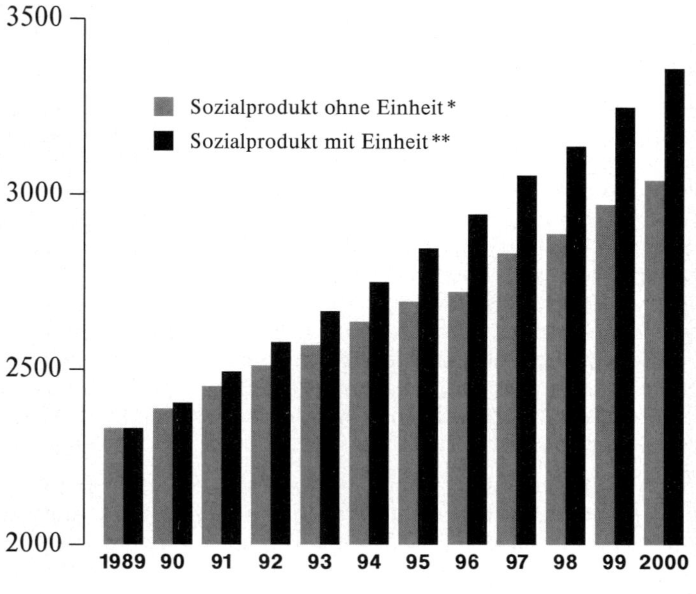

in Milliarden Mark (in Preisen von 1990) *für 1990 erste Institutsprognosen und Trendprognose von Prognos/IAB (Ende 1989)
** für 1990 zusätzliches Wachstum in Höhe von 0.5 Prozent nach Schätzung der Institute,
ab 1991 Wachstum mittelfristig um ein Prozent höher nach Schätzung der EG-Kommission

Quelle: Wirtschaftswoche, Nr. 12/90, 16.3.1990

und zu betonen, daß die vertraglichen Bindungen Deutschlands in der EG ein besonderes Element politisch-wirtschaftlicher **Stabilität** darstellten:

> „Amerikaner und Sowjets, vor allem aber die unmittelbaren Anrainer der Bundesrepublik und ihre EG-Partner, setzen auf die stabilisierende Kraft einer Gemeinschaft, die vielen vor kurzem noch als unbeweglich oder gar überflüssig gegolten hatte. Die hochkomplizierte EG, das Brüssel der Eurokraten und ihrer oft bürokratisch-kleinkarierten Machtrangelei, nun die einzige Konstante in der derzeit unübersichtlichen europäischen Gemengelage? ... Nur in den politischen Strukturen der Gemeinschaft sind, so sieht es längst nicht mehr nur Delors, ‚Lösungen für eine Annäherung der beiden deutschen Staaten möglich' – aber sie werden dann auch noch schwieriger, als sie ohnehin schon sind."

(Quelle: Der Spiegel, Nr. 52/89 vom 25.12.1989)

Es spricht für das Geschick des Präsidenten der EG-Kommission, J. Delors, daß er angesichts der in Gang gekommenen Entwicklungen und auf der Grundlage des seit 1957 von der EG förmlich akzeptierten Rechts des deutschen Volkes auf Selbstbestimmung die Option vermied, Deutschland die staatlich-wirtschaftliche Einheit zu versagen. Statt dessen setzte er sich an die Spitze der Entwicklung und bot – seinerzeit noch zum Mißfallen einiger EG-Mitglieder – der damaligen DDR die EG-Mitgliedschaft an.

Deutsche Einigung fördert den EG-Zusammenschluß

Damit war ein Signal gesetzt worden, das andererseits die selbst gesetzten Ziele der EG kräftig förderte: Die Vollendung des Binnenmarktes war nun auch für den letzten Zauderer – fast sogar für Englands damalige Premierministerin M. Thatcher – zu einem absoluten Muß geworden: Nur mit der gestärkten und vereinten EG ließen sich die Deutschen am ehesten stabilisierend einbauen und vor Alleingängen bewahren. Die Konsequenz war, daß ein erheblicher Druck auf eine Beschleunigung der Marktintegration – einschließlich der Vorverlegung von Fristen z.B. für eine Währungsunion – entstand. Unbestreitbar **beschleunigte so die bevorstehende deutsche Einigung auch die Einigung innerhalb der EG,** wobei den Partnerstaaten die Prognose half, daß die DDR-Mitgliedschaft sich auch für die EG in ihrer Gesamtheit lohnen würde.

Dubliner Gipfel

Einen wichtigen Durchbruch brachte der EG-Sondergipfel in Dublin im April 1990. „Mit einem außerordentlich deutlichen Ausdruck von Sympathie haben die Staats- und Regierungschefs der EG ... die Vereinigung Deutschlands begrüßt und gleichzeitig ihre Außenminister mit der Aufnahme von Vorarbeiten für die politische Union Europas beauftragt" (Handelsblatt, 28./29.4.1990).

KSZE

Das gleiche galt für die KSZE, deren „Wirtschaftsgipfel" im März 1990 in Bonn zu einer weiteren ost-westlichen wirtschaftspolitischen Ver-

Delors bietet der DDR Mitgliedschaft in der EG an

Den anderen Staaten Osteuropas Milliardenhilfsprogramm angeboten

Straßburg (Reuter/AP). Der Präsident der EG-Kommission, Delors, hat der DDR gestern auf Grund ihrer Sonderrolle eine baldige Mitgliedschaft in der Europäischen Gemeinschaft angeboten. Vor dem Europäischen Parlament in Straßburg sagte er, die DDR habe ihren Platz in der EG, falls sie dies wünsche. Es sei allein Sache der Deutschen zu entscheiden, in welcher Form sie Mitglied werden wolle. Delors sprach sich auch für Milliardenhilfen der EG an die Reformstaaten Osteuropas aus. Die Erklärung zur DDR wurde von Bundesregierung und Bundestag als wichtiger Beitrag zur Verbindung der deutschen und europäischen Einigung begrüßt.

Delors nannte die DDR in Bezug auf die EG einen Sonderfall. Zur Begründung verwies er auf die Römischen Gründungsverträge der Gemeinschaft, in der die Sonderrolle des innerdeutschen Handels festgehalten ist, und auf das Grundgesetz der Bundesrepublik, das in seiner Präambel die anzustrebende deutsche Einheit mit der Einigung Europas verknüpfe. Die deutsche Frage sei zwar zuerst einmal Sache der Deutschen, sie sei aber auch Sache der Gemeinschaft. Entscheidend sei dabei, daß sich die deutsche Einigung unter Beachtung der Schlußakte von Helsinki und eingebunden in die europäische Integration vollziehe.

Delors äußerte sich nicht dazu, ob die DDR nach seiner Ansicht als eigenständiger Staat der EG beitreten oder über die deutsche Einheit Mitglied werden soll. Welcher Weg gewählt werde, sei zunächst die Entscheidung der Deutschen.

Bundesaußenminister Genscher hatte am vergangenen Freitag nach einem Gespräch mit Delors — wie berichtet — erklärt, der DDR stünden drei Wege offen: eine Assoziierung mit der EG, der Beitritt oder der Weg über die Wiedervereinigung. Bisher hatte die EG den Beitritt anderer neuer Mitglieder bis zum EG-Binnenmarkt 1993 ausgeschlossen.

Im Unterschied zur DDR bezeichnete Delors vor dem EG-Parlament die anderen Staaten Osteuropas als noch nicht wirtschaftlich und politisch reif für eine Mitgliedschaft. Er setzte sich jedoch für massive Finanzhilfen an sie und für eine enge Kooperation ein. Den reformwilligen Ländern sollte in den nächsten fünf bis zehn Jahren eine finanzielle Unterstützung in Höhe von jährlich 19 Milliarden Ecu (rund 39 Milliarden DM) gewährt werden. Etwa gleich hoch ist der Aufwand, den die EG an interner Entwicklungshilfe für die benachteiligten Regionen in der Gemeinschaft leistet. Nur so könne die Unterstützung für Ungarn, Polen, die DDR, die Tschechoslowakei, Bulgarien und Rumänien effektiv gestaltet werden. Delors rief die zwölf EG-Mitglieder auf, in der Wirtschafts- und Währungsunion voranzuschreiten und die politische Zusammenarbeit zu stärken, um sich für die großen Herausforderungen aus dem Osten zu wappnen. „Man muß im Inneren stark sein, um nach außen großzügig sein zu können."

Quelle: Der Tagesspiegel, 18. 1. 1990

ständigung beitragen konnte, bis hin zu unerwarteten einschneidenden marktwirtschaftlichen Reformen des Präsidenten der Sowjetunion, M. Gorbatschow. Entsprechende Erweiterungen der KSZE zu einem übergreifenden System der Sicherheit in Europa, verbunden mit weiteren Abrüstungsschritten, standen auf der Tagesordnung: **Zu lösen war die Aufgabe, ein sich schneller als erwartet einigendes Deutschland sicherheitspolitisch zu integrieren.**

Gefördert wurden diese politischen Willensbekundungen durch die von allen Beteiligten angestrebten Chancen, ihre menschlichen und materiellen Ressourcen aus dem militärischen Sektor in Bereiche größerer gesellschaftlicher Nützlichkeit zu übertragen: wirtschaftliche Modernisierung, soziale Sicherheit und Schutz der Umwelt.

Die Schritte der Integration der damaligen DDR in das Wirtschafts- und Sozialsystem der Bundesrepublik und der EG erfolgten in enger wechselseitiger Abstimmung. Am 1.7.1990, dem Tag des Inkrafttretens von Wirtschafts-, Währungs- und Sozialunion, trat eine **Zollunion zwischen der DDR und der EG in Kraft.** Die Zollunion, durch die Zölle, sonstige Abgaben und Mengenbeschränkungen beim Handel mit industriellen Waren zwischen EG und DDR wegfielen, war auch zu Beginn der EG im Jahre 1958 der erste Integrationsschritt gewesen.

Zollunion

Agrarunion

Am 1.8.1990 wurde die damalige **DDR Mitglied der europäischen Agrarunion,** so daß für sie grundsätzlich die Regelungen des – zugegebenermaßen stark bürokratisierten und kostspieligen – EG-Agrarmarktes galten. Konkret hieß das, daß Einfuhrabgaben und Exporthilfen abgebaut sowie die Mengenkontingente im innerdeutschen Handel mit landwirtschaftlichen Produkten entfielen. Die Preise für Agrarprodukte in der DDR würden sich denen in der EG anpassen. Letzteres hieß, daß die Regierung der DDR das bis dahin bei ihr übliche Modell der Preissubventionen (die Hersteller erhielten hohe Abnahmepreise; den Verbrauchern wurden die Preise andererseits durch hohe Subventionen gesenkt) aufgab. Die besonderen finanziellen Lasten der EG-Marktordnung wurden allerdings bis zum Tag der deutschen Einheit ausschließlich von der Bundesrepublik übernommen; sie bestanden hauptsächlich in den Kosten, die nicht absetzbaren Überschüsse der landwirtschaftlichen Produktion der DDR vom Markt zu nehmen, damit die Preise nicht zusammenbrachen. Das geschah unter anderem dadurch, daß gewaltige Mengen von Getreide- und Fleischprodukten verbilligt an die Sowjetunion abgegeben wurden.

Welche Schwierigkeiten bei der EG-Integration auftraten, macht das Beispiel der DDR-Fleischproduktion deutlich: Trotz gemeinsamen Agrarmarktes konnte die damalige DDR nur einen geringen Teil ihres Fleischangebots in andere EG-Staaten liefern, weil die meisten ihrer Schlachthöfe unzureichende Hygienestandards hatten. Dort geschlachtete Tiere durften nicht in der EG abgesetzt werden, so daß landwirtschaftliche Produktionsgenossenschaften aus der DDR dazu übergingen, ihre Tiere in der Bundesrepublik schlachten zu lassen, womit sie allerdings zu Preiseinbrüchen bei westlichen Fleischqualitäten beitrugen.

Parallel dazu setzte die Kommission der EG die Vorbereitungsarbeiten für die volle Einbeziehung der DDR in die Europäische Gemeinschaft als Teil Deutschlands fort. Seit der Wiedervereinigung gilt das EG-Recht grundsätzlich auch in den fünf neuen Bundesländern. Die Kommission stellte fest, daß nur bei einem Fünftel der EG-Binnenmarktgesetzgebung besondere Übergangsbestimmungen erforderlich waren; letztere betrafen beispielsweise den Agrarmarkt, pharmazeutische Produkte und den Umweltschutz. Die EG verständigte sich

Übergangsfristen bis 1995

EG / Förderkonzept für die fünf neuen Bundesländer

Drei Mrd. Ecu Strukturhilfe

HANDELSBLATT, Mittwoch, 27.2.1991

wff BRÜSSEL. Die EG-Kommission hat sich grundsätzlich auf das gemeinschaftliche Förderkonzept für die neuen deutschen Bundesländer in Höhe von insgesamt 3 Mrd. Ecu oder rund 6 Mrd. DM für die Zeit von 1991 - 1993 verständigt.

Wie der für die Koordinierung der Strukturpolitik zuständige Vizepräsident der Kommission, Christophersen, in Brüssel erklärte, sei der Vorschlag die Antwort der Kommission auf einen Entwicklungsplan, den die deutschen Behörden Ende 1990 unterbreitet hätten. Er enthalte den zwischen Kommission, Bund und Ländern vereinbarten Ansatz zur Umstrukturierung der ostdeutschen Wirtschaft und ihrer Integration in den Binnenmarkt.

Die Mittel für das Förderkonzept, das Brüssel Mitte März endgültig verabschieden will, sollen von den drei Strukturfonds der Gemeinschaft (Regional-, Sozial- und Agrarstrukturfonds) verwaltet werden. Darüber hinaus sollen auch die Darlehensinstrumente der EG zu den Fördermaßnahmen beitragen. So seien Engagements der Europäischen Investitionsbank (EIB) von bis zu 1,5 Mrd. Ecu und Darlehen der Europäischen Gemeinschaft für Kohle und Stahl (EGKS) in Höhe von 1 Mrd. Ecu möglich.

Besonderes Gewicht sollen Maßnahmen zur Steigerung der Produktivität, zur Schaffung von Arbeitsplätzen, zur Förderung der Aus- und Weiterbildung von Arbeitskräften sowie zur Umweltverbesserung in den Städten und im ländlichen Raum erhalten.

Quelle: Handelsblatt, 28.2.1991

darauf, daß alle Sonderregelungen zugunsten der ehemaligen DDR grundsätzlich mit der Vollendung des Binnenmarktes 1993 nicht mehr gelten sollten. In wenigen Fällen sollten die Übergangsfristen bis 1995 gelten.

Probleme bei der Übernahme des EG-Umweltrechts

Unverständlich muteten auf den ersten Blick die langen Übergangsfristen bis Ende 1995 an, die die EG für den Umweltschutz in der DDR vorgesehen hat. Hier wurde beispielhaft der Konflikt deutlich, der zwischen den **Zielen des Umweltschutzes und der Überlebensfähigkeit einer Volkswirtschaft** zumindest in kürzerer Sicht bestand. Wegen „des katastrophalen Zustands der Umwelt in der DDR“ (so die Kommission laut Handelsblatt, 21.8.1990) seien derartig weitreichende Umweltschutzinvestitionen erforderlich, daß diese nicht innerhalb kurzer Frist zu schaffen seien. Die Folge bei zu strenger Anwendung der EG-Schutzgesetze wäre die erzwungene Stillegung weiter Bereiche der DDR-Industrie, so daß Massenarbeitslosigkeit entstehen müßte. Aus Sicht der EG mußte daher Umweltschutz sozialverträglich eingeführt werden.

RGW

Besondere Regelungen erforderten die Folgen der RGW-Mitgliedschaft der DDR und die dadurch bestehenden längerfristigen Lieferbeziehungen zu ihren ehemaligen Vertragspartnern in Osteuropa. Auch hier war erkennbar, daß ein abrupter Stopp für die Industrie der DDR katastrophale Absatzeinbrüche zur Folge haben müßte. Daher sollte die DDR grundsätzlich die bestehenden Verträge erfüllen dürfen, wobei den ehemaligen RGW-Partnern das Recht eingeräumt wurde, ihre vereinbarten Lieferungen zollfrei in die fünf neuen Bundesländer der ehemaligen DDR zu liefern. Der Verzicht auf die Geltung des EG-Zolltarifs betraf allerdings nur diese räumlich eng begrenzten Außenhandelsgeschäfte. Die deutsche Regierung sicherte zu, daß es keine illegalen Exporte in andere Gebiete der EG geben würde. Insofern entsprachen diese besonderen Handelsbeziehungen dem ehemaligen innerdeutschen Handel, der ja ebenfalls begrenzten zollfreien Handel eines EG-Staates mit einem Nicht-EG-Mitglied gestattet hatte.

Nach Beitritt der DDR zur EG übernahm letztere die Neuverhandlungen über die Handelsbeziehungen zu Drittländern. Das galt auch – unbeschadet der Abwicklung der Altverträge – für die Fortsetzung von Vertragsbeziehungen von DDR-Firmen mit ihren Partnern in den RGW-Ländern. Insofern setzte auch hier die Gleichbehandlung aller Austauschbeziehungen der EG mit Nicht-EG-Ländern ein.

Konflikte mit den EG-Partnern und dementsprechende Terminverzögerungen versuchte die Bundesregierung im Vorfeld der deutschen Einigung und der Integration der ehemaligen DDR dadurch zu vermeiden, daß sie die Kostenneutralität der Einbeziehung der DDR für die Partnerländer in Aussicht stellte. Allen Beteiligten war klar, daß sich die Bundesrepublik um ein Gebiet ausdehnte, das subventionsbedürftig war, also ein Netto-„Empfänger“, kein Netto-„Zahler“ werden würde. Mit anderen Worten, die neuen Bundesländer erwarben **mit ihrem EG-Beitritt das Recht auf Leistungen aus dem Regional- und Sozialfonds.** Angesichts der Begrenztheit der Einzahlungen in die Fonds befürchteten insbesondere die strukturschwächeren Mitgliedsstaaten der sog. „Süderweiterung“ Mittelkürzungen. Es war nicht auszuschließen, daß sie infolgedessen den Beitritt der DDR verhindern oder doch zumindest zeitlich verzögern würden. Die Bundesregierung erklärte daraufhin im Vorfeld der Vereinigung die Bereitschaft, keine Verschlechterung der Regionalförderungen eintreten zu lassen.

Sonderregelungen zur Beschleunigung des Beitritts

Das europäische Parlament, das bei allen Fragen von neuen EG-Mitgliedschaften das letzte Wort zu sprechen hat, erklärte sich angesichts des dramatisch beschleunigten Einigungsfahrplans im Sommer 1990 bereit, der EG-Kommission eine Generalvollmacht zu geben, die vertraglichen Einzelheiten der DDR-Integration auszuhandeln und übergangsweise in Kraft zu setzen. EG-Kommission und

Bundesregierung waren ihrerseits bereit, die schon vorher praktizierte lückenlose Information des Parlaments über alle Verhandlungsschritte fortzusetzen. **Ohne diese Vereinbarungen wäre mit dem Beitritt der ehemaligen DDR zur EG am 3. 10.1990 ein rechtsfreier Raum entstanden:** Die fünf neuen Bundesländer wären in der Gemeinschaft, ohne daß das EG-Recht wegen fehlender Zustimmung des europäischen Parlaments für dieses neue Gebiet galt. Da jedoch schon von dem Zeitpunkt an, zu dem die Einigung Deutschlands erkennbar war, Beitrittsverhandlungen und deren parlamentarische Kontrolle parallel geführt worden waren, ließen sich diese zeitsparenden Sonderregelungen auch aus Sicht des Parlaments vertreten, ohne daß dessen geringe Kompetenzen weiter geschmälert worden wären.

Zusammenfassend entsteht das folgende Bild:

- die EG-Kommission unter J. Delors erkannte viel schneller als die Regierungen der EG-Mitgliedsstaaten die Chancen, die sich für die Gemeinschaft durch die Mitwirkung der ehemaligen DDR sowohl politisch wie wirtschaftlich ergeben würden: Stärkung der Wirtschaftskraft der EG und Förderung der marktwirtschaftlichen Reformen in Osteuropa. Die EG-Bürokratie vollbrachte mit der Schnelligkeit der Vertragsverhandlungen eine ihr von den wenigsten zugetraute Meisterleistung.
- Bundesregierung und Regierung der damaligen DDR waren zu völliger Offenheit gegenüber EG-Kommission, den Regierungen der Partnerländer und dem europäischen Parlament bereit. Es gelang ihnen, die Beteiligten von der Vorteilhaftigkeit der DDR-Integration zu überzeugen und die Befürchtungen zu zerstreuen, daß die Gemeinschaftskasse über Gebühr beansprucht werden würde.
- die EG-Partnerländer, bei denen anfangs – also kurz nach Öffnung der Grenzen der DDR am 9.11.1989 – Skepsis und Befürchtungen überwogen hatten, erkannten das Dilemma, in dem sich die Gemeinschaft befunden hätte, wäre dem deutschen Volk die Einheit durch Verhinderungspolitik der EG versagt worden. Wenn somit deutsche Einigung und dadurch gestärkte wirtschaftliche Potenz nicht zu verhindern waren, dann bestand vernünftige Politik darin, das geeinte Deutschland um so stärker in die Gemeinschaft einzubinden und letztere politisch und wirtschaftlich zu noch größerer Einheit weiterzuentwickeln.

Insofern wurde die deutsche Einheit zum Katalysator für die Einigung Europas – und damit für die Erfüllung übergeordneter Ziele der deutschen Außenpolitik.

3. Vor- und Nachteile des EG-Binnenmarktes für die Partner in der EG

3.1. „Festung Europa“: Vollendung des EG-Binnenmarktes und Abschottung gegenüber den Außenmärkten?

Trotz aller formalen Bekenntnisse zur Handelsfreiheit bestand bei den wichtigsten Handelspartnern der EG der Verdacht, daß sich das geeinte Europa zu einer „Festung“ entwickelte, die den „Angriff“ ausländischer Anbieter mit einem Waffenarsenal aus Zöllen, Antidumping-Abgaben, Kontingenten und zahlreichen versteckten Behinderungen zurückschlagen würde. Geprägt wurde der Begriff der „Fortress Europe“ von den Amerikanern, die damit einmal mehr ihr Geschick bewiesen hatten, einen werbepsychologisch hervorragenden Begriff zu prägen, der die EG tatsächlich in beachtliche Verlegenheit stürzte.

„Eine Festung Europa liegt nicht in unserem Interesse“ (Bundeswirtschaftsminister Haussmann); „Wer Zugbrücken hochzieht, macht als erstes sich selbst und seine Mitbürger zu Gefangenen“ (Bundesaußenminister Genscher); „Europa ist keine Festung, sondern Partner der Welt“ (Präsident der EG-Kommission, J. Delors, Wirtschaftswoche, Nr. 10/89, 3.3.1989, S. 14).

Quelle: Wirtschaftswoche, Nr. 10/89, 3.3.1989

Der Verdacht der Abkapselung gegenüber dem Weltmarkt lag zudem auf der Hand; es gab zahlreiche europäische Unternehmen, die Schwierigkeiten hatten, sich auch nur der innereuropäischen Konkurrenz zu erwehren. Unterstützt von den nationalen Regierungen, die ein Interesse an gleichmäßigem Wirtschaftswachstum und hoher Beschäftigung in ihrem Land hatten, waren alle Beteiligten an einer Abmilderung des Druckes interessiert, der unvermeidbar als Folge der innereuropäischen Handelsintensivierung auf sie zukam. Mit den Worten P. Cecchinis, der die EG-Studie „Vorteile des Binnenmarktes" verfaßt hatte: „Wir werden unter dem Binnenmarkt noch genug leiden, denn er verlangt uns jede Menge Kraft zum Strukturwandel ab" (Wirtschafswoche, Nr. 9/89, 24.2.1989, S. 161). Es lag daher nahe, die zusätzliche Konkurrenz durch den Handel mit Nicht-EG-Staaten zurückzudrängen – schließlich war und blieb die EG der größte Importeur auf der Erde.

Protektionismus Folge interner Probleme

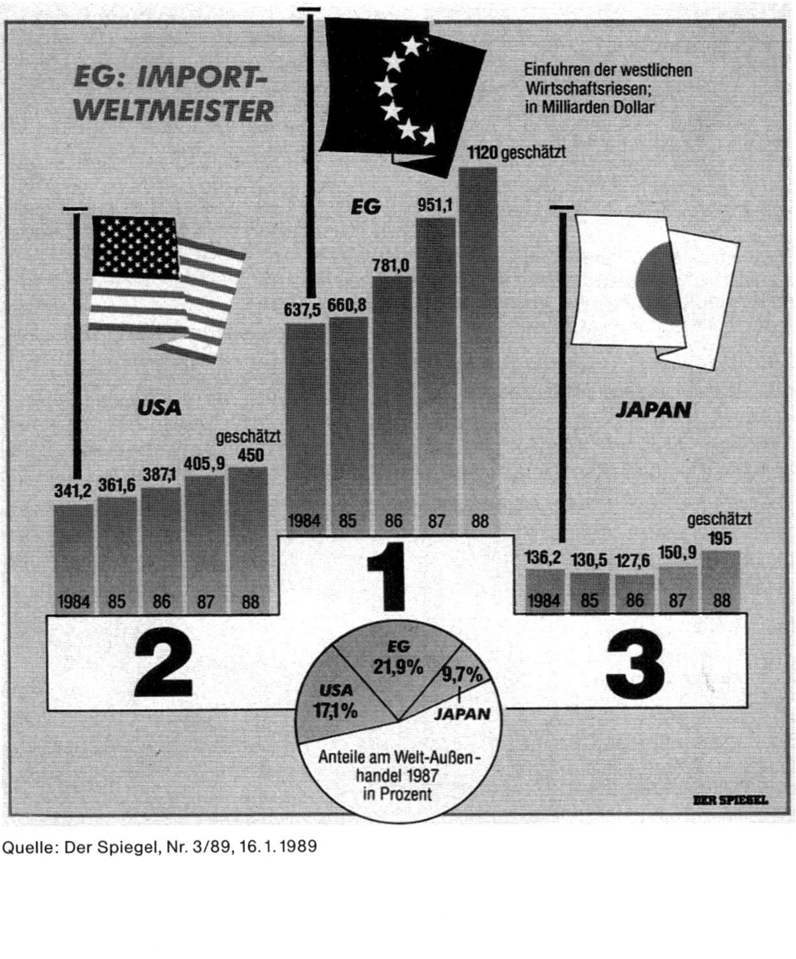

Quelle: Der Spiegel, Nr. 3/89, 16.1.1989

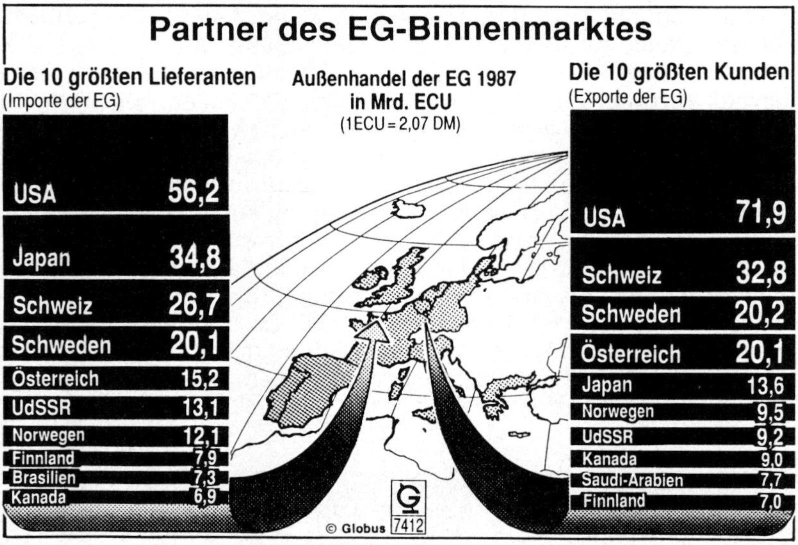

Wie wurde nun die **ökonomische Festungsmauer** errichtet? Was tat die EG konkret, um lästigen Wettbewerb abzuwehren?

Protektionistische Instrumente

Europäische Produkte?

a) Die EG prüfte, ob ein **Produkt als „europäisch"** einzuschätzen war und damit zollfrei in der EG verkauft werden durfte – oder auch nicht. Das betraf beispielsweise Computerdrucker, Videobänder und -kassetten und Kopiergeräte. Gleiches sollte mit Farbfernsehgeräten, CD-Spielern, Computerchips und Kassettenrekordern geschehen. Diese Geräte wurden zwar in Europa fertiggestellt, jedoch unter weitgehender Verwendung der in Asien produzierten Teile, so daß die europäische Wertschöpfung gering blieb. Das spektakulärste Beispiel, das zu einem heftigen Streit zwischen England und Frankreich geführt hatte, betraf die Produktion von Nissan-Automobilen im britischen Sunderland. Die mit einer 60%igen EG-Wertschöpfung produzierten Autos wurden von Frankreich weiterhin als japanisch eingestuft und unter das extrem kleine Kontingent japanischer Autos einbezogen. Das Ergebnis: Britische Nissan-Autos durften so gut wie überhaupt nicht nach Frankreich geliefert werden.

Dieser Schutz lief gelegentlich unter der Bezeichnung: „Kampf gegen die fernöstlichen Schraubenzieherfabriken", Fabriken also, in denen fernöstliche Produkte nur aus zugelieferten Teilen zusammengeschraubt werden. Erstreckt wurden diese Maßnahmen auch auf Drittländer; Kopierer des amerikanischen Unternehmens Ricoh wurden

von der EG bei stürmischen Protest der US-Regierung zurückgewiesen, weil die in Kalifornien hergestellten Geräte weitgehend nur aus japanischen Teilen zusammengesetzt wurden.

b) Die EG prüfte, ob die ausländischen Konkurrenten auf **„unfaire" Weise** den europäischen Markt zu erobern trachteten, indem sie ihre Produkte „unter Wert" verschleuderten. Damit würden sie die europäischen Produzenten in den Konkurs treiben, um nach Ausschaltung des EG-Wettbewerbs den europäischen Markt mit überhöhten Monopolpreisen auszubeuten. Hilfsmittel dagegen waren **„Anti-Dumping-Zölle"**, durch die die meist fernöstlichen Elektronikprodukte so verteuert wurden, daß sie keine Gefahr mehr für die europäischen Anbieter darstellten. Nach Überzeugung des obersten EG-Ermittlers in Sachen Dumping: „Ohne den Schutz gegen unlautere Handelspraktiken würde der (europäische) Industriezweig noch mehr ins Hintertreffen geraten" (Wirtschaftswoche, Nr. 10/89, 3. 3. 1989, S. 14).

„unfaire" Praktiken

Antidumping-Abgaben zwischen 6,4 und 33,9% des Warenwertes wurden beispielsweise 1989 gegen CD-Spieler von Sony, Pioneer, Kenwood und Sanyo erhoben.

c) Die EG forderte strengen **Sicherheits- und Gesundheitsschutz**; so z. B. auf Beschluß des europäischen Parlaments, der künstliche und natürliche Hormonbehandlungen von Nutztieren verbot. Diese Norm führte zum Einfuhrverbot für amerikanisches hormonbehandeltes Rindfleisch. Die USA sahen darin eine Handelsbeschränkung, weil bis heute der wissenschaftliche Beweis für eine Schädlichkeit der in der amerikanischen Viehmast verwendeten natürlichen Hormone fehlt.

Abwehr durch Schutzvorschriften

Es sei an dieser Stelle angemerkt, daß die Auseinandersetzungen nicht ohne zweifelhafte Argumente auf beiden Seiten geführt wurden – so auch seitens der USA, die selbst das verbraucherpolitische Prinzip kennen, daß der Hersteller den Beweis für die Unschädlichkeit seines Produktes antreten muß (z. B. bei Medikamenten), nicht aber das Opfer die Schädlichkeit des Präparats. Danach müßte der US-amerikanische Viehzüchter nachweisen, daß die Hormonbehandlung für den menschlichen Verbrauch unschädlich wäre – und nicht umgekehrt die EG die Schädlichkeit. Hinzu kam, daß die USA ihrerseits strenge Einfuhrbestimmungen praktizierten. Fleisch aus Deutschland durfte in die USA wegen der Schutzimpfungen gegen die Maul- und Klauenseuche nicht geliefert werden; Käse aus Frankreich blieb ein Tabu, wenn er aus roher (und nicht aus pasteurisierter) Milch hergestellt worden war.

d) Die EG verlangte die **Beachtung der „Gegenseitigkeit"**; der deutsche EG-Kommissar Schmidhuber sah gar in der „Reziprozität den Schlüssel der EG zur offenen Weltwirtschaft" schlechthin.

Grundsatz der „Reziprozität"

Auf den ersten Blick war dieser Grundsatz überzeugend: Der japanische Autoimporteur sollte dieselben Rechte in der EG erhalten wie die Japaner ihrerseits den europäischen Exporteuren in Japan einräumten. Damit wollte die EG die traditionellen Behinderungen bekämpfen, die Ausländer in Japan zu ertragen hatten. Zur Reziprozität würde strenggenommen auch gehören, daß die Japaner ihre auf „Eroberung" des fremden Marktes gerichtete Außenwirtschaftspolitik zugunsten einer kooperativen Politik aufgäben – d. h. bereit wären, ehrlich und engagiert zu prüfen, welche Importe sie zum Ausgleich ihrer Exportüberschüsse fördern wollten.

Eine unbillige Behinderung sahen jedoch die Japaner und insbesondere die USA in der EG-Bankenrichtlinie. Ausgehend vom Grundsatz der Reziprozität sollten sich ausländische Banken in der EG niederlassen dürfen, wenn Banken aus EG-Ländern ein vergleichbarer Zugang gewährt würde. So einsichtig dieser Wunsch der EG auch sein mochte, so streng waren die Fesseln, die damit angelegt wurden: Die USA und Japan hatten ein von Europa sehr verschiedenes Bankensystem; der Grundsatz der Gegenseitigkeit hätte bedeutet, daß beide Länder die bankenbezogenen Gesetze total hätten ändern müssen. So durften amerikanische Banken aufgrund der Erfahrungen der großen Weltwirtschaftskrise Ende der 20er Jahre keine Wertpapier- und Grundstücksgeschäfte mehr tätigen; in Japan bestand ein starker Staatseinfluß auf die Bankentätigkeit. Weitreichende Anpassungen ihrer jeweiligen nationalen Gesetze wären nötig, wenn amerikanische und japanische Banken in Europa tätig werden wollten. In der EG mußten sie – im Gegensatz zu ihren Heimatmärkten – als sog. „Universalbanken" auftreten, die die gesamten Dienstleistungen anböten, die die Kunden hier verlangten.

Als Ergebnis des politischen Drucks auf Zurücknahme dieser EG-Bankenrichtlinie gab die EG nach. Sie wollte ihre Forderung nach Gleichbehandlung so verstanden wissen, daß die EG-Bankfilialen in den USA dieselben Rechte haben sollten wie die heimischen US-Banken auch:

„Banken aus einem Drittland können sich unter denselben Bedingungen wie EG-Kreditinstitute in der Gemeinschaft niederlassen und ihre Tätigkeit ausüben, wenn umgekehrt die Banken der Gemeinschaft dort wie Inländer behandelt werden" (P. Schmidhuber, EG-Nachrichten, Nr. 24/89, 13. 6. 1989).

mengenmäßige Importbeschränkungen

e) Als „Notbremse" bei extremer Marktgefährdung kannte die EG noch das Mittel der **Kontingentierung.** Sie sah die Genehmigung einer bestimmten Einfuhrmenge aus Drittländern vor; war diese erreicht, wurde die „Zugbrücke" zur Festung hochgezogen und buchstäblich ein Einfuhrverbot verhängt. Ein betroffener Markt war der Stahlmarkt, der in der EG unter heftigen strukturellen Anpassungsschwierigkeiten mit erheblichen Stillegungen litt.

Die Handelsbeschränkungen des wirtschaftlich vereinten Europas waren nur die äußere Erscheinungsform eines tiefersitzenden politischen Problems – des Problems, politisch mit der unterschiedlichen Entwicklung der heimischen Volkswirtschaften umzugehen. Daher

EG-Minister streiten über japanische Autoimporte

Bonn: Abschaffung von Importbeschränkungen — Haussmann sieht keine Alternative

Brüssel (AP/Reuter). Die Europäische Gemeinschaft ist weiterhin in der Frage zerstritten, ob japanischen Autoherstellern künftig in allen EG-Ländern freier Marktzugang gewährt werden soll. Auf einer gemeinsamen Ratstagung der Außen- und Wirtschaftsminister der Gemeinschaft beharrten Frankreich, Italien, Spanien und Portugal gestern in Brüssel nach wie vor auf der Beibehaltung ihrer nationalen Einfuhrsperren. Dagegen treten die anderen acht EG-Länder, an der Spitze die Bundesrepublik und Großbritannien, für eine mehr oder weniger vollständige Liberalisierung des Kfz-Handels ein.

Frankreich, das seinen Marktanteil japanischer Autos auf 3 Prozent beschränkt hat, und Italien, wo jährlich nur 3000 japanische Fahrzeuge eingeführt werden dürfen, begründen ihre Haltung mit ihrer Verantwortung für die heimische Autoindustrie, die, so befürchten die Regierungen in Paris und Rom, von der japanischen Konkurrenz überrollt werden könnte.

Bundeswirtschaftsminister Haussmann erklärte gestern vor der Presse in Brüssel, diese Position könne die Bundesregierung nicht mittragen. Zwar habe Bonn Verständnis für eine gewisse Übergangszeit für jene Mitgliedstaaten, deren Märkte bislang geschützt seien. Während dieser Anpassungsfrist dürfe es aber keinesfalls zu einer Entliberalisierung des deutschen Marktes kommen. „Nur ständiger Wettbewerbsdruck erhält und stärkt die internationale Wettbewerbsfähigkeit der Industrie", sagte Haussmann und fügte hinzu: „Je früher die Automobilunternehmen sich auf offene Märkte vorbereiten, desto besser."

Hintergrund der Ministerberatungen war ein Vorschlag der EG-Kommission, die Beschränkungen für den Marktzugang japanischer Fahrzeuge schrittweise bis zum 1. Januar 1993 vollständig zu beseitigen. Gleichzeitig will die EG-Kommission erreichen, daß Japan seine Importbedingungen für europäische Produkte verbessert. Der gemeinsame Rat von Außen- und Wirtschaftsministern ermächtigte trotz der erheblichen internen Differenzen die EG-Kommission, mit Japan erste Vorgespräche über den Abbau der gegenseitigen Handelsbeschränkungen zu führen. Innerhalb der EG werde weiterhin „mit Aussicht auf Erfolg" nach einer Kompromißlösung gesucht, sagte ein britischer Diplomat.

Quelle: Der Tagesspiegel, 6.3.1990

bestand im Europa des sich vollendenden Binnenmarktes unverändert ein Dissens über die künftige Handelspolitik. Sichtbar wurde dieser Dissens beispielsweise in einem beharrlichen „Autokrieg": Wer wird sich in Europa '93 in bezug auf die Autoimporte aus Japan durchsetzen – die französische Politik der Importbeschränkungen oder die deutsche der Liberalisierung des Handels?

Tendenziell waren die „europäischen Nordlichter", wie es „Der Spiegel", Nr. 3/89, 16.1.1989, formulierte, daran interessiert, daß es so wenig Protektionismus wie möglich gab:

> „Sie müssen Vergeltungsmaßnahmen fürchten, die ihre eigenen exportorientierten Unternehmen hart treffen würden. Die romanischen Länder hingegen, auf den Weltmärkten weniger stark vertreten, wollen so viele Schranken wie möglich aufrechterhalten. Italiener, Spanier oder Griechen möchten ihre nationalen Einfuhrbeschränkungen – für Regenschirme oder Handschuhe, für Filme, Geschirr und Nähmaschinen – auf die gesamte EG ausdehen."

Abwehr protektionistischer EG-Beschlüsse

Den Aufbau eines antiamerikanischen und antijapanischen Schutzwalls im Rahmen der EG '93-Vorbereitungen konnte es jedoch aus politischen Gründen nicht geben, weil es für protektionistische Maßnahmen an der erforderlichen Mehrheit im Ministerrat fehlte: Die Briten, die Benelux-Staaten sowie die Deutschen lehnten protektionistische Maßnahmen ab. Dafür hatten sie im Grundsatz sehr wichtige Gründe:

Die **Wettbewerbsfähigkeit der europäischen Unternehmen hing davon ab, daß sie sich auf den Weltmärkten im freien Wettbewerb zu behaupten lernten.** Zudem sollte ein reger internationaler Austausch von Technologie stattfinden, damit Europas Unternehmen auf dem neuesten Stand der Technik produzierten. Wie der Kieler Wirtschaftswissenschaftler J. Donges feststellte (Wirtschaftswoche, Nr. 13/89, 24.3.1989, S. 35), könnten zwar vorübergehend die von der internationalen Konkurrenz bedrohten Arbeitsplätze durch Importverbote geschützt werden:

„Aber auf Dauer funktioniert dies nicht. Die Ursachen für eine unzureichende internationale Wettbewerbsfähigkeit liegen meist ... in überhöhten Arbeitskosten oder einem veralteten Produktsortiment. Handelsprotektionismus schafft hier nicht automatisch Abhilfe, er macht notleidende Unternehmen und Branchen nicht wieder wettbewerbsfähig. Im Gegenteil, Beharrungstendenzen werden verstärkt, der wachstumsnotwendige Strukturwandel verlangsamt sich infolgedessen, und auf mittlere Sicht gehen mehr Arbeitsplätze verloren, als neue geschaffen werden."

Der **Protektionismus in Form von Anti-Dumping-Zöllen der EG führte zudem auch zu einer Verteuerung der Importwaren** zu Lasten der Verbraucher. Die Wirtschaftswoche (Nr. 13/90, 23.3.1990) berichtete von einer Analyse des britischen Verbraucherverbandes, wonach „durch die EG-Schutzzollpolitik ein CD-Player 36 Mark, ein Videorekorder 56, eine Schreibmaschine 67, ein Computerdrucker 206 und ein Fotokopierer 507 Mark teurer" werden. Insgesamt würden für die EG-Konsumenten Mehrausgaben von jährlich 3,3 Mrd. DM enstehen.

Ein bemerkenswert positives Ergebnis hatte dennoch der Streit um Anti-Dumping-Zölle, die „local content"-Vorschriften (Prozentsatz der im Inland hergestellten Teile, um das Gesamtprodukt als EG-Erzeugnis ansehen zu können), die Importquoten z.B. für Autos: Die Ausländer investierten noch mehr in Europa als geplant – nicht zuletzt, um innerhalb der „Festung" zu sein, falls tatsächlich die Zugbrücken hochgezogen werden sollten. Damit flossen jedoch im Interesse des wirtschaftlichen Wachstums, des Technologietransfers und des Arbeitsplätzeaufbaus erhebliche auswärtige Investitionen in die EG.

Multinationale Konzerne

Abschließend ist daran zu erinnern, daß erwartete protektionistische Maßnahmen schon seit dem vergangenen Jahrhundert ein wesentliches Moment für Bildung und weiteres **Wachstum multinationaler Konzerne** waren. Unternehmen, die ihre Absatzmärkte bedroht sahen, weil Zollerhöhungen oder Einfuhrkontingente vor der Tür standen, versuchten den Sprung über die Mauer:

- Sie kauften Unternehmen auf, die sich bereits innerhalb des Schutzgebietes befanden; oder
- sie errichteten unmittelbar eigene Produktionsstätten auf den gefährdeten Märkten.

Beides wird mit dem Begriff **„Direktinvestition“** belegt, wobei die Eingliederung fremder Unternehmen in den eigenen Konzern durch Aufkauf die häufigere Maßnahme war. Interessanterweise waren es im Fall der erwarteten Binnenmarktvollendung hauptsächlich skandinavische Unternehmen, die besonders viel Beteiligungskapital innerhalb der EG angelegt hatten.

Schweden im Übernahmefieber

Weit vor den USA Hauptaufkäufer innerhalb der EG

Skandinavische Unternehmen sind derzeit vor Amerikanern und Japanern mit Blick auf den Binnenmarkt als Aufkäufer in der EG aktiv. Wie die britische Fachzeitschrift „Acquisitions Monthly“ berichtet, tätigten Schweden, Norweger, Finnen und Dänen allein in der ersten Hälfte dieses Jahres über 200 Übernahmen im Gesamtwert von 7,89 Milliarden Pfund. Nummer eins sind die Schweden: Sie vereinnahmten 126 europäische Unternehmen im Werte von 6,6 Milliarden Pfund. Damit lagen sie vor den USA, die es lediglich auf 83 Übernahmen im Werte von 2,98 Milliarden Pfund brachten. Die Japaner gaben 900 Millionen Pfund für 23 Übernahmegeschäfte aus.

„Die Gründe für diese Hektik liegen auf der Hand“, meint Philip Healey, Herausgeber des monatlichen Übernahmereports: „Die nordischen Länder fürchten, durch den Binnenmarkt ab 1993 ins Abseits zu geraten.“ Der EG-Markt umfaßt 320 Millionen Konsumenten. Finnland, Norwegen und Schweden bringen es gerade auf 17 Millionen.

Der Drang, insbesondere der Schweden, ins internationale Geschäft ist derzeit auch deshalb so stark, weil sich die heimische Wirtschaftslage bei hoher Inflationsrate, wachsendem Kostendruck und immer stärkeren Gewerkschaften sehr deutlich verschlechtert hat. Großbritannien war bisher das Hauptziel der schwedischen Investoren, die sich hier deutlich auch für den Immobiliensektor interessierten. Im Juni übernahm der schwedische Papierkonzern Svenska Cellulosa AB (SCA) das britische Unternehmen Reedpack Ltd. für 1,05 Milliarden Pfund. Cl.

Quelle: Wirtschaftswoche, Nr. 34/90, 17. 8. 1990

Y. Kurosawa, Vize-Präsident der Industrial Bank of Japan, gab den Europäern den folgenden Ratschlag: „Wenn die EG mit der Schaffung des Binnenmarktes auf eine freie Handelswirtschaft abzielt und internationaler Kooperation einen hohen Stellenwert beimißt, wird dies ... für die Wirtschaft und Industrie der EG-Länder nicht zu unterschätzende Vorteile mit sich bringen. In diesem Sinne möchte ich meiner Hoffnung Ausdruck verleihen, daß die EG aktiv an einer Politik arbeiten wird, die eine „Festungsmentalität“ von vornherein ausschließt“ (in: Wirtschaft und Wettbewerb, Nr. 6/1988, S. 458).

3.2. Die soziale Dimension des Binnenmarkts: Soziale Ansprüche und internationale Wettbewerbsfähigkeit

In einer umfangreichen „Entschließung zur sozialen Dimension des Binnenmarktes" hatte das Europäische Parlament am 15. März 1989 daran erinnert, daß das „unerläßliche Wirtschaftswachstum mit der Stärkung des wirtschaftlichen und sozialen Zusammenhalts in Einklang gebracht werden" müsse.

Programm zur Umsetzung sozialer Grundrechte wird mit Spannung erwartet

Sozialdumping soll verhindert werden

Von RAINER NAHRENDORF

Auch wenn die Sozialsysteme der einzelnen EG-Mitgliedsländer, die historisch gewachsen und Ausdruck der Leistungsfähigkeit eines Landes sind, wichtige Faktoren des innereuropäischen Standortwettbewerbes bleiben, sollten alle EG-Bürger über gleiche soziale Grundrechte verfügen. Der Versuch, diese sozialen Grundrechte in einer Sozialcharta zu definieren, wird wohl letztlich auch am britischen Widerstand nicht scheitern. Aber der britische Widerstand könnte zur weiteren Verwässerung der „Gemeinschaftscharta der sozialen Grundrechte der Arbeitnehmer" führen, die die Staats- und Regierungschefs auf ihrem Dezember-Gipfel beraten und verabschieden wollen.

Die Haltung Großbritanniens wird von dem Aktionsprogramm bestimmt werden, das die EG-Kommission im Auftrag des Europäischen Rates – noch vor der Verabschiedung der Charta – zur konkreten Umsetzung der in dieser Charta definierten Rechte vorlegen soll. Das Aktionsprogramm soll sicherstellen, daß die wirtschaftliche und soziale Dimension des Binnenmarktes zeitgleich verwirklicht werden.

Die Bundesregierung und die deutschen Sozialpartner hatten am 30. August in einem Konsenspapier neun Punkte markiert, bei denen sie übereinstimmend der Auffassung sind, daß die Kommission hierzu im Sinne sozialer Mindeststandards Richtlinienentwürfe vorlegen sollte. Zu diesen Punkten gehören Bestimmungen über den Jahresurlaub, den Schutz von Kindern und Jugendlichen, den Mutterschutz, die Eingliederung Behinderter, die Berufsberatung und Arbeitsvermittlung, die Entgeltfortzahlung an Feiertagen und im Krankheitsfall sowie der Gesundheitsschutz, die Sicherheit am Arbeitsplatz und die Arbeitnehmer-Überlassung.

Der Arbeitsministerrat hat diese Punkte ergänzt um die gegenseitige Anerkennung von Qualifikationen und der EG-Kommission empfohlen, sie bei der Abfassung ihres Aktionsprogrammes zu berücksichtigen.

Grundsatz der Gleichbehandlung

Da der Neun-Punkte-Katalog aber nur jene Bereiche festgelegt hat, bei denen zwischen den Sozialpartnern und der Bundesregierung Übereinstimmung besteht, hat Nobert Blüms Parlamentarischer Staatssekretär Wolfgang Vogt Meldungen als geradezu grotesk bezeichnet, die Bundesregierung habe die Mitbestimmung aufgegeben.

Ein gemeinsam vom Bundesarbeitsministerium und dem Wirtschaftsministerium erarbeitetes Papier zum Recht auf Anhörung, Unterrichtung und Mitwirkung der Arbeitnehmer hat nach Vogts Angaben allerdings nicht die Zustimmung der Sozialpartner gefunden.

Als falsch wies Vogt auch Meldungen zurück, ein Sozialdumping solle auf Bonner Betreiben nun doch nicht abgelehnt werden. In Ziffer 2 des Entwurfs der Sozialcharta heiße es, das Recht auf Freizügigkeit ermögliche jedem Arbeitnehmer die Ausübung jeden Berufes oder jeder Beschäftigung in der Gemeinschaft, wobei hinsichtlich des Zugangs zur Beschäftigung, der Arbeitsbedingungen und des sozialen Schutzes des Aufnahmelandes der Grundsatz der Gleichbehandlung gelte. Nach der Konkretisierung der französischen Ratspräsidentschaft bedeutet dies, daß jeder Arbeitnehmer, der sich zur Ausführung von Arbeiten im Rahmen von Zulieferverträgen oder anläßlich der Vergabe von öffentlichen Aufträgen in einem anderen Mitgliedstaat aufhält, unter Berücksichtigung der jeweiligen Gegebenheiten die gleiche Behandlung erhalten muß wie die Arbeitnehmer des Aufnahmelandes.

Ein Sozialdumping soll auf Drängen der Bundesrepublik, der Benelux-Länder und Frankreichs in der Gemeinschaft nicht zulässig sein. Aber dies heißt selbstverständlich nicht, daß die deutschen Sozialpartner die Arbeits- und Sozialkosten in anderen Ländern außer acht lassen können. Das Gegenteil trifft zu und sollte gerade im Konflikt um die Arbeitszeitverkürzung in der deutschen Metallindustrie beachtet werden. „Sozial-Europa" bedeutet keine Standortgarantie für Arbeitsplätze in der Bundesrepublik.

Quelle: Handelsblatt, 2.11.1989

Im einzelnen hatte die **„soziale Dimension" Europas** die folgenden Aspekte:

- Freizügigkeit von Personen und Niederlassungsfreiheit; hier wurden alle Maßnahmen angemahnt, die eine wirksame Niederlassung in jedem Gemeinschaftsland ermöglichten;

- Harmonisierungsbedarf in der Sozialpolitik, wobei nur von einer Festlegung „fortschrittsorientierter“ Mindeststandards die Rede war;
- Rolle der Sozialpartner und der Wirtschaftsdemokratie; Gewerkschaftsfreiheit und Beteiligung der Arbeitnehmer am „Wirtschaftsgeschehen der Unternehmen“ standen hier im Mittelpunkt;
- Beschäftigungspolitik mit dem Ziel, die Arbeitslosigkeit in der Gemeinschaft zu überwinden;

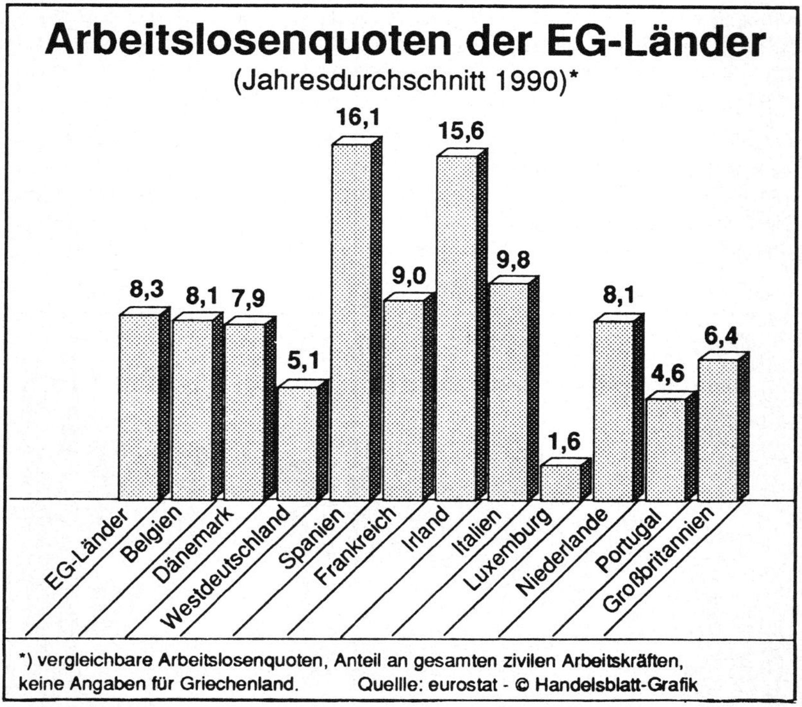

Quelle: Handelsblatt, 6.3.1991

- Schul- und Berufsausbildung; zur sozialen Dimension gehörte die umfassende Ausbildung der Arbeitnehmer;
- allgemeine Bekämpfung der Armut in der EG; jeder Mensch hätte „Anrecht auf menschenwürdige und annehmbare Lebensbedingungen und eine angemessene Wohnung“;
- Sicherung der sozialen Lage von Arbeitnehmern aus Nicht-EG-Ländern; hier wurde eine „EG-Ausländerpolitik“, die liberalen Gesichtspunkten folgte, gefordert;

- Formulierung „sozialer Grundrechte“ für Europa; mit dieser Überschrift wurden zahlreiche Einzelnormen in bezug auf Arbeitsplatzsicherheit, Urlaub, Renten, Mindestlöhne usw. gekennzeichnet.

Vielfach Einvernehmen, aber ...

In der praktischen Arbeit der EG-Kommission gab es zahlreiche Felder völlig einvernehmlichen Vorgehens, auf denen eine breite sozialpolitische Übereinstimmung bei allen Mitgliedsstaaten herrschte. Als Beispiel seien die von den Sozialministern der EG am 30.11.1989 beschlossenen **„Richtlinien zur Sicherheit und zum Gesundheitsschutz am Arbeitsplatz“** genannt. Von diesen Richtlinien war die Bundesrepublik beispielsweise nur insoweit betroffen, als das Arbeitsschutzniveau auch auf den öffentlichen Dienst und die Landwirtschaft übertragen worden war; ansonsten waren alle Forderungen bereits geltende Praxis. Breit akzeptiert war auch die Errichtung einer EG-Beobachtungsstelle für die Beschäftigung im Januar 1990.

Dennoch war gerade die soziale Dimension des gemeinsamen Binnenmarktes heftig umstritten, als es „ums Eingemachte“ ging. Die für Dezember 1989 geplante einvernehmliche Verabschiedung eines **EG-Sozialrechtskatalogs** kam deshalb wegen der Ablehnung durch ein Mitgliedsland (Großbritannien) nicht zustande.

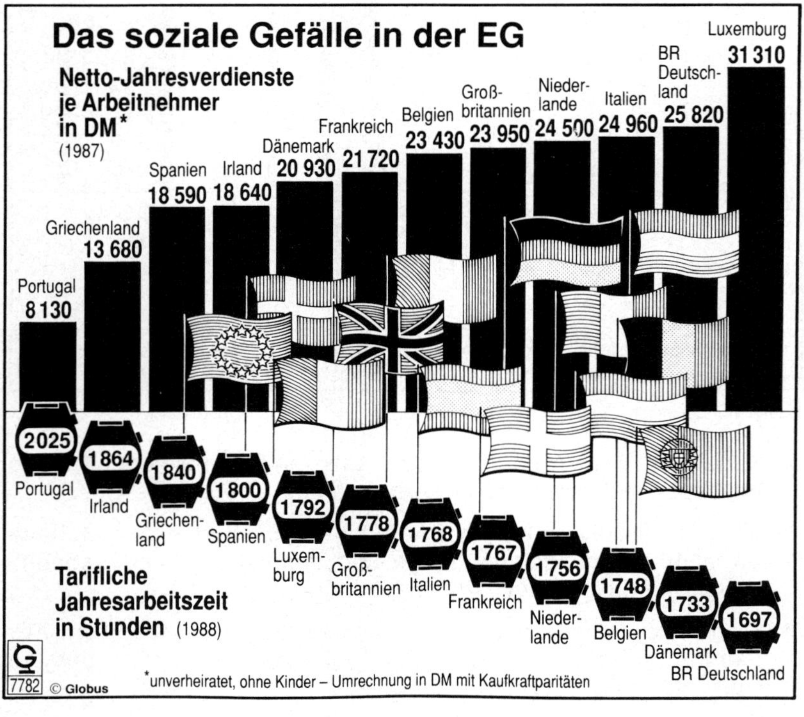

Die Konflikte um die EG-Sozialnormen waren letztlich wirtschaftspolitische Auseinandersetzungen als Folge sehr unterschiedlicher Entwicklungs- und Einkommensverhältnisse in der Gemeinschaft. Die Schaffung des einheitlichen Binnenmarktes mit völliger Freizügigkeit beeinflußte unmittelbar die traditionell nur innerhalb eines abgegrenzten Nationalstaats geltenden Sozialrechte. Beispiel: Allgemeinverbindliche Tarifverträge sollten die Lohnkonkurrenz der Arbeiter eines Landes untereinander ausschließen. Was geschähe aber im gemeinsamen Markt, wenn Unternehmen Wanderarbeiter aus benachbarten Ländern zu den dort geltenden Billiglöhnen einsetzten und damit die Tarifeinkommen in den Hochlohnländern unterböten?

... auch grundlegende Konflikte

Für die Länder der „Süderweiterung" waren dagegen die **niedrigen Löhne und geringen Sozialleistungen ein zumindest zeitlich befristetes Wettbewerbsmittel** in der Konkurrenz zu den technologisch fortgeschritteneren nördlichen Staaten; umgekehrt argwöhnten letztere, daß die Wahrnehmung dieser Wettbewerbsmittel als **„Sozialdumping" Arbeitsplätze bei ihnen gefährden** könnte. Folgerichtig waren die Gewerkschaften der nördlichen EG-Staaten in bemerkenswerter Übereinstimmung mit den Unternehmen in ihren Ländern bemüht, EG-weit möglichst gleichartige soziale Normen auf hohem Niveau zu fordern.

Sozialleistungen als Wettbewerbsmittel

Arbeitgeber- und Arbeitnehmervertreter des Südens waren im Gegenteil bemüht, die sozialen Rechte ausschließlich als Mindestnormen zu begreifen; sie ermunterten den Norden, seinerseits höhere Sozialleistungen anzubieten und diese noch weiter zu steigern. Soziale Aufwendungen waren und blieben Kosten, die die Wettbewerbsfähigkeit nachhaltig beeinflußten.

In der ZEIT, Nr. 25/89, 16.6.1989, faßte der Journalist P. Christ die Widersprüche wie folgt zusammen:

> „Im Vergleich zu ihren europäischen Kollegen geht es den deutschen Arbeitnehmern glänzend ... Natürlich ist es wünschenswert, daß die deutschen Arbeitnehmer ihren Besitzstand halten. Gleichermaßen wünschenswert wäre es, wenn die Arbeiter in Portugal, Griechenland und Spanien die gleichen sozialen Errungenschaften genießen könnten wie ihre deutschen, dänischen oder holländischen Kollegen. Doch es wäre ökonomisch keinesfalls sinnvoll, diesen ärmeren Staaten via EG das soziale Netz nach deutschem Muster zu verordnen. Denn ihre Volkswirtschaften können dieses hohe Maß an sozialen Leistungen noch nicht tragen. Löhne auf deutschem Niveau müßten die meisten Unternehmen in den Ruin treiben, weil sie mit der Konkurrenz aus der Bundesrepublik und den anderen wirtschaftlich weiter entwickelten EG-Staaten nicht mehr konkurrieren könnten.
> Der entscheidende Kostenvorteil ... sind ihre vergleichsweise billigen Arbeitskräfte. Diesen Vorteil darf man den Staaten nicht durch eine alles regelnde europäische Sozialcharta nehmen."

Der Tatbestand, daß die **sozialpolitische Verantwortung weitgehend bei den nationalen Regierungen** blieb, vermittelte den EG-Bürgern, daß von der EG selbst keine verbindlichen sozialpolitischen Initiativen zu erwarten wären. Es war insbesondere der EG-Präsident J. Delors, der erkannte, daß damit die Akzeptanz der Binnenmarktintegration bei der Bevölkerung abnahm. Er forderte daher für das Jahr 1990, daß „bei der sozialen Dimension Zeichen gesetzt werden, wenn es nicht mit dem Europa der Bürger Probleme geben sollte" (Handelsblatt, 2./3.2.1990).

Überschattet war diese Forderung vom Scheitern der für Dezember 1989 geplanten feierlichen Verabschiedung der EG-Sozialcharta.

SOZIALCHARTA / „Feierliche Erklärung" fiel ins Wasser

Kein Ruhmesblatt

Von JOACHIM HOENIG, Straßburg

Die Verabschiedung richtungsweisender sozialer Grundrechte, die für alle Arbeitnehmer der Gemeinschaft in gleicher Weise gelten sollen, sollte ein Glanzstück der nun auslaufenden französischen EG-Präsidentschaft werden. Die vollmundig angekündigte Inszenierung ist dem Sozialisten Mitterrand nicht gelungen. Die Veränderungen in Osteuropa und die von der Gemeinschaft geforderten politischen Antworten darauf haben die Sozialcharta in den Schatten gedrängt.

Das ist vielleicht auch ganz gut so. Denn Anspruch und Wirklichkeit sind bei dem, was in monatelangen Arbeiten ausformuliert wurde, wirklich nicht in Einklang zu bringen. Noch in Straßburg wiederholte die britische Premierministerin Thatcher ihr Argument, mit der Charta werde kein einziger Arbeitsplatz geschaffen und der eigentlich angestrebten Deregulierung in der EG entgegengewirkt. Elf der zwölf nahmen die politische Erklärung an. Angesichts der britischen Haltung wurde auf die ursprünglich vorgesehene „feierliche Erklärung" verzichtet.

Das auf dem EG-Gipfel in Rhodos vor zwölf Monaten abgegebene Versprechen, 1989 zu einem Jahr der sozialpolitischen Weichenstellung zu machen, haben die EG-Partner nur bedingt erfüllen können. Schon früh zeigte sich, daß der Elan, an den Grundpfeilern einer sozialen Dimension des Binnenmarktes arbeiten zu wollen, recht unterschiedlich ausgeprägt war.

Bonn hat seine Wünsche nicht durchsetzen können

Die Bundesrepublik und die Benelux-Länder, Staaten mit einem hohen sozialen Besitzstand, bemühten sich, diesen in der angestrebten Charta EG-weit zu verankern. Bonn hat seine Wünsche nicht durchsetzen können.

Quelle: Handelsblatt, 11.12.1989

Durch den Widerstand Großbritanniens kam keine einstimmige Verabschiedung zustande; die Charta wurde mit 11 Ja- bei einer Neinstimme abgelehnt.

Die Begründung für die Position Englands bezeichnet eine tiefgreifende Meinungsverschiedenheit bei der Durchführung von Wirtschaftspolitik schlechthin. Die britische Regierung war ja verbal keineswegs gegen sozialen Fortschritt, insbesondere nicht gegen den Abbau der immer noch beachtlich hohen Arbeitslosigkeit – auch Jugendlicher – in der EG. Sie wehrte sich nur dagegen, daß dieses Ziel von oben auf dem Verordnungswege und durch Beschränkung der Vertragsfreiheit zwischen Arbeitnehmern und Unternehmern durchgesetzt werden sollte.

In einem Beitrag für das „Handelsblatt" (8.–9.12.1989) begründete der Staatsminister im britischen Außenministerium, F. Maude, die

Haltung seiner Regierung. Er stellte verbindlichen sozialen Schutz (Mindestanzahl von Urlaubstagen, maximale Wochenstundenzahl, Beschränkungen der Teilzeitarbeit) als eine Behinderung der im internationalen Wettbewerb stehenden Unternehmen dar: „Wenn wir die Wirtschaft in ein neues Regulierungs-Korsett zwängen zu einem Zeitpunkt, da der Binnenmarkt die Bürokratie zurücknehmen sollte, riskieren wir damit, Initiative, Unternehmungsgeist und Beschäftigungswachstum zu ersticken." Es sollte vielmehr den Sozialpartnern überlassen bleiben, „Abmachungen zu treffen, die beiden Seiten am angenehmsten sind."

Hier spiegelt sich der urliberale Glaube an die Vertragsfreiheit zwischen gleichen Partnern wider; **Schutzrechte der Arbeiter wurden als verteuernder Kostenfaktor begriffen, der letztlich die Beschäftigung unwirtschaftlich machte und damit Arbeitslosigkeit bewirkte.** Dagegen standen allerdings die Erfahrungen, wonach erst Schutzrechte zu einer nachhaltigen Verbesserung der Lebensbedingungen der sozial Schwächeren beigetragen hatten. Der abhängige Arbeitnehmer war im Vergleich zum Unternehmer in einer weniger starken Position; völlige Vertragsfreiheit hätte den historischen Erfahrungen nach zur Folge, daß die Arbeitnehmerschaft mit der Folge des Schutzrechtsabbaus gegeneinander ausgespielt wurde.

Soziale Grundrechte halfen den Schwächeren

Die Positionen, die die Regierungen in der EG zu diesen Fragen einnahmen, waren wesentlich von den historischen Erfahrungen in ihren Heimatländern beeinflußt. Kompromisse wurden dadurch nicht leichter gemacht, weil es nicht nur um die akademische Aufgabe der Bestimmung einer optimalen Sozialpolitik ging. In England war es der Thatcher-Regierung gelungen, die Macht der „Trade Unions" zu zerschlagen, deren Denken und Handeln eher an ständestaatliche Strukturen des 19. Jahrhunderts erinnerte als an die industriellen Herausforderungen des ausgehenden 20. Jahrhunderts. Es waren Gewerkschaften, die teilweise mit größter Verbitterung politische Streiks (Kohlebergbau, Druckereien) durchgeführt und dabei mehr als einmal demokratisch gewählte Regierungen erschüttert hatten. Die „soziale Dimension" der EG mußte daher für die britische Regierung als Gefahr erscheinen, das Regierungshandeln erneut diesen Interessenverbänden unterwerfen zu müssen. Damit würde auch die Ursache für die beachtliche Modernisierung der britischen Industrie und des Beschäftigungsanstiegs gefährdet werden – statt struktureller Anpassungen an die neuen Weltmarktherausforderungen gäbe es wieder die lähmenden, streikbegleitenden Streitigkeiten der Einzelgewerkschaften um die Handgriffe, die jeweils nur die von ihnen organisierten Arbeitnehmer im Unternehmen erbringen durften.

Konflikte um die Mitbestimmung

Die gleiche politische Ursache erklärt auch die Auseinandersetzungen um die **Mitbestimmung der Arbeitnehmer** in den europäischen Unternehmen – ein zentraler Streitpunkt bei der Entwicklung des europäischen „Gesellschaftsrechts", also der rechtlichen Gestaltung der Produktions- und Handelsunternehmen in Europa. Bezeichnend war hier der schon im Kapitel 2.2. angesprochene interne Mitbestimmungskonflikt in der Airbus Industrie in Toulouse, Frankreich. Der Journalist H. Michaels schrieb dazu in der ZEIT, 21. 4. 1989:

> „Die Franzosen waren nun schnell bei der Hand, ihrer Unzufriedenheit über die neuen Bestimmungen durch einen Streik Luft zu machen. Sie hatten wenig Verständnis für die Haltung der Deutschen, über Änderungen erst einmal zu verhandeln ... Die ‚vertrauensvolle' Zusammenarbeit, wie sie im deutschen Betriebsverfassungsgesetz festgeschrieben ist, gibt es im Alltag französischer Unternehmen nicht. Dort gilt: Konflikt statt Konsens ...
> Die deutsche Form der betrieblichen Mitbestimmung wird in Frankreich nicht nur von den Arbeitgebern, sondern auch von vielen Gewerkschaften abgelehnt ... Mitbestimmung zwingt die Gewerkschaften in die Mitverantwortung und verwischt die Fronten; sie trage, so die Befürchtung, zur Entsolidarisierung der Mitglieder bei. Zudem gibt es in Frankreich keine Einheitsgewerkschaften wie in der Bundesrepublik; sie sind vielmehr politisch-weltanschaulich organisiert und stehen in hartem Konkurrenzkampf miteinander."

Die Bedingungen gewerkschaftlicher Arbeit waren in England den französischen sehr ähnlich; die Vorstellung, derartig politisierte Gewerkschafter mit vollen Rechten in die Unternehmensaufsicht einzubringen, mußte der britischen Regierung ein Greuel sein.

Die eingefahrenen Traditionen, die Spiegelbilder der jeweiligen nationalen industriellen Entwicklungen waren, ließen sich nicht innerhalb weniger Jahre durch Schritte auf eine Harmonisierung der EG-Sozialpolitik beseitigen. Vielleicht war es daher das Vernünftigste, was der EG-Vizepräsident Bangemann bei der Begründung für die Mitbestimmungsvarianten des EG-Gesellschaftsrechts vortragen konnte: Diese Rechtsnormen sollten als Wettbewerbsmittel angenommen werden, wobei jedes Land selbst herauszufinden hätte, welche Formen die geeignetsten seien. Es wäre zudem nicht ausgeschlossen, daß die Praxis neuer Mitbestimmungsformen auch die alteingefahrenen Traditionen in Richtung auf größere Modernität veränderte.

Hilfreich könnte in diesem Zusammenhang eine 1990 veröffentlichte Untersuchung der „Europäischen Stiftung zur Verbesserung der Lebens- und Arbeitsbedingungen" sein. Diese kam zu dem Ergebnis, daß die **herrschenden Mitbestimmungsrechte kein Wettbewerbshindernis** seien. Die Stiftung stellte ein „Europa der drei Geschwindigkeiten" fest: Die weitestgehenden Mitbestimmungsrechte hätten Deutschland, Dänemark und die Niederlande; die geringsten die weniger entwickelten Länder der „Süderweiterung": Spanien, Griechenland und Portugal. Die anderen Staaten bildeten eine mittlere

Betriebsräte

Handhabung der Arbeitnehmervertretungen in den Unternehmen

Land	Regelung
Belgien	Umfassende Rechte der Vertrauensleute; gesetzlich geregelt
Dänemark	Starke Stellung des Vertrauensmannes (Tillidsman); durch landesweites Abkommen geschützt
Bundesrepublik Deutschland	Betriebsrat (auf Verlangen der Arbeitnehmer) und Vertrauensleute
Griechenland	Seit 1. April 1989 gesetzliche Pflicht, Betriebsräte zu bilden
Frankreich	Starke Stellung der Vertrauensleute (Délégués syndicaux); Betriebsräte (Délégués du personel) gesetzlich vorgeschrieben
Großbritannien	Vertrauensleute (Shop stewards), ihre Rechte sind sehr ausführlich vertraglich festgelegt; der Betriebsrat (Working council) ist fast ohne Bedeutung
Irland	Vertrauensleute (Shop stewards); vertraglich geregelt. Betriebsrat (Working council) weniger bedeutend
Italien	Gesetzliche Verpflichtung für Betriebsräte und Vertrauensleute
Luxemburg	Betriebsrat (Délégation du personnel) gesetzlich vorgeschrieben
Niederlande	Vertrauensleute (keine gesetzliche Grundlage) und Betriebsrat (Ondernemingsraad) gesetzlich vorgeschrieben
Portugal	Betriebsrat (Commisão de trabalhadores) gesetzlich vorgeschrieben
Spanien	Vertrauensleute und Betriebsrat (Delegados de personal) gesetzlich vorgeschrieben

Wirtschafts Woche

Quelle: Wirtschaftswoche, Nr. 26/89, 23.6.1989

Gruppierung. Interessant die Position der europäischen Arbeitnehmervertreter: Nur knapp die Hälfte der befragten Betriebsräte unterstützen die Forderungen des „Europäischen Gewerkschaftsbundes" (EGB) nach voller Mitbestimmung bei strategischen Unternehmensentscheidungen. Das wurde auf die Sorge zurückgeführt, „in diesen Fragen überfordert zu sein und für die Folgen mitverantwortlich gemacht zu werden" (Handelsblatt, 26. 7. 1990).

Gewerkschaftliche Gegenmacht

Wie soeben angesprochen wurde seitens der Gewerkschaften erfolgreich der Versuch unternommen, sich zur Wahrung der sozialen Rechte ihrer Mitglieder zum **„Europäischen Gewerkschaftsbund" (EGB)** zusammenzuschließen. Die praktische Arbeit, **eine Gegenmacht gegen die sich bildenden großen europäischen Unternehmen** zu bilden, war jedoch von vielen kleinen Hindernissen gestört:

a) Unterschiedliche nationale Gewerkschaftsstrukturen – es gab sozialistische und christliche Gewerkschaften, die teilweise mit den ebenfalls existierenden kommunistischen nicht zusammenarbeiten wollten; die belgischen Sozialisten verweigerten die Zusammenarbeit mit den dortigen christlichen Verbänden, während spanische Gewerkschaften mit ihren baskischen Kollegen nicht reden wollten. In einigen Ländern waren die Gewerkschaften Anhängsel einer Partei, in anderen waren sie berufsständisch organisiert, so daß in einem Betrieb zahlreiche konkurrierende Verbände existierten, in anderen Ländern gab es das Prinzip der Industriegewerkschaft, die alle Arbeitnehmer eines Industriezweiges – von der Verwaltungs- bis zur Facharbeitertätigkeit – vereinte. Unterschiedlich waren auch die Interessen in bezug auf Löhne, Arbeitszeiten, Urlaubsregelungen, betriebliche Qualifizierung usw.

b) Bei multinationalen Unternehmen war die gewerkschaftliche Interessenvertretung weitgehend behindert; nationale Gewerkschaften schafften es praktisch nicht, an die wichtigen Informationen aus der Konzernzentrale heranzukommen – also zu wissen, ob Produktionen über die nationalen Grenzen verlagert werden sollten, ob die Konzernstruktur sich ändern würde (z. B. durch Zu- oder Verkäufe von Betriebsteilen). Es gab in diesem Zusammenhang Streitigkeiten, ob beispielsweise die „Europa-AG" verbindlich vorsehen müsse, daß sich Arbeitnehmervertreter aus den verschiedenen nationalen Standorten zweimal im Jahr auf Firmenkosten zum gemeinsamen Informationsaustausch treffen dürfen.

Bezeichnend für die **grenzüberschreitende gewerkschaftliche Arbeit** war die Bildung einer „Europäischen Föderation der Chemiegewerkschaften", zu deren Vorsitzenden der Chef der deutschen IG Chemie, H. Rappe, gewählt wurde. Bei der Aufstellung des Forderungskatalogs standen die größten bisher von einer nationalen Gewerkschaft erreichten Erfolge als neue gemeinsame Mindestnormen im Vordergrund:

- „Angleichung sozialer Bedingungen auf dem höchsten und nicht auf dem niedrigsten Niveau, also keine Harmonisierung nach unten;
- Recht auf freie gewerkschaftliche Betätigung überall;
- vergleichbare Arbeitsbedingungen;
- vergleichbare Sozialsysteme;
- vergleichbare umweltpolitische Normen und Standards;
- Anwendung gleicher Arbeitsschutz- und Arbeitssicherheitssysteme in allen Betrieben und Verwaltungen;
- gleichartige Mitbestimmungs-, Mitwirkungs- und Mitspracherechte der Beschäftigten und ihrer gewerkschaftlichen Vertretungsorgane in der jeweils bevorzugten Form."

(Quelle: Die ZEIT, Nr. 25/89, 16. 6. 1989)

3.3. Freier Wettbewerb oder staatlich geförderte Konzernbildung? Die Position der EG-Partner zur Wettbewerbspolitik der Gemeinschaft

In seinem Zweijahresbericht 1987/88 stellte das Bundeskartellamt bei der Analyse der internationalen Konkurrenzbeziehungen folgendes fest:

> „Der Abbau der noch bestehenden Handelshemmnisse bis Ende 1992 läßt ein weiteres Zusammenwachsen der geographischen Teilmärkte erwarten, von dem zusätzliche Wettbewerbsimpulse erwartet werden können. Für die wettbewerbliche Prüfung von Zusammenschlüssen werden derartige Impulse schon heute berücksichtigt, wenn sie nicht nur theoretisch, sondern tatsächlich die Wettbewerbsverhältnisse im Inland beeinflussen."

Binnenmarkt belebt den Wettbewerb

Aus Sicht der deutschen Wettbewerbsbehörde wird damit deutlich gemacht, daß ausländische Anbieter zunehmend – und mit dem einheitlichen Binnenmarkt vollständig – als gleichberechtigte Anbieter auf dem deutschen Markt anzusehen sind. Was für die Bundesrepublik gilt, wird entsprechend auch für die Märkte der zahlreichen anderen EG-Partner zutreffen.

Eine andere Frage ist, ob die EG-Partner ähnlich erfreut über die „zusätzlichen Wettbewerbsimpulse" sein werden – oder ob sich nicht auch Furcht mit der Perspektive Europa '93 verbindet. Furcht nämlich, im Wettbewerb der Industriegiganten, aber auch der riesigen Banken und Versicherungen, unterzugehen.

Quelle: Wirtschaftswoche, Nr. 26/89, 23.6.1989

Bensch/19.4.89

. . . und so weiter . . .

Diese Sorgen werden durchaus verständlich, wenn man sich die unterschiedliche Ausgangslage in den verschiedenen Mitgliedsstaaten vor Augen führt: Verbunden in der EG sind ja nicht nur die traditionellen Industriestaaten Europas (England, Deutschland, Frankreich) mit ihren weltmarktstarken Großunternehmen, sondern auch die kleineren Mitgliedsländer (Irland, Dänemark, Griechenland, Portugal). Gerade bei den wenig entwickelten Staaten der EG-Süderweiterung finden sich noch annähernd vorindustrielle Wirtschaftsstrukturen. So führte der Wirtschaftsjournalist H. Goerg in einem mit „Angst vor Europa. Die Unternehmen in den kleinsten Ländern fürchten, überrollt zu werden" überschriebenen Beitrag in der ZEIT (Nr. 9/89, 24. 2. 1989) das Folgende aus: Die EG müsse sich auch um die Unternehmen kümmern, die

---

„jahrzehntelang ... praktisch nicht über den Tellerrand ihres heimischen Marktes hinausgeblickt (haben). Sie haben sich wenig gekümmert um Begriffe wie Wettbewerb und Konkurrenz und sahen auch keinen Anlaß dazu, solange die Maschinen halbwegs rentabel liefen."

Existenzängste kleiner Betriebe

Der gemeinsame Binnenmarkt und die damit verbundene Erwartung, daß die sich in der EG bildenden leistungsfähigen Unternehmenseinheiten nach Wegfall der Binnengrenzen in alle geographischen Regionen und Nischen eindringen, stellt für diese Unternehmen eine erhebliche **Existenzgefährdung** dar. In demselben Artikel in der ZEIT wurde als Beispiel von einem griechischen Unternehmer berichtet. Dieser sah die Notwendigkeit auf sich zukommen, die gleichen Entwicklungen in bezug auf Produktqualität, Service, Ausbildung der Arbeitskräfte, Produktsortiment sowie Forschung und Entwicklung zu erbringen, obwohl er „hundertmal kleiner als die größten Firmen unserer Branche in Europa" war. Weiterhin befürchtete er erhebliche Finanzierungsprobleme und große Zeitnot, und „am Ende kann man sich noch nicht einmal sicher sein, ob man sich auf dem Markt behaupten kann."

Aus den Erfahrungen dieser Unternehmen und der jeweiligen Regierungen wird verständlich, daß man einen großen **Nachholbedarf an Konzentration,** an gemeinschaftsweit wirksamer Unternehmensmacht zu haben glaubte. Man blickte daher nicht ohne Sorge auf die wettbewerbspolitischen Interessen des wirtschaftlich stärksten EG-Mitglieds, Deutschland, aus der spezifisch deutschen Erfahrung heraus Konzentrationsvorgänge eher zu stoppen, also dem Wettbewerb die wichtigste Rolle zuzuschreiben.

So berichtete das „Handelsblatt" am 20.11.1989 unter der Überschrift „In anderen Ländern ist die deutsche Position unverständlich: Draußen ist ‚Wettbewerb' kein Kriterium", über das portugiesische

Wettbewerbsrecht. Dieses Gesetz räumt dem zuständigen Minister die Abwägung zwischen der Wirksamkeit des Wettbewerbs und zahlreichen anderen wirtschaftspolitischen Erfordernissen ein, wie z. B. die Auswirkungen der Konzernbildung auf Beschäftigung, den technischen Fortschritt, die Investitionsaktivitäten. Da sich grundsätzlich jeder Unternehmenszusammenschluß theoretisch mit positiven Folgen auf Arbeitsplätze und Investitionen begründen läßt, ist damit jede wirksame Wettbewerbspolitik ausgehebelt.

1988 waren die Standorte der 100 größten europäischen Industriekonzerne zu drei Vierteln fast gleichmäßig auf drei EG-Mitgliedsstaaten verteilt: Je 26 der größten Unternehmen residierten in Großbritannien und Deutschland, 20 in Frankreich. Trotz der Zusammenfassung zu einem großen Wirtschaftsraum gab es viele Märkte in der EG mit nur noch wenigen Wettbewerbern. Dazu gehörten die Märkte für Chemiefasern, Lastkraftwagen, Dampfturbinen, Farbfernsehgeräte, Waschmaschinen, Kühlschränke und elektronische Schreibmaschinen. Bei den neuesten Halbleiterchips als wesentlichen Komponenten der elektronischen Industrie gab es nur noch die Zusammenarbeit aller Unternehmen.

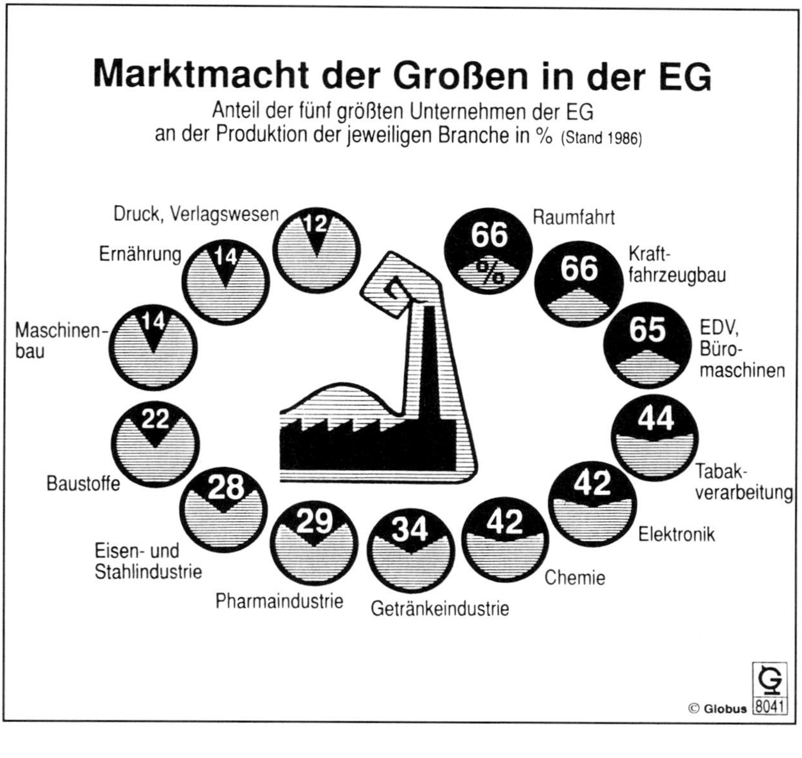

Die 50 größten Unternehmen in Europa

Rang 1989	Rang 1988	Gesellschaft	Land	Branche
1	1	Royal Dutch/Shell (Den Haag)	NL	Mineralöl
2	3	British Petroleum (London)	GB	Mineralöl
3	2	IRI (Rom)	I	Staatsholding
4	4	Damiler-Benz (Stuttgart)	D	Auto
5	6	Fiat (Turin)	I	Auto
6	8	Volkswagen (Wolfsburg)	D	Auto
7	5	Exxon Europa	USA	Mineralöl
8	7	Siemens (Berlin/München((30.9.)	D	Elektro
9	10	Unilever (Rotterdam)	NL	Nahrungsmittel
10	9	Deutsches Bundespost (Bonn)	D	Post, Telekommunikation
11	13	Nestlé (Cham und Vevey)	CH	Nahrungsmittel
12	16	B.A.T. Industries (London)	GB	Mischkonzern
13	12	Renault (Boulogne-Billancourt)	F	Auto
14	11	Philips (Eindhoven)	NL	Elektro, Elektronik
15	17	Internationale Spar (Amsterdam)	NL	Handel
16	14	ENI (Rom)	I	Mineralöl, Chemie
17	19	Veba (Düsseldorf)	D	Mischkonzern
18	15	BASF (Ludwigshafen)	D	Chemie
19	20	Hoechst (Frankfurt)	D	Chemie
20	22	Peugeot (Paris)	F	Auto
21	26	Elf Aquitaine (Courbevole)	F	Mineralöl
22	21	Electricité de France (Paris)	F	Versorgungsbetrieb
23	23	Bayer (Leverkusen)	D	Chemie
24	25	Cie. Gen. d'Electricité (Paris)	F	Elektro
25	27	ICI (London)	GB	Chemie
26	18	IBM Europa (Paris)	USA	Computer
27	32	British Telecom (London) (31.3.90)	GB	Telekommunikation
28	29	Tengelmann (Mühlheim) (30.6.)	D	Handel
29	28	Metro International (Baar)	CH	Handel
30	30	Electricity (London) (31.3.89)	GB	Versorgungsbetrieb
31	36	Thyssen (Duisburg) (30.9.)	D	Mischkonzern
32	24	Ford Europa	USA	Auto
33	41	RWE (Essen) (30.6.)	D	Versorgungsbetrieb
34	33	ABB Asea Brown Boveri (Zürich)	CH/S	Elektro
35	43	Total (Paris)	F	Mineralöl
36	35	Marc Rich-Gruppe (Zug)	CH	Rohstoffhandel
37	34	General Motors Europa (Zürich)	USA	Auto
38	39	INI (Madrid)	E	Mischkonzern
39	38	Bosch (Stuttgart)	D	Elektro
40	58	Enel (Rom)	I	Versorgungsbetrieb
41	42	Générale des Eaux (Paris)	F	Versorgungsbetrieb, Bau
42	45	Pétrofina (Brüssel)	B	Mineralöl
43	65	Grand Metropolitan (London) (30.9.)	GB	Mischkonzern
44	40	France-Tlécom (Paris)	F	Telekommunikation
45	48	Usinor-Sacilor (Paris)	F	Stahl
46	67	British Aerospace (Weybridge)	GB	Flugzeuge, Rüstung
47	55	General Electric (London) (31.3.90)	GB	Elektro
48	47	Rewe-Gruppe (Köln)	D	Handel
49	44	BMW (München)	D	Auto
50	77	Pechiney (Paris)	F	Metalle, Chemie

Quelle: Handelsblatt, 30.7.1990

Umsatz (Mill. Ecu)		Veränderung in %	Ergebnis (Mill. Ecu)		Veränderung in %	Belegschaft
1989	1988		1989	1988		
78114	66033	18	5921	4413	34	135000
43652	38479	13	2635	1861	42	119900
42127	38782	9	825	−1137		416200
36932	35447	4	3292	821	301	344000
34348	29626	16	2415	2170	11	286300
31595	28563	11	502	376	33	251000
30244	32298	−6				25000
29552	28636	3	762	671	14	365000
28440	26366	8	1394	1286	8	300000
27267	26864	1	209	1061	14	567300
27265	22780	20	1369	1141	20	196940
25698	20824	23	1726	1409	23	311900
25154	22961	10	1339	1256	7	174600
24552	23976	2	590	451	31	304800
24220	23640	17				166759
24079	22139	9	1065	880	21	82700
23790	20568	16	648	573	13	94500
23021	21157	9	981	691	42	134400
22189	19757	12	1030	972	6	169300
22049	19691	12	1485	1258	18	159100
21594	17935	20	1041	1025	2	78200
21147	19741	7	−577	−256		12200
20933	19518	7	1023	921	11	170020
20744	18199	14	1002	591	70	210300
19397	17366	12	1467	1381	6	133800
19066	20579	−7	2102	2143	−2	109000
18136	16434	10	2261	2344	−4	247900
17999	16881	7				155000
17596	16895	4				86000
16827	16720	1				131400
16558	14093	17	399	328	22	133800
16474	18691	−12	1013	1425	−29	115500
16351	12339	33	361	369	−2	78200
16151	16269	−1	463	352	31	189493
15554	11846	31	319	210	51	40500
15382			85			1300
15196	15838	−4	1438	1625	−12	118000
14998	13191	14	650	241	170	151500
14788	13347	11	303	267	13	174700
14659	9600	53	103	92	12	114000
13907	12118	15	259	196	33	135000
13893	11504	21	512	464	10	23000
13693	8948	53	760	623	22	152200
13623	12559	8	649	256	153	155000
13550	11221	21	1139	654	74	90100
13379	8470	58	351	254	38	127500
12927	9892	31	800	757	6	145000
12860	11279	14				110000
12819	11801	9	270	219	23	66300
12754	7298	75	481	285	69	70000

Wirksame Fusionskontrolle nur in der Bundesrepublik

Eine wirksame **Konzentrationskontrolle** gab es bis zu Beginn der 90er Jahre praktisch nur in der Bundesrepublik. Eine politische Bewertung dieses Tatbestands kann sehr unterschiedlich ausfallen: Man kann hier – positiv für die Bundesrepublik – die Überzeugung sehen, daß man an die Wirksamkeit des Wettbewerbs als Mittel der Leistungssteigerung und der Machtkontrolle glaubt. Man kann andererseits – negativ für die Bundesrepublik – die Folge von bereits seit vielen Jahren getätigten Fusionen sehen, die die deutsche Industrie vielfach zur stärksten in Europa gemacht haben.

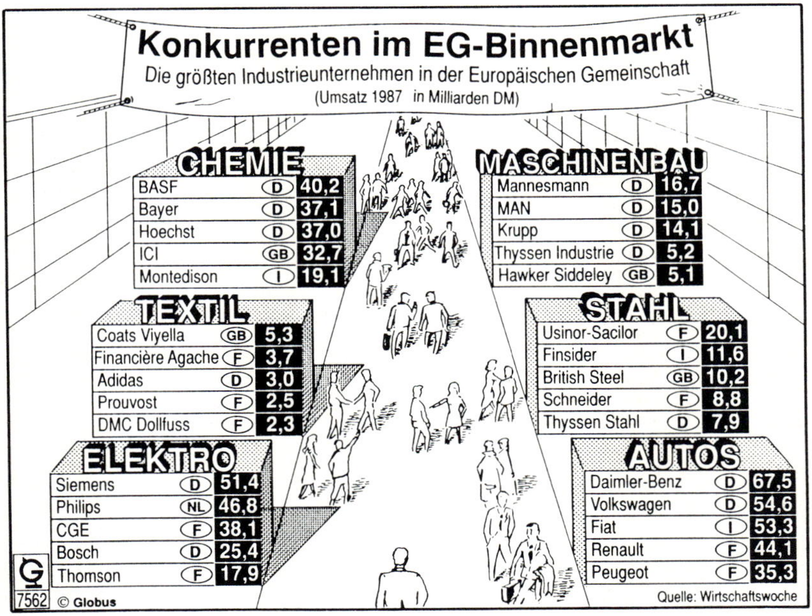

Großfusionen in der Bundesrepublik

Die intensive Forderung nach einer scharfen Fusionskontrolle muß daher einigen europäischen EG-Partnern als „Trick" der Deutschen erscheinen, das Wachstum der ihnen als Konkurrenten gegenüberstehenden Ausländer wirksam zu behindern. Das galt um so mehr, als ja auch in der Bundesrepublik spektakuläre Fusionsfälle vom Kartellamt bzw. von der Bundesregierung zugelassen worden waren. Als wichtigstes Beispiel galt die 1989 vollzogene Fusion von Daimler und MBB zum größten deutschen Konzern. Die 1990 geschlossene zweitgrößte Fusion in der Geschichte der Bundesrepublik (Siemens-Nixdorf) war dann allerdings so gut wie unbeanstandet hingenommen worden.

Dazu der Präsident des Kartellamtes, Kartte:

> „Wenn Zusammenschlüsse ... immer noch durchgehen, so nur deshalb, weil es in Drittländern noch genügend Wettbewerb gibt. Eine ‚Festung Europa', eine gänzliche oder teilweise Abschottung von diesem Wettbewerb, würde die Wettbewerbsbedingungen innerhalb Europas in vielen Branchen schlagartig verschlechtern. Angesichts des aufkeimenden Europrotektionismus stellt sich die Frage, ob wir bei der Fusionskontrolle überhaupt noch davon ausgehen dürfen, daß (noch) bestehende weltweite Konkurrenzbeziehungen auch in Zukunft erhalten bleiben werden" (Frankfurter Allgemeine Zeitung, 24.4.1989).

Wohlstand nur bei Wettbewerb

Bemerkenswert war weiterhin, daß 1989 die deutsche Monopolkommission in einem Sondergutachten zur europäischen Fusionskontrolle die '93 erwarteten Wachstums- und Wohlstandseffekte in eine unmittelbare Abhängigkeit von der Bereitschaft der anderen EG-Staaten setzte, eine Fusionskontrollpolitik deutschen Zuschnitts zu akzeptieren. Man könne die sichtbaren Monopolisierungstendenzen nicht kampflos hinnehmen: „Folglich ist eine gemeinschaftsrechtliche Fusionskontrolle eine wichtige Voraussetzung für die Verwirklichung der erwarteten Vorteile des Binnenmarktes" (Monopolkommission, Sondergutachten Nr. 17, Köln 1989, Ziff. 10).

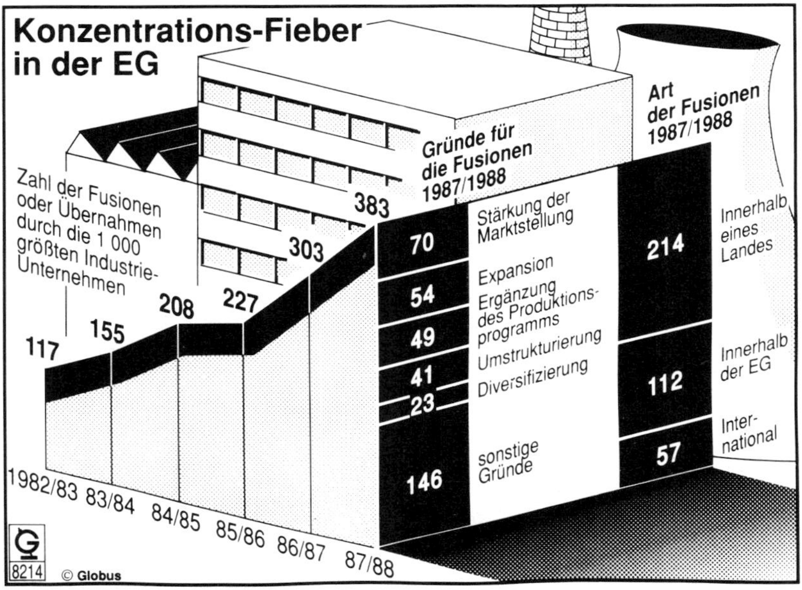

In die gleiche Kerbe schlug der damalige Vizepräsident der Kommission, Sir L. Brittan, der für die Wettbewerbspolitik der EG verantwortlich war. Er erinnerte an die langen Wettbewerbstraditionen der Gemeinschaft, die – akzeptiert von allen – bereits in Art. 3 (f) des EWG-Vertrages von 1957 niedergelegt worden wären: Das Prinzip der Marktwirtschaft habe Verfassungsrang. Trotzdem kenne der EWG-Vertrag keine systematische Fusionskontrolle.

Daher wird verständlich, daß die EG trotz der divergierenden Auffassungen über die Ausgestaltung einer Konzentrationskontrolle die Entwicklung entsprechender Verordnungen in Angriff nahm. Einen ersten, 1974 sogar vom Europäischen Parlament akzeptierten Entwurf, ereilte dann das Schicksal, in den Mühlen der Bürokratie und der nationalen Interessengegensätze hängenzubleiben. Einen ernsthaften Neubeginn gab es – insbesondere als Folge der Perspektive Europa '93 – erst mit dem Entwurf der EG-Kommission vom 25.4. 1988.

Erneut zeigten sich die politischen Interessengegensätze zwischen den EG-Partnern:

- Soll die Fusionskontrolle Unternehmenszusammenschlüsse verbieten, wenn diese die Marktverhältnisse durch Behinderung des Wettbewerbs verändern (**„wettbewerbspolitischer Ansatz"**), oder
- soll die Fusionskontrolle Zusammenschlüsse sogar fördern, um kleinen und rückständigen Unternehmen zu Größenordnungen zu verhelfen, die sie überhaupt erst wettbewerbsfähig machen (**„industriepolitischer Ansatz"**)?

Konflikte um Fusionen in der EG

Das hinter diesen Erscheinungsformen liegende Problem war letztlich eines der nationalen wirtschaftlichen Macht. Wie der Leiter des Kartellreferats im Bundeswirtschaftsministerium, Th. Janicki, (in: Wirtschaft und Wettbewerb, Nr. 3/1989, S. 193 ff.) darlegte, wollten die EG-Partner, die „mit Blick auf den gemeinsamen Binnenmarkt einen Nachholbedarf an Konzentration zu haben glauben", ihre zurückgebliebenen Industrien mit dem Mittel der Fusion umstrukturieren und wettbewerbsfähiger machen. Dagegen stünden die Mitgliedsstaaten, u. a. die Bundesrepublik, die von der grundsätzlichen Wettbewerbstüchtigkeit ihrer Unternehmen überzeugt waren und daher das politische Interesse hatten, Wettbewerbsbeschränkungen als Folge zunehmender Machtvermachtungen zu kontrollieren. Daß dabei sonderbare Fronten auftraten, braucht nicht zu verwundern: In der Bundesrepublik waren selbst die konzentrationsfreudigen Unternehmer für eine EG-Fusionskontrolle; gleichzeitig engagierte sich der Ausschuß für Außenwirtschaftsbeziehungen des europäischen Parlaments für eine gezielte Konzentrationsförderung (!), um eine mächtige industrielle Festung Europa und Riesenunternehmen für den Kampf auf den Weltmärkten zu schaffen.

Die am 21.12.1989 von der Kommission verabschiedete **EG-Fusionskontrolle stellte ein Kompromiß zwischen den streitbaren Parteien dar** – obwohl aus deutscher Sicht die Verordnung als „Preis für Europa“ (Handelsblatt, 27.12.1989), d.h. als Niederlage der wettbewerbspolitischen Position im Interesse des Einigungswerks in seiner Gesamtheit angesehen wurde: der für die Verhandlungsführung verantwortliche Bundeswirtschaftsminister wurde als ein am Drachen des faulen Kompromisses der EG-Fusionskontrolle gescheiterter Ritter dargestellt.

Der Durchbruch HANDELSBLATT: Bensch

Quelle: Handelsblatt, 29.11.1989

Tatsächlich liegt jetzt eine Vereinbarung vor, mit der sowohl die EG-Partner wie die Bundesrepublik leben können. Der Beurteilungsmaßstab für zu prüfende Fusionen ist die möglicherweise entstehende beherrschende Stellung des Konzerns, mit der dieser den Wettbewerb im gemeinsamen Markt beeinträchtigen kann. Dabei wird auch zu prüfen sein, ob dieser Zusammenschluß dem wirtschaftlichen und sozialen Zusammenhalt der EG-Staaten dient und ob er den technischen und wirtschaftlichen Fortschritt zugunsten der Verbraucher in der EG stärkt. Letztere Kriterien könnten im Zweifel zu einer Fusionserlaubnis führen, obwohl wettbewerbspolitische Bedenken bestehen.

Positiv vermerkt wurde gerade von deutscher Seite, daß die EG-Kontrolle vor einem Zusammenschluß stattfinden soll – eine wesentliche Voraussetzung für ihren Erfolg, denn gegen vollendete Tatsachen läßt sich nicht mehr viel ausrichten. Hinzu kommt, daß eine nationale „Restkontrolle“ (so das Handelsblatt, 27. 12.1989) verbleibt. Sie gibt interessierten Staaten, insbesondere aber der Bundesrepublik, die

Möglichkeit des Eingriffs auch dann, wenn die Kommission der EG keine Bedenken äußert. Unabhängig davon darf jeder EG-Mitgliedsstaat sog. legitime Interessen äußern, Fusionen in sensiblen Bereichen (z. B. regionale Pressevielfalt; der Verkauf eines unabhängigen Verlags hätte nie EG-weite, aber sehr große regionale Bedeutung!) zu untersagen.

Kartellkontrolle besteht fort

Abschließend soll daran erinnert werden, daß das Kartellverbot der EG unverändert fortbesteht. Vertragliche Wettbewerbsbeschränkungen zwischen EG-Unternehmen, die selbständig bleiben – im Gegensatz zur Fusion, die die Selbständigkeit beendet –, sind unverändert verboten. **Die Anti-Kartellpolitik der EG wird seit 1958 angewandt;** hier gab es 1989 einige wichtige Fälle, die zu Geldbußen führten bzw. noch führen werden. So hatten neun europäische Edelstahlhersteller die Preise abgesprochen – darunter erste bundesdeutsche Adressen wie Krupp Stahl und Thyssen Edelstahlwerke. Auch die Zementhersteller bildeten Preis- und Mengenkartelle zu Lasten der Bauwirtschaft. Auf deutscher Seite beteiligten sich die Konzerne Heidelberger Zement, Dyckerhoff und Schwenk. Hier fiel bei gleichzeitig vom Bundeskartellamt und der Generaldirektion Wettbewerb der EG betriebenen Verfahren allein für den Heidelberger Konzern ein Bußgeld von 112 Mio. DM an; aus Brüssel erwartete den Kartellsünder ein Bußgeldbescheid über weitere 80 Mio. DM.

Die Fusionskontrolle der EG ergänzt somit eine Wettbewerbspolitik, die so alt ist wie die EG selbst. Mit ihr soll gezeigt werden, daß man sich **in Europa dem Mißbrauch privater Marktmacht nicht unterwerfen will.**

3.4. Kampf gegen die Vorherrschaft der D-Mark? Vor- und Nachteile der europäischen Währungsunion für die EG-Partner

Zur Abwicklung des intensiven Handels zwischen den immer weiter zusammenwachsenden EG-Ländern wurde, ähnlich wie bei der Herausbildung der modernen Volkswirtschaften im 18. und 19. Jahrhundert, ein allgemeines Zahlungsmittel benötigt. Es spielte dabei keine Rolle, ob es sich um ein einziges Land mit seinen Regionen oder um die Gemeinschaft mit ihren Mitgliedsländern handelte: Die Existenz zahlreicher Währungen, der Zwang zum Umtausch, die Gefahr von Kursänderungen mit entsprechenden Gewinnverlusten stellten eine Behinderung des freien Güteraustausches dar. Die Binnenmarktvollendung EG '93 sollte jedoch alle Hindernisse überwinden, so daß es folgerichtig war, **in Europa die Errichtung einer Währungsunion mit einem gemeinsamen europäischen Geld** anzugehen.

Für grenzüberschreitenden Handel gab es bislang im wesentlichen zwei Lösungen der Geldnutzung:

Arten internationalen Geldes

- Man schuf ein international akzeptiertes Geld als internationales Zahlungsmittel. Gelungen war das in der Vergangenheit bei Inkaufnahme einer Reihe von Nachteilen mit dem sog. **Goldstandard:** Alle nationalen Währungen waren in Gold definiert; jede Währungseinheit stellte somit nichts anderes als eine bestimmte Goldmenge dar. Die Wechselkurse der Währungen waren dann nichts anderes als das Verhältnis der jeweiligen Goldmengen. Eine Währung, die doppelt soviel Gold je Einheit (Dollar, Pfund, Mark, Franc) enthielt als die des Nachbarlandes, hatte entsprechend einen doppelt so hohen Kurs.

  Auf einer anderen Grundlage als Gold gab es historisch keine überlieferte Geldschöpfung, die auf Dauer Bestand hatte. Insofern war – weil der Weg über eine golddefinierte Währung für die EG ausschied – tatsächlich Neuland zu beschreiten.

- Bei Fehlen eines internationalen Geldes wurde in der Vergangenheit hilfsweise **das nationale Geld eines der Handelspartner –** meistens des gewichtigsten – **als internationales Zahlungsmittel** mitverwandt. So z. B. in der Zeit vor dem ersten Weltkrieg das Pfund Sterling, als England die führende Welthandelsmacht war, in der Zwischen- und Nachkriegszeit der amerikanische Dollar. In der EG war seit 1979, dem Entstehungsjahr des Europäischen Währungssystems (EWS), die D-Mark allmählich in die Rolle einer Leitwährung für Europa hineingewachsen.

  Maßgeblich hierfür war das große Gewicht der deutschen Volkswirtschaft in der EG – der Anteil der jeweiligen Währungen an der Korbwährung ECU („European Currency Unit") entsprach in etwa diesem an der Erstellung des Sozialproduktes und der Exportkraft angelehnten Gewichts. Zwar wurde 1989 mit der Neuaufnahme von spanischer Peseta und portugiesischem Escudo das Gewicht der D-Mark von 34,9% auf 30,1% zurückgenommen; dennoch blieb die Mark mit deutlichem Abstand vor der zweitplazierten Währung (französischer Franc mit 19%) und seit 1979 mit dem klarsten Aufwertungszuwachs vor allen anderen Währungen an der Spitze.

Probleme der Leitwährung D-Mark

Praktische Verwendung der D-Mark als Leitwährung auf der einen Seite und engagierte politische Ablehnung der „beherrschenden Rolle der D-Mark" auf der anderen Seite wurden Ausdruck eines ungeklärten **währungspolitischen Widerspruchs in der EG.** Dieser Widerspruch hatte noch andere Erscheinungsformen, so den zwischen strenger oder schwacher Währungsstabilität: Die Ankoppelung an die Mark als „Stabilitätsanker" war im alltäglichen Umtauschgeschäft praktikabel und erfolgreich; es wertete gleichzeitig das

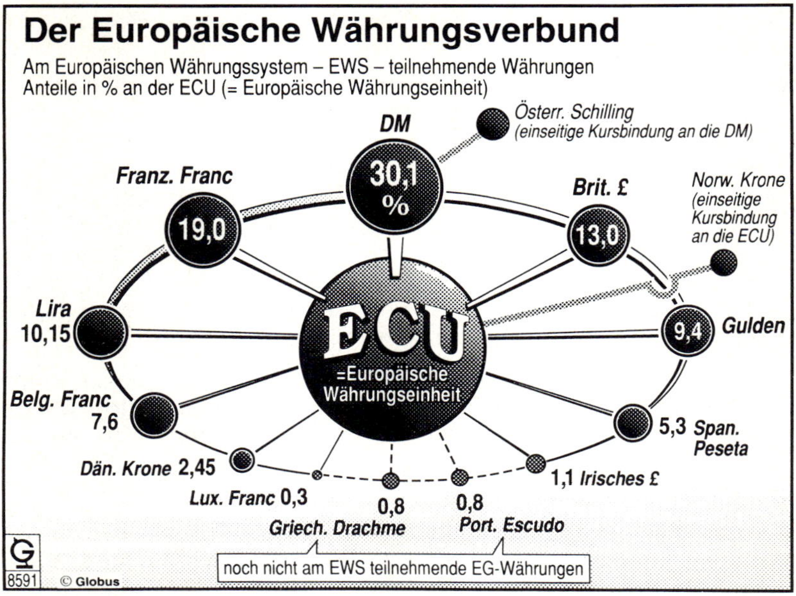

Mark und Gulden aufgewertet

Die Deutsche Mark hat in zehn Jahren EWS ihre Spitzenposition behaupten können. Keine andere Partnerwährung wurde so stark aufgewertet.

Währung	**ECU-Parität am 13.3.1979**	**ECU-Parität heute**	**Änderung in Prozent**
Mark	2,51064	2,05853	+21,96
Gulden	2,72077	2,31943	+17,30
Bel.-Lux.Fra	39,4582	42,4582	−7,07
Dän. Krone	7,08920	7,85212	−9,76
Brit. Pfund	0,663247	0,739615	−10,33
Ir. Pfund	0,662638	0,768411	−13,77
Fr. Franc	5,79831	6,90403	−16,02
Lira	1148,15	1483,58	−22,61

Quelle: Kommission der Europäischen Gemeinschaft
Anmerkung: Großbritannien und Griechenland nehmen nicht am EWS-Wechselkursmechanismus teil. Griechenland gehörte dem EWS nicht als Gründungsmitglied an (Stand: März 1989).

Quelle: Die Welt, 13. 3. 1989

Bemühen der anderen EG-Länder um Währungsstabilität ab. Letztere wehrten sich zunehmend gegen den Vorwurf, daß von ihnen inflationäre Tendenzen in die Gemeinschaft ausstrahlten. Die Forderung nach einer von der D-Mark geführten Zone der Stabilität in ganz Europa wurde als Ausdruck deutscher Überheblichkeit zurückgewiesen.

Unabhängig von diesen eher nationalstaatlich-politischen Motiven gab es handfeste **wirtschaftspolitische Gründe der EG-Länder gegen die DM-Dominanz.** Diese entzündeten sich an den typischen Widersprüchen, die dann auftraten, wenn nationale Währungen internationale Aufgaben simultan wahrnahmen. Die nationalen Währungsbehörden, in diesem Falle die Bundesbank, würden immer das nationale Hemd zuerst spüren, erst danach den internationalen Rock. Und so müßte auch deren Politik ausfallen.

Ein anschauliches Beispiel dafür brachte das Jahr 1989, in dem die Bundesbank als Ergebnis großen internen Wachstums, insbesondere aber auch stürmisch zunehmender Exporte, eine Inflationsgefahr in der Bundesrepublik erkannte und entsprechend geldpolitisch reagierte: Sie verteuerte die Zinsen, um damit die wirtschaftlichen Aktivitäten zu dämpfen.

Die nationalwirtschaftlich motivierte Handlung hatte einen EG-wirtschaftlich negativen Effekt: Die anderen EG-Staaten mußten diese Zinserhöhung, die sie ohne Konsultation sozusagen „aus den Zeitungen erfahren" hatten, nachvollziehen. Ohne den Zinsanstieg wäre die Zinsdifferenz zur Bundesrepublik verkleinert worden, Kapital wäre nach Deutschland geflossen und hätte die Mark aufgewertet – was die anderen EG-Länder wegen des Ziels der Inflationsbekämpfung unter keinen Umständen zulassen wollten. Das Nachvollziehen der deutschen Zinserhöhungen bedeutete andererseits die Verteuerung der Investitionen in Frankreich, Italien und England mit der Folge, daß **dort das Wirtschaftswachstum und der Abbau der Arbeitslosigkeit zurückgingen.**

Faktische Souveränitätsverluste

Mit anderen Worten: Die EG-Partner fühlten sich in erheblicher Abhängigkeit, ohne – wie bei sonstiger Aufgabe von Souveränitätsrechten gegenüber der Brüsseler Zentrale – im Ministerrat oder über die nationalen Kommissionsmitglieder mitentscheiden zu können. Allein schon aus diesem Grund forderten sie drängend die Vollendung der Währungsunion, und zwar gegen den stabilitätspolitisch motivierten Widerstand Deutschlands.

Bundesregierung und Bundesbank hielten die tatsächlichen Widersprüche in den nationalen Wirtschafts- und Inflationspolitiken dagegen. Eine gemeinsame Währung bei unterschiedlichen Inflationsraten müßte das gesamte System auf das schwerste gefährden.

Nutzen der Geldwertstabilität

Ein Verzicht auf das Stabilitätsziel kamen für Bundesbank und -regierung nicht in Frage; erst die **Stabilität des Geldwertes** hätte der Wirtschaft die investitionsfördernde Planungssicherheit gegeben, die die Arbeitslosigkeit nachhaltig überwinden ließ. Der Einstieg in gewisse Inflationsraten mit steigenden Zinsen und womöglich weiter anwachsender künftiger Geldentwertung würde die wirtschaftlichen Erfolge wieder vernichten. Es war bemerkenswert, daß die eher südlichen EG-Staaten mit ihrer größeren Inflationsnähe bereit waren, auf diese Position einzuschwenken, was sich u. a. in der Akzeptanz der DM als Stabilitätsanker niederschlug, bis eine gemeinsame Währungsordnung entwickelt wurde.

Zu letzterem Zweck wurde auf dem EG-Gipfel in Hannover 1988 eine Expertenrunde von Notenbankchefs und unabhängigen Experten unter der Leitung des EG-Präsidenten Delors gebildet; diese legte im April 1989 einen als **„Delors-Plan" bezeichneten 3-Stufen–Weg** zur europäischen Währungsunion vor. An diesem war bemerkenswert, daß die **„D-Mark als Anker des Systems"** (so der Delors-Bericht wörtlich) ihre führende Rolle in Europa ausbauen, aber gleichzeitig

Stabilitätselemente im Delors-Bericht

Vor Kontroversen über die Europäische Währungsunion

Neue Zürcher Zeitung, Zürich, vom 16./17. April 1989

sch. — Erste Äußerungen über den Bericht der Delors-Kommission zur Errichtung einer Europäischen Währungsunion bzw. einer EG-Notenbank seitens prominenter Teilnehmer an der jüngsten Gesprächsrunde in Basel zeigen, daß erstaunlich viel Elemente aus den Konzepten der vornehmlich auf Stabilität bedachten Länder berücksichtigt worden sind. So sollen Währungsunion und Zentralbank einen föderalen Aufbau erhalten, der ungefähr an die Struktur des US-Federal-Reserve-System erinnert. Dahinter soll der Gedanke gestanden haben, daß der politische Einfluß auf eine Notenbank um so größer ist, je mehr man sie zentralisiert. Zweitens soll die Währungsunion der Preisstabilität verpflichtet sein. Drittens spricht sich der Bericht für eine Unabhängigkeit des „Systems der Zentralbanken" von den EG-Instanzen sowie auch von den nationalen Regierungen aus. Schließlich soll das EG-Notenbanksystem zwar den Geldmarkt regulieren, den jeweiligen Finanzministern aber keinen Kredit einräumen.

Offensichtlich hat sich die Bundesrepublik, unterstützt von Großbritannien und Holland, im wesentlichen durchgesetzt. Dies mag verwundern, doch ist zu bedenken, daß der Delors-Bericht nichts anderes als ein Arbeitspapier ist, das völkerrechtlich niemanden zu irgend etwas verpflichtet. Es wird jetzt den zuständigen nationalen und EG-Gremien zur weiteren Beratung zugeleitet. Es sollte erstaunen, wenn sich daran nicht eine ebenso lebhafte wie kontroverse Diskussion entzündet: Weder die Unabhängigkeit der Notenbank von politischen Instanzen noch die Abstinenz des Staates vom Zentralbankkredit waren bisher uneingeschränkt gemeinsames Gedankengut in Europa.

Daneben wird sich noch weisen müssen, inwieweit weitere Formulierungen im Delors-Bericht die Zustimmung der nationalen Politiker finden. So wird beispielsweise das Europäische Währungssystem (EMS) nicht nur mit Lob, sondern auch mit Kritik bedacht. Ein viel zu geringer Grad an wirtschafts- und fiskalpolitischer Konvergenz wird bemängelt, ebenso die Tatsache, daß nur ein Teil der EG-Partner am EMS teilnehmen bzw. teilnehmen können. Ohne mehr Gleichläufigkeit sei aber eine wahre Währungsunion nicht vorstellbar. Hat man noch die jüngsten Äußerungen aus dem Mund italienischer, spanischer oder auch französischer Politiker in den Ohren, dann mutet die Passage im Delors-Bericht geradezu pikant an, in der es dem Sinn nach heißt, die D-Mark sei der Anker im EMS und davon hätten alle profitiert.

Der von der Delors-Kommission und den EG-Notenbankgouverneuren erarbeitete Bericht gibt den Politikern den Rat, nichts zu übereilen und erst einmal das Vorhandene zu optimieren. Das heißt, es sollten die restlichen Kapitalverkehrskontrollen abgeschafft und bei den noch abseits stehenden Ländern die Voraussetzungen für einen Beitritt zum EMS geschaffen werden. Vorher sollte die quasi zweite Stufe, nämlich Verhandlungen über die Schaffung von Währungsunion und Notenbank, nicht begonnen werden. In der Zwischenzeit werden vorbereitende Arbeiten in einer Anzahl von Arbeitsgremien empfohlen, um die überaus zahlreichen Detailfragen zu klären. Sachkundige Fachleute plädieren dafür, sich für diese Beratungen eher drei als zwei Jahre Zeit zu nehmen. Erst dann könnte darangegangen werden, mit Hilfe völkerrechtlich verbindlicher Verträge Souveränitätsrechte auf EG-Institutionen zu übertragen. Zur Stunde wird bezweifelt, daß sich alle Länder gleichermaßen derart verpflichten wollen.

Quelle: Neue Zürcher Zeitung, 16./17. 4. 1989

in eine EG-weite Mitbestimmung einbringen sollte. Die Kommission schlug für die EG ein dem deutschen Vorbild sehr nahekommendes **Zentralbankensystem** vor und verpflichtete die anderen EG-Währungen darauf, sich der typischen „D-Mark-Stabilitätsphilosophie" anzupassen.

Wichtig war insbesondere die **Unabhängigkeit der Europäischen Zentralbank** von den Finanzierungswünschen der EG-Regierung, die Verpflichtung auf eine Politik der Preisstabilität sowie der föderative Aufbau, den sowohl die amerikanische Zentralbank wie die Bundesbank mit ihren Landeszentralbanken kannten. Wie das „Frankfurter Institut für wirtschaftspolitische Forschung" in einer Veröffentlichung im März 1990 herausstellte, gab es einen meßbaren Zusammenhang zwischen der Unabhängigkeit der Zentralbank, der Geldwertstabilität und der Arbeitslosigkeit: Tendenziell wurden die Ziele „Hoher Beschäftigungsstand" und „Stabiler Geldwert" um so besser erreicht, je unabhängiger die Zentralbank war.

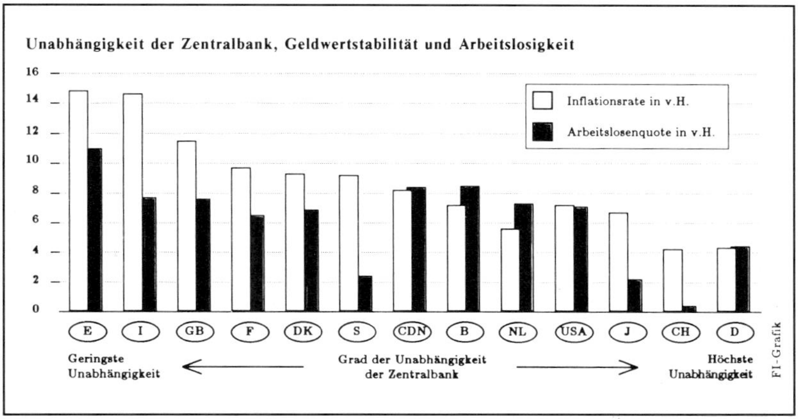

Quellen: OECD; Economist, Oct. 1990

Im Interesse einer schnellstmöglichen Einführung einer gemeinsamen Währungspolitik mit gemeinsamem Geld erklärten sich die Partnerstaaten zu weiteren Schritten bereit, Frankreich verzichtete vorfristig schon Anfang 1990 auf bestimmte Kapitalverkehrskontrollen; Italien war bereit, seine Währung gegenüber der D-Mark einmalig um 3,4% abzuwerten, allerdings bei gleichzeitiger Verringerung der Schwankungsbreite der Lira um den festgelegten Wechselkurs: Statt wie bisher 6 Prozentpunkte nach oben und unten beanspruchte Italien nur noch je 2,25% wie die anderen Mitgliedsstaaten auch. Ende 1989 verständigten sich die europäischen Notenbankchefs darauf, ihren Vorsitzenden für drei Jahre zu wählen, damit das Amt nicht nur Repräsentationszwecken diente, sondern politische Wirksamkeit entfaltete. Erster „Langzeitpräsident“ wurde der Präsident der Bundesbank, Pöhl. Weiterhin sagten die Regierungen der EG-Staaten Ende 1989 zu, innerhalb Jahresfrist zu einer Konferenz zusammenzutreten:

> „Das Ziel: Änderung der Römischen Verträge und Verwirklichung der beiden letzten Schritte zur Wirtschafts- und Währungsunion, nämlich Schaffung einer gemeinsamen Währung und einer europäischen Zentralbank.“

(Quelle: Perspektive 92, Nr. 2/1990)

Aus diesem gemeinsamen Chor scherte das seinerzeit von Margaret Thatcher geführte Großbritannien aus: Trotz erheblicher innenpolitischer Kontroversen vertrat die Premierministerin unnachgiebig ihren Standpunkt, wonach der Beitritt Englands zum EWS

Gegenposition Englands

– zeitlich noch nicht reif sei (Problem der britischen Geldentwertungsraten, die im Herbst 1990 erstmals wieder die 10%-Grenze überschritten);

– und überhaupt ungewiß wäre, weil die währungspolitische Integration mit dem Verlust der Souveränität über die heimische Geldversorgung verbunden wäre.

Die Lösung der schwierigen Probleme bei der Schaffung der europäischen Währungsunion sollten somit den kontinentaleuropäischen Staaten überlassen werden; England beteiligte sich nicht.

Knack HANDELSBLATT: Bensch

Quelle: Handelsblatt, o. D.

Die Frage des EWS-Beitritts Englands schien die britische Nation weitgehend zu spalten. Die Ende 1989 sichtbar werdenden großen Vorsprünge der Labour Party in Wahlprognosen vor der konservativen Partei M. Thatchers wurden unter anderem mit der europa-zögerlichen Haltung der Premierministerin in Verbindung gebracht – früher war die Europafeindlichkeit Markenzeichen einer eher autoritär-dogmatischen Labour Party. Angesichts der steigenden Inflationsraten in England hatten die Beitrittsbefürworter energische Disziplinierungsmaßnahmen zugunsten einer Geldwertstabilitätspolitik erwartet. Der Beitritt zu den festen Wechselkursen des EWS hätte die Regierung nachhaltig gezwungen, mehr für die Inflationsbekämpfung zu tun. Auch andere Interessen fühlten sich bedroht: London als europäi-

GROSSBRITANNIEN / Kritik an Thatchers EWS-Haltung

Brittan will EG-Zentralbank gerne nach London holen

HANDELSBLATT, Mittwoch, 8.11.1989

bf LONDON. Durch ihren Widerstand gegen eine europäische Währungsunion bringt sich die britische Regierung nur um den „enormen Nutzen", den eine in London ansässige europäische Zentralbank für die City haben würde, sagte der britische EG-Kommissar Sir Leon Brittan in London.

Der frühere Minister kritisierte in einer Rede die negative Haltung von Regierungschefin Margaret Thatcher zum Europäischen Währungssystem (EWS). Der wirtschaftliche Nutzen einer EWS-Mitgliedschaft sei so offenkundig, daß Großbritannien „innerhalb von Monaten" das Pfund in den Wechselkursmechanismus einbringen sollte, forderte er. Nach seiner Ansicht ist es unnötig, mit einem Beitritt zu warten, bis die britische Inflationsrate (jetzt 7,7 %) gesunken ist, was Margaret Thatcher als Beitritts-bedingung genannt hat. Das EWS habe in Mitgliedsländern erst niedrigere Inflation und mäßige Zinssätze ermöglicht. „Es ist auffallend, daß Frankreich einst ein Hochinflationsland war und heute eine der deutschen vergleichbare Zuwachsrate hat", sagte er.

Es gebe viele Gründe, weshalb die Briten Vollmitglied im EWS werden sollten, nicht zuletzt, um maßgeblichen Einfluß auf die nächsten Stufen zur Wirtschafts- und Währungs-Union ausüben zu können. „Weshalb sollten unsere Partner etwas auf unsere Meinung geben, wie vernünftig sie auch sein mag, wenn wir nicht einmal zu dem stehen, was wir als notwendig für die erste Stufe zugestanden haben?" Brittan sieht keinen Grund, vor dem Konzept einer europäischen Zentralbank nach dem Vorbild der US-Federal Reserve zurückzuschrecken. Wenn sie ihren Sitz in London hätte, der Vorteil für die City wäre riesig.

Quelle: Handelsblatt, 9.11.1989

scher Finanzplatz Nr. 1 könnte bei Fernbleiben vom europäischen Währungssystem gefährdet werden. Ohne Mitgliedschaft im EWS wäres es völlig aussichtsslos, die EG-Zentralbank nach London zu holen – schließlich hatte Frankfurt/Main schon längst seine Kandidatur angemeldet.

Beachtlich war, daß das Argument der Regierungschefin, die volle britische Souveränität würde beim Parlament in Westminster liegen, so nicht akzeptiert wurde: Im Juli 1989 sprach sich der Handels- und Industrieausschuß des britischen Unterhauses für die Vollmitgliedschaft im EWS aus.

Und daß es damals schon nicht mehr weit mit der währungspolitischen Souveränität her war, stellte die Londoner Financial Times im Herbst 1989 süffisant fest, als sie die britische Reaktion auf die von der Bundesbank durchgeführten Zinserhöhungen kommentierte. Die Bank von England folgte diesem Schritt sofort und verhielt sich so, als hätte eine europäische Zentralbank ein neues Zinsdatum für Europa vorgegeben. Somit ginge, so die Financial Times, die Opposition gegen eine EG-Zentralbank ins Leere, weil es diese bereits geben: Sie hieße „Bundesbank“ und sitze in Frankfurt.

Der überraschende Rücktritt Margaret Thatchers als Premierministerin und die Wahl J. Majors zu ihrem Nachfolger führte zu einem in der gesamten EG, insbesondere aber in England, mit Aufatmen registrierten „Befreiungsschlag“ des neuen Regierungschefs: Am 8.10.1990 trat Großbritannien als zehntes Land dem Interventionsmechanismus des EWS bei. Das hieß, daß damit auch das englische Pfund ein Teil des Systems fester Wechselkurse wurde. Der reguläre Wechselkurs eines Pfundes wurde auf DM 2,95 festgelegt, wobei dieser Kurs im täglichen Devisenmarktgeschehen sechs % nach oben und unten schwanken durfte. Damit holte England nur nach, was Deutschland und Frankreich schon 1979 eingeführt hatten; eine Intensivierung der künftigen währungspolitischen Integration der EG war damit noch nicht verbunden.

Osteuropäische Entwicklungen fördern Währungsunion

Besondere politische Dimensionen erhielt die Schaffung der EG-Währungsunion im Spätherbst 1989 durch die Demokratiebewegungen in Mittel- und Osteuropa und die sich abzeichnende deutsche Einheit. Angesichts des erklärten Ziels der Bundesregierung, die deutsche Einheit in den Vorgang eines sich vereinenden Europas einzubetten, bestand auch seitens der sonst eher zögerlichen Bundesregierung die Bereitschaft, die politische Dimension der Währungsunion in der EG vor allzu strenge Stabilitätskriterien zu stellen. Bundeskanzler Kohl schuf zwar neue Bedingungen, indem er dem französischen Staatspräsidenten gegenüber erweiterte Rechte des Europäischen Parlaments reklamierte: Die Wirtschafts- und Währungsunion dürfe nicht nur eine Sache der Regierungen sein, sondern müsse auch vom Parlament gebilligt werden.

Parallel dazu hatte die britische Regierung im Jahre 1990 den Prozeß der europäischen Währungseinheit durch einen weiteren Plan bereichert oder abgebremst – je nach politischen Zielen des Betrachters. Der damalige Schatzkanzler verlangte die Einführung eines „harten" ECU als europäischer Parallelwährung. Statt einer Verschmelzung aller nationalen Geldarten zu einem einheitlichen Europageld sollte der als Währungskorb bereits bestehende ECU zu einem zusätzlichen Geld für alle EG-Partner aufgewertet werden. Im Marktgeschehen selbst sollte dieser „harte" ECU – dessen Geldwertstabilität nicht hinter der D-Mark zurückstehen sollte – sich als das bessere Geld durchsetzen. Dieser Wettbewerb der verschiedenen nationalen Währungen und des ECU um die Position der allgemein angenommenen Geldart wäre nach britischer Überzeugung der rein politischen Übereinkunft über ein gemeinsames Europa-Geld überlegen.

„Harter" ECU

Daß damit jedoch alles erst einmal beim alten bliebe, war den Regierungen der EG-Länder klar. Dennoch: Das Jahr 1990 hatte hoffnungsvoll begonnen, als die EG – die deutsche Einheit als Anreiz im Nakken – zum 1.7.1990 die erste Stufe der Wirtschafts- und Währungsunion mit der Liberalisierung des Geld- und Kapitalverkehrs einläutete. Die Stufe zwei der Wirtschafts- und Währungsunion, die die Bildung einer europäischen Zentralbank und die weitestgehende Angleichung der nationalen Wirtschafts- und Währungsunion beinhalten sollte, wurde am 28.10.1990 auf einem Sondergipfel der Regierungschefs der EG-Staaten zum 1.1.1994 beschlossen.

Am Pannenstreifen

Quelle: Die Zeit, Nr. 38/90, 14.9.1990

Stufenplan

Stufe zwei sollte es allerdings nur geben, „wenn bis dahin verschiedene Voraussetzungen erfüllt sind." Diesen letzten Halbsatz hatte der Sachverständigenrat zur Begutachtung der gesamtwirtschaftlichen Entwicklung in seinem Jahresgutachten 1990/91 angefügt. Damit wollte er betonen, daß dieser Beschluß aufgehoben werden könnte, falls sich keine Angleichung der Geldentwertungsraten auf einem sehr niedrigen Niveau und kein Ausgleich der großen Zahlungsbilanzungleichgewichte erzielen ließ.

Zur Stufe drei, der Schaffung eines einheitlichen europäischen Geldes und einer europäischen Zentralbank mit verbindlichen Kompetenzen über die nationalen Einrichtungen, gab es keine Beschlüsse innerhalb der EG.

Es überrascht nicht, daß gerade die Fragen der währungspolitischen Zusammenarbeit immer wieder kontrovers blieben. England zum Beispiel hatte trotz seines Beitritts zum Verbund fester Kurse zwischen den EG-Währungen den Eintritt in die zweite Stufe der Währungsunion am 28.10.1990 abgelehnt. In den darauffolgenden Monaten setzten sich die Kontroversen fort, wobei die europäischen Partner dieses Mal der deutschen Regierung den Vorwurf machten, daß sie mit dem Hinweis auf unzureichende Erfolge der anderen EG-Staaten bei der Inflationsbekämpfung vom Zeitplan der 2. Stufe, dem 1.1.1994, abrücken wollte. Für viele Beteiligte war die Endstufe der Währungsunion – das gemeinsame europäsiche Geld als Zahlungsmittel in Europa – in weite Ferne gerückt.

3.5. Die europäische Umweltpolitik: der „allerkleinste Nenner"?

In einem Beitrag über die europäische Umweltpolitik stellte die „Wirtschaftswoche", Nr. 11/89, 10.3.1989, mit der Überschrift „Der allerkleinste Nenner" das Grundproblem der Politik der EG dar: „Sie krankt immer noch an den komplizierten Abstimmungsprozessen zwischen den zwölf EG-Ländern." Und das, obwohl die Probleme jedem bekannt waren.

Umweltschutz gegen Wirtschaftswachstum

Am Beispiel Spaniens konnte die Problematik beispielhaft erläutert werden: Als neues EG-Mitglied mit rückständiger Industrie wollte Spanien in kürzester Zeit seine Entwicklungsdefizite aufholen. Ebenso wie die Perspektive EG '93 nach dem Cecchini-Report der gesamten EG beachtliches Wirtschaftswachstum bescheren sollte, sah Spanien gleichfalls nur auf die Zuwachsraten seines Sozialprodukts, von denen es sich die für Marktwirtschaften typischen Konfliktlösungen erhofften: Abbau der Arbeitslosigkeit, Milderung sozialer Spannungen durch wachstumsfinanzierte Sozialausgaben. Umwelt-

schutz spielte dabei eine völlig untergeordnete Rolle. Angesichts der Größe des Landes waren die Belastungen auch bestenfalls in einigen Ballungsgebieten spürbar und wurden von der Bevölkerung – ähnlich wie im Norden Europas in den Jahrzehnten davor – als unvermeidbare Nebenkosten des allfällig gewünschten ökonomischen Fortschritts hingenommen. Mit anderen Worten:

> „Das aufstrebende Land ist schlicht überfordert, gleichzeitig den Ausbau von Infrastruktur und Umweltschutz zu finanzieren. Der reiche Norden – so ihr Argument – kann sich Umweltschutz leisten, wir nicht. Zudem haben Mittelmeeranrainer wie Spanien, Portugal und Griechenland ganz andere Umweltprobleme als die Nordlichter. Dort sterben die Wälder nicht durch sauren Regen, sondern durch Brände.
> So sieht also die Europäische Gemeinschaft im Zeitalter der größten Umweltbedrohung aus: Ein Süden, der andere Probleme und kein Geld hat, ein wachgerütteltes Italien, ein ignorantes Frankreich, ein ambivalentes Belgien, ein Großbritannien auf dem langsamen Weg vom bösen Buben zum bewußten Umweltschützer – ein mehr oder weniger progressives Trio Dänemark, Niederlande und Deutschland."

(Quelle: Wirtschaftswoche, Nr. 11/89, 10. 3.1989)

Die Kommission als „Regierung“ der EG und der Ministerrat als Aufsichtsgremium schienen dabei wie gelähmt zu sein: Weitgehend durch das Einstimmigkeitsprinzip gebunden, konnte man sich vielfach nur auf den kleinsten gemeinsamen Nenner einigen – der dann selbst der Industrie auch nicht mehr wehtat, die umweltbelastende Produkte herstellte bzw. schädliche Herstellungsverfahren anwandte.

Umweltversagen der EG

Das Ergebnis: „Beim Umweltschutz, man muß es so apodiktisch sagen, hat die EG bislang versagt“ (Die ZEIT, Nr. 1/89, 30.12.1988).

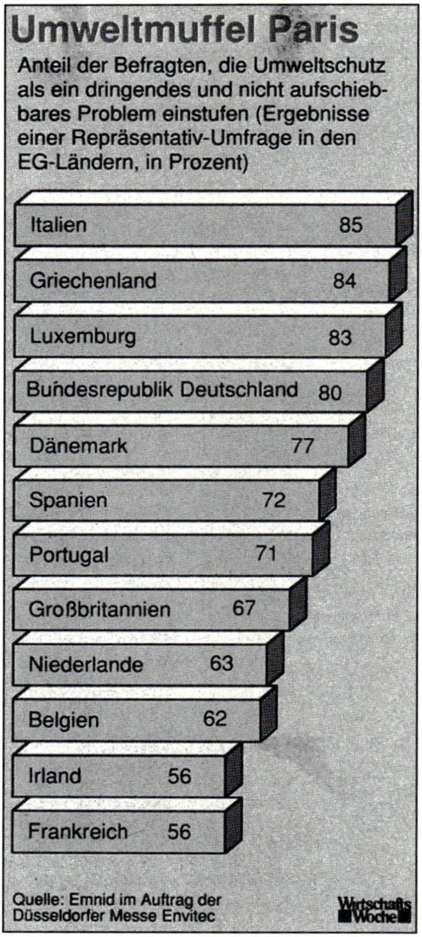

Quelle: Wirtschaftswoche, Nr. 11/89, 10.3.1989

Das treffendste aktuelle Beispiel dafür waren die jahrelangen Auseinandersetzungen über die Normen der Abgasreinigungen für Kraftfahrzeuge, also der Streit um die Katalysatorpflicht. Hier dominierten die industriepolitischen Interessen der EG-Staaten, die insbesondere Kleinwagen herstellten und daher interessiert blieben, Katalysatoren nach Möglichkeiten zu verhindern, weil die die Leistungen kleinerer Motore relativ stärker verringerten und die Preise prozentual stärker erhöhten. Hinzu kam das Interesse, nicht dazu gezwungen zu werden, zusätzlich flächendeckend bleifreie Kraftstoffarten anbieten zu müssen, ohne die der Katalysatorbetrieb nicht hätte durchgeführt werden können.

Gerade letzter Hinweis unterstreicht, daß Umweltziele vielfach im Zusammenwirken verwirklicht werden können: Die vom Katalysator bewirkte Verringerung schädlicher Abgase (Kohlenmonoxid, Kohlenwasserstoffe und Stickoxide) war zugleich mit dem Ende der Emission des Umweltgiftes Blei verbunden.

Kölner Stadt-Anzeiger

Quelle: Der Spiegel, Nr. 24/89, 12. 6. 1989

Tatsächlich spielte der **Umweltschutz viele Jahre nur ein Schattendasein in der Europäischen Gemeinschaft.** Im Gegensatz zu zahlreichen wirtschaftlichen Zielen, die sich in den ursprünglichen Römischen Verträgen von 1957 wiederfinden, hatte er diesen „Verfassungsrang" nie. Dennoch war Brüssel umweltpolitisch aktiv, indem es den Rechtsrahmen für Umweltschutz in der EG zu setzen versuchte.

Obwohl diese Richtlinien nicht extrem scharf waren, fanden die einzelnen Mitgliedsstaaten immer noch gute Gründe, selbst diese Grenzen zu überschreiten. Die Kommission mußte Einzelstaaten sogar verklagen, um diese zur Beachtung ihrer wenig strengen Umweltnormen zu zwingen. Bis Ende 1989 war die stolze Zahl von 362 Umweltverfahren eingeleitet worden; und zwar auch gegen Länder, deren Regierungen sich zu Hause gern als Speerspitze des Umweltschutzes feiern ließen bzw. der EG die Verantwortung in die Schuhe schoben, wenn die von nationalen Parteien und Umweltverbänden geforderten Standards immer noch nicht realisiert wurden.

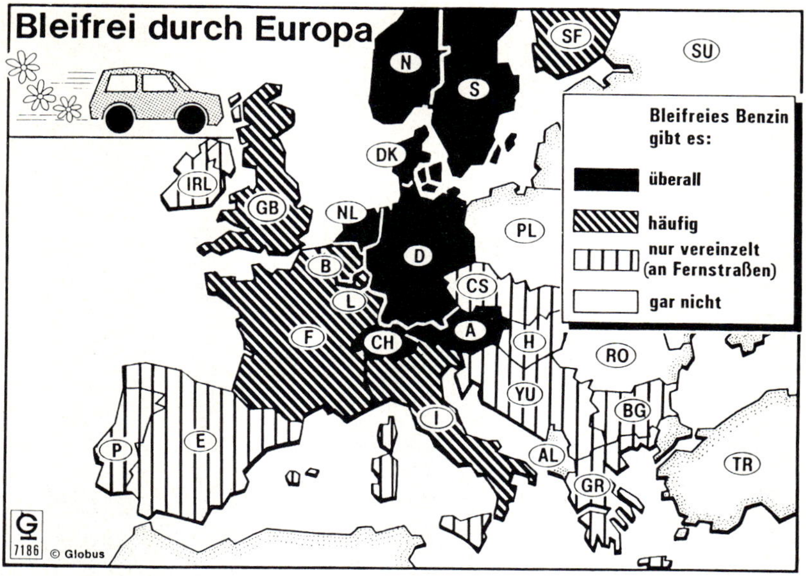

EG-Kommission beklagt Verstöße gegen Umweltvorschriften

362 Verfahren gegen Mitgliedsstaaten bis Ende 1989 eingeleitet

Brüssel (dpa). Die EG-Staaten halten sich immer weniger an die Umweltvorschriften der Europäischen Gemeinschaft. Wie EG-Umweltkommissar Ripa di Meana gestern in Brüssel mitteilte, häufen sich in letzter Zeit die Fälle, in denen die einzelnen EG-Länder die Umweltnormen der Gemeinschaft unvollständig oder überhaupt nicht anwenden. Bis Ende 1989 habe die EG-Kommission gegen Regierungen der Mitgliedstaaten 362 Verfahren wegen Verstoßes gegen Umweltvorschriften eingeleitet. Die Bundesrepublik liegt mit 29 Verfahren unter den zwölf EG-Staaten an siebenter Stelle.

Nach Angaben des EG-Kommissars kommt es immer häufiger vor, daß Regierungen sich über Urteile des Europäischen Gerichtshofes hinwegsetzen. Dies gelte vor allem für Italien und Belgien, die sich jeweils an vier Entscheidungen des höchsten Gerichts in EG-Sachen nicht gehalten hätten. „Das kann nicht hingenommen werden. Dies sind keine armen Länder", betonte der aus Italien stammende Kommissar. Beide Staaten seien Gründungsmitglieder der EG, die sich nicht erst an die EG-Gesetze anpassen müßten.

Die meisten EG-Verfahren richteten sich bisher gegen Spanien (57), Belgien (46), Griechenland (45), Frankreich (41), Italien (40) und Großbritannien (31). Dänemark (fünf Verfahren) hält die EG-Umweltvorschriften nach der Übersicht der EG-Behörde mit Abstand am konsequentesten ein. Der Umweltkommissar sprach sich dafür aus, denjenigen Ländern, die die EG-Vorschriften nicht einhalten, Gelder aus der EG-Kasse zu sperren. Außerdem sollte die EG-Kommission bei der Einhaltung von Umweltnormen direkte Kontrollbefugnisse erhalten.

„Es geht nicht darum, einzelne Staaten auf die Anklagebank zu setzen, sondern nur darum, die Voraussetzungen für die Einhaltung der Umweltvorschriften zu schaffen", sagte Ripa di Meana. Er räumte ein, daß der Schutz der Umwelt oft viel Geld koste, und schlug vor, einen EG-Umweltfonds einzurichten. Dieser soll ähnlich wie die Regional- oder Sozialfonds organisiert sein und sich zum Beispiel an der Finanzierung zum Bau von Kläranlagen beteiligen.

Der Kommissar äußerte sich schließlich besorgt über „den katastrophalen Zustand" des Umweltschutzes in Mittel- und Osteuropa. Viele Atomkraftwerke in diesen Ländern seien nicht sicher. Er forderte die irische EG-Ratspräsidentschaft auf, so bald wie möglich eine Konferenz der Umweltminister aus den EG-Staaten und den osteuropäischen Ländern einschließlich der Sowjetunion einzuberufen.

Quelle: Der Tagesspiegel, 9.2.1990

EG-Richtlinien: Wasser hui, Luft pfui

Rund 150 Beamte sitzen in der für Umwelt zuständigen Generaldirektion XI der EG-Kommission. Fast 150 - vom Ministerrat abgesegnete - Richtlinien hat dieses Team bislang erarbeitet. Die wichtigsten:

☐ Wasser: Die Wasserschutzrichtlinie von 1976 teilt Schadstoffe in eine Schwarze und Graue Liste ein. 129 besonders gefährliche Stoffe, deren Einleitung ins Wasser einer Genehmigung bedarf, stehen auf der schwarzen Liste. Allerdings wurden bislang nur für 13 von ihnen (etwa Quecksilber, Cadmium, DDT) Grenzwerte festgelegt. Für Stoffe der Grauen Liste gelten weniger strenge Maßstäbe. Daneben gibt es Richtlinien über Grund- und Trinkwasser sowie Badegewässer. Sie stellen jeweils bestimmte Qualitätsanforderungen an diese Wasserarten. Pascale Kromarek, Wissenschaftlerin am Institut für europäische Umweltpolitik in Bonn, urteilt: „Die Richtlinien haben zu einer Verbesserung der Gewässerqualität in der EG geführt."

☐ Luft: Die wichtigsten Richtlinien über Autoabgase und Großfeuerungsanlagen wurden vom Ministerrat stark verwässert. Für Kleinwagen (unter 1,4 Liter Hubraum) gelten ab 1. Oktober 1992 für neu zugelassene Modelle neue Grenzwerte, die über den strengen US-Normen liegen. Die Verringerung der SO_2-Emissionen aus Großfeuerungsanlagen erfolgt in drei Stufen: 40 Prozent bis 1998 und schließlich 70 Prozent Reduzierung bis 1993, 60 Prozent bis 1998 und schließlich 70 Prozent bis 2003. Daneben gibt es noch Richtlinien über Luftqualitätsnormen für Schwefeldioxid, Blei und Stickstoffdioxid.

☐ Chemikalien: Nach einer Richtlinie von 1979 müssen vom Hersteller von Chemikalien Grundinformationen und eine Risikobewertung vorgelegt werden. Das Manko: Vor 1979 in Umlauf gebrachte Chemikalien werden von der Richtlinie nicht betroffen. Die nach dem Dioxin-Unfall im italienischen Seveso benannte Seveso-Richtlinie regelt die Notfallplanung und -reaktion im Falle eines größeren Industrieunfalls.

☐ Umweltverträglichkeitsprüfung: Die Richtlinie verlangt, daß neue Projekte wie zum Beispiel Kraftwerke, Stahlhütten, Chemiefabriken, Straßen oder Flugplätze, einer Umweltverträglichkeitsprüfung unterzogen werden. Ein solches Gesetz gab es bislang in der Bundesrepublik Deutschland nicht. Bonn ist bei der Umsetzung in nationales Recht in Verzug. WH

Quelle: Wirtschaftswoche, Nr. 11/89, 10. 3. 1989

Erst 1986 wurde dann die Umweltpolitik durch die „Einheitliche Europäische Akte" aufgewertet: die EG bekannte sich im Artikel 130 r dazu,

- die Umwelt zu erhalten, zu schützen und ihre Qualität zu verbessern;
- zum Schutz der menschlichen Gesundheit beizutragen;
- eine umsichtige und rationelle Verwendung der natürlichen Ressourcen zu gewährleisten.

Dabei sollen der **Grundsatz der Schadensvermeidung** („Umweltbeeinträchtigungen vorzubeugen und sie nach Möglichkeit an ihrem Ursprung zu bekämpfen") **sowie das Verursacherprinzip** gelten. Letzteres besagte, daß die Verursacher der Umweltschäden für deren Vermeidung und Wiederherstellung verantwortlich waren, und damit auch alle Kosten zu tragen hätten, die im Rahmen der Umweltpolitik anfielen – so z. B. die Rauchgasfilter an Großfeuerungsanlagen bei Kraftwerken.

Auch hier galten die „üblichen" marktwirtschaftlichen Gesetzmäßigkeiten wie bei nationalstaatlicher, verursacherbezogener Umweltpolitik: Die Aufwendungen für Einbau und Betrieb von Abgasfiltern waren für die Kraftwerkbetreiber Kosten, die diese sich im Preis für die Kilowattstunde elektrischer Energie erstatten ließen. Damit **trugen die Endverbraucher in letzter Konsequenz die Umweltaufwendungen in Form höherer Preise.** Die Verbraucher waren mit ihrer Nachfrage letztlich die „End"-Verursacher der industriellen Produktion schlechthin.

Umweltpolitik als Wirtschaftpolitik

Eingebettet in den marktwirtschaftlichen Regelungszusammenhang war damit auch die Umweltpolitik. Es gab für die Unternehmen keine Garantie, daß ihnen die Überwälzung der Kosten gelingen würde, die sie im Rahmen der Einhaltung von Verschmutzungsgrenzwerten aufzuwenden hatten. Es bestand daher bei den Unternehmen das Interesse, den Umweltschutz möglichst billig finanzieren zu können. Damit hatten die Anbieter von Schutzaggregaten einen Wettbewerbsvorteil, die die Solleistung am preiswertesten anboten. Weitergehende **marktwirtschaftliche Anreize** waren **in der EG-Umweltpolitik** noch nicht erkennbar – etwa der Anreiz, den ein Umweltschutzsystem ausübte, das an den Verschmutzungsmengen ansetzte und diese durch Erhebung von Abgaben besteuerte. Jedes Unternehmen, das mit neuester Technologie diese Schmutzfrachten verringerte, könnte damit bares Geld einsparen, was wiederum ein erheblicher ökonomischer Anreiz wäre, in verbesserten Umweltschutz zu investieren. Eine derartige Politik hatten unter anderem unabhängige Wissenschaftler vorgeschlagen, die die Umweltbelastungen analysierten, die der wirtschaftliche Aufschwung durch die Perspektive Europa '93 erwarten ließ.

Europaparlament stärkt Umweltschutz

Erst seit Ende der 80er Jahre ergab sich ein zusätzlicher Schub in Richtung auf intensivierten Umweltschutz, und zwar ging dieser vom bislang eher kompetenzarmen europäischen Parlament aus. Aufgrund der Tatsachen, daß dieses Parlament von der gesamten EG-Bevölkerung direkt gewählt wurde, daß die EG-Kommission unter zunehmenden Druck geriet, weil ihre Maßnahmen ohne unmittelbare demokratische Legitimation waren und daß immer mehr Parteien und Verbände das Demokratiedefizit der EG beklagten (fehlende demokratische Kontrolle der Kommissionsentscheidungen), konnte das Europäische Parlament diese Legitimationslücke der EG-Exekutive nutzen, um als EG-Legislative immer stärkeren Druck auszuüben.

Begünstigt wurde das Europäische Parlament in seinem ökologischen Bemühen durch die erkennbar erfolgreiche Umsetzung des auf den vereinheitlichten Binnenmarkt zielenden Programms der Gesetzesvorhaben: Die Ökologie erschien angesichts der wirtschaftlichen Erfolge nicht mehr als **Gegensatz, sondern als notwendige Ergänzung** der Ökonomie. Dazu das Europäische Parlament in einer Verlautbarung vom 13. 2. 1990:

> „Die Architektur des europäischen Hauses wird derzeit von Grund auf neu gestaltet. Die Bauarbeiten am Ökonomie-Gebäude mit dem EG-Binnenmarkt als attraktiv gestaltete Futterkrippe sind in vollem Gange. Aber auch der ‚ökologische Flügel' ist dringend ausbaubedürftig. Hier steht ein neuer Bauabschnitt unmittelbar bevor: die Gründung der Europäischen Umweltagentur."

Hier war eine kräftige Kontroverse zwischen der EG-Exekutive und der Legislative entbrannt. Während erstere nach alter Tradition ein schwach ausgerüstetes Umweltamt schaffen wollte, das nur eine Art von Datensammelstelle sein sollte, wollte das Parlament eine schlagkräftige Institution schaffen. Diese sollte nach Auskunft der Berichterstatterin des Umweltausschusses des Europäischen Parlaments, der deutschen SPD-Abgeordneten Beate Weber, die folgenden Rechte haben:

Aufgaben einer EG-Umweltagentur

- „Aufbau eines gemeinschaftlichen Informations- und Überwachungsnetzes im Umweltbereich,
- Zugang zu Umweltinformationen für die Öffentlichkeit und Umweltverbände,
- Kontrolle von EG-Vorschriften im Umwelt- und Naturschutz durch ein Umwelt-Inspektorat,
- Mitarbeit bei Umweltverträglichkeitsprüfungen von EG-finanzierten Projekten,
- Entwicklung einer ‚grünen Plakette' für besonders umweltfreundliche Produkte und Technologien."

(Quelle: EG-Nachrichten, Nr. 6, 13. 2. 1990, S. 6)

Dabei machte das Parlament auf den grenzüberschreitenden Charakter der Umweltpolitik nachdrücklich aufmerksam; so würden sich die Nicht-EG-Staaten Schweiz und Österreich an dieser Politik beteiligen wollen. Besonders geboten wäre die Mitarbeit der osteuropäischen Länder.

Erfahrungsgemäß können derartige spezialisierte Behörden insbesondere dann große Erfolge erzielen, wenn sie in einem vielfältigen politischen Kräftefeld Bündnispartner finden, die sich die Ergebnisse der Arbeiten dieser Behörden zu eigen machen. Die Umweltagentur hat damit alle Chancen, mit der Unterstützung des Europäischen Parlaments erheblichen Druck gegenüber Kommission und Ministerrat

EG / Europäische Umweltagentur rückt näher

Einzelabkommen regeln die Mitarbeit von Drittländern

HANDELSBLATT, Dienstag, 28.11.1989

wff BRÜSSEL. Die Umweltminister der EG haben am Dienstag in Brüssel in der Frage der Gründung einer europäischen Umweltagentur Annäherung erzielt.

Allerdings wird über den Sitz der Behörde, um den sich alle EG-Staaten außer Luxemburg bewerben, erst später entschieden werden. Dies geht aus Erläuterungen des Bonner Umweltstaatssekretärs Clemens Stroetmann am Rande der Brüsseler Beratungen hervor.

Stroetmann sagte, ein Kompromiß sei vor allem möglich bei der Frage der Beteiligung von Drittländern an der Agentur. Für die Bundesrepublik ist die Einbeziehung dritter Staaten von großer Bedeutung angesichts der zunehmenden Zusammenarbeit mit den Ländern der kleinen europäischen Freihandelszone Efta und der schnellen Demokratisierung der osteuropäischen Staaten. Zurückhaltender sind einige Mitgliedstaaten, weil sie, so Stroetmann, die Besorgnis haben, daß mit dem Zutritt Dritter ein Autonomieverlust der EG eintreten könne. Man habe diese Bedenken aber mit der Formel ausräumen können, daß die Beteiligung von Drittstaaten jeweils von der EG mit Einzelabkommen festgelegt werde, die genau die Rechte und Pflichten verankerten. Dabei könne es unterschiedliche Stufen der Beteiligung geben. So hätte die Mitwirkung Schwedens eine andere Qualität als etwa die Rumäniens.

Ein zweiter schwieriger Punkt war in den Verhandlungen neben der Drittlandbeteiligung die Entscheidungsstrukturen des Verwaltungsrates der Agentur. Strotemann betonte weiter, mit de rAgentur müsse ein wirksames Instrument zur weiterentwicklung der Umweltpolitikder gemeinschaft auf einem hohen geschaffen und ein wichtiger Schritt zur europäischen Umweltgemeinschaft getan werden.

Die EG-Umweltminister befaßten sich außerdem mit einem Richtlinienvorschlag der Kommission über den Zugang zu Umweltinformationen. Danach soll jeder Bürger das Recht haben, bei Behörden Daten über die Umwelt zu verlangen einschließlich der Genehmigungsentscheide. Stroetmann sagte, die Bundesregierung unterstütze die Initiative in ihrer Zielsetzung. Sie sei allerdings der Auffassung, daß der Brüsseler Entwurf in wesentlichen Punkten weiterentwikkelt werden müsse. Der vorgeschlagenen weitgefaßten Generalklausel für den Anwendungsbereich stehe eine ebenso weitgefaßte Ausnahmeklausel gegenüber, durch die sich der Zugang zu den Umweltdaten wieder weitgehend zurücknehmen ließe.

Quelle: Handelsblatt, 29.11.1989

für verbesserten europäischen Umweltschutz auszuüben. Interessant ist hierbei, daß sich mit der Ausnahme Luxemburgs alle EG-Mitgliedsstaaten darum beworben hatten, den Standort für diese Behörde abzugeben.

3.6. Europa '93: Auf dem Weg in eine Subventionsgemeinschaft?

In ihrem „monatlichen Brief zum Europa ohne Binnengrenzen" vom Oktober/November 1989 berichtete die Kommission der EG nicht ohne Stolz, daß die EG bis Ende 1993 Subventionen von insgesamt 38,3 Mrd. ECU (knapp 80 Mrd. DM) bereitstellen werde, um „benachteiligten Regionen" zu helfen:

> „Ein Großteil dieser Mittel ... wird in sieben Mitgliedsstaaten fließen. 9,78 Mrd. ECU sind für Süd- und Westspanien bestimmt, 7,44 Mrd. für Süditalien, 6,96 Mrd. für Portugal, 6,67 Mrd. für Griechenland und 3,67 Mrd. für Irland. Weitere 888 Mio ECU gehen an Korsika und in die französischen Überseegebiete. Nordirland erhält 793 Mio ECU. Die von Brüssel bewilligten Beihilfen sollen den betroffenen Gebieten die Vorbereitung auf den Binnenmarkt der 90er Jahre erleichtern. Vorgesehen ist eine finanzielle Beteiligung einzelstaatlicher und regionaler Behörden an den geplanten Maßnahmen."

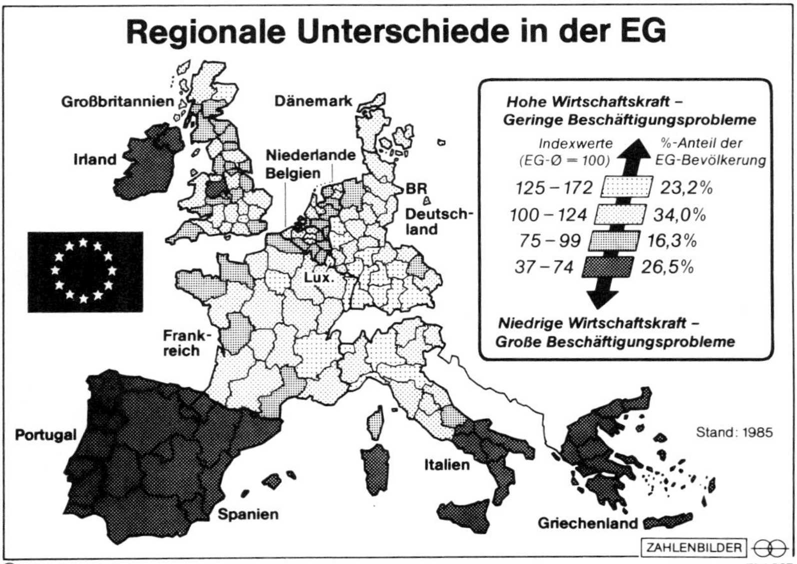

 725 367

Die Gewährung der Regionalsubventionen diente dazu, die ungleiche Verteilung von Wohlstand, Wirtschaftskraft und Beschäftigungsproblemen in der Gemeinschaft – hauptsächlich in den Randgebieten – zu überwinden.

Allgemeines Subventionsverbot der EG

Die Beihilfen der EG im Rahmen der Regionalpolitik standen in einem deutlichen Kontrast zum allgemeinen „Subventionsverbot" des Art. 92 des EWG-Vertrages, der „staatliche Beihilfen gleich welcher Art" untersagt. Dieses grundsätzliche Beihilfenverbot konnte allerdings in Einzelfällen aufgehoben werden; die Einzelstaaten hatten die geplanten Subventionen bei der Kommission zur Genehmigung anzumelden. Dort prüfte die Generaldirektion für Wettbewerb, ob diese Beihilfen geeignet waren, die Wettbewerbsverhältnisse in der Gemeinschaft zugunsten des geförderten nationalen Unternehmens zu beeinflussen. War das nicht der Fall – zum Beispiel, weil mit der **Subvention nur eine strukturelle Schwäche ausgeglichen** werden sollte, damit das geförderte Unternehmen langfristig als Anbieter überleben konnte –, dann wurden diese Zahlungen von der Kommission genehmigt. Notfalls konnte sie die Leistungen mit Auflagen versehen, um von vornherein eine den freien Handel zwischen den Mitgliedsstaaten verletzende Bevorzugung einzelner Unternehmen zu verhindern. Ein praktisches Beispiel für eine genehmigte Subvention war die Ermächtigung der britischen Regierung, eine Kohlehilfe zu gewähren.

Besondere Brisanz erhielten einzelstaatliche Subventionsvorhaben bei nachhaltigen Krisen wichtiger Wirtschaftsbereiche. Das wichtigste Beispiel dafür war in den 80er Jahren die Überproduktionskrise der europäischen Stahlindustrie. Hier trafen mehrere verschärfende Faktoren aufeinander:

- Stahl als strukturbestimmendes Wirtschaftsprodukt – so baute die EG u. a. auf der Montanunion, der Europäischen Gemeinschaft für Kohle und Stahl, auf – wurde kontinuierlich durch andere Werkstoffe abgelöst, so daß die vorhandenen Kapazitäten zu groß für die Nachfrage wurden;
- Anbieter aus Drittländern traten – u. a. als Folge technischer Entwicklungshilfe von EG-Mitgliedsstaaten – als zusätzliche Anbieter zumindest einfacher Stahlqualitäten hinzu;
- Überleben im schärfer werdenden Wettbewerb setzte den Aufbau modernster Fertigungsanlagen voraus, die jedoch einen zusätzlichen Kapazitätseffekt besaßen: Es wurde noch mehr Stahl produziert, wenn auch zu niedrigeren Stückkosten in den technisch fortschrittlichsten Werken;
- Stahl prägte ganze Industriestandorte; der Abbau von Kapazitäten führte zu teilweise dramatischen Rückentwicklungen einzelner Regionen;

- Demokratisch gewählte Regierungen konnten dem industriellen Verfall nicht tatenlos zuschauen, es wurden immer stärker steigende Subventionen gezahlt, um die alternden Anlagen noch am Leben zu erhalten;
- Subventionen einzelner Regionen brachten auch technisch bessere Anlagen in Absatzschwierigkeiten; die Beseitigung von Überkapazitäten folgte dann nicht mehr marktmäßig auf die Weise, daß die unwirtschaftlichste Anlage stillgelegt wurde. Das Kriterium war vielmehr die Subventionshöhe, so daß selbst moderne Anlagen zugunsten veralteter Betriebe in Konkurs gingen. Das wiederum ließ die davon betroffenen Regierungen nicht ruhen, usw....

Mit diesem Ablauf, der einen völlig unwirtschaftlichen **Subventionswettlauf** in Gang setzte, soll auf die Notwendigkeit eines Strukturwandels hingewiesen werden, den sich selbst überlassene Märkte nicht sinnvoll steuern konnten. Hier mußte eine **zentrale wirtschaftspolitische Instanz regelnd eingreifen.** Zu ihren Aufgaben gehörte die geordnete Bestimmung der Kapazitätsanpassung an die erwartete Nachfrage bei möglichst gleichmäßiger Berücksichtigung der unterschiedlichen Standorte. Es gehörte auch eine Kontrolle der einzelstaatlichen Subventionen dazu, damit Wettläufe mit dem Ergebnis einer Beihilfemaximierung ausblieben. Die Fähigkeit der Gemeinschaft, hier mit der Überwindung nationaler Standpunkte Erfolge zu erzielen, durfte angesichts der eifersüchtigen Interessenwahrung durch die Einzelstaaten nicht zu gering eingeschätzt werden.

Der Stahlmarkt konnte als Beispiel für erfolgreiche Konfliktbewältigung angesehen werden, obwohl die EG-Kommission hier wegen des starken Wirtschaftswachstums seit Mitte der 80er Jahre und der damit verbundenen Stabilisierung der Stahlnachfrage auch großes Glück gehabt hatte.

Rückzahlpflicht bei ungenehmigten Subventionen

Trotz des allgemeinen Subventionsverbots blieb die EG ein Wirtschaftsgebiet, in dem nach Schätzungen der EG-Kommission etwa 170 Mrd. DM an Beihilfen jährlich von den Einzelstaaten an Unternehmen weitergereicht wurden. Angesichts des sehr großen Betrages war nicht mehr zu erwarten, daß diese Zahlungen ohne Einfluß auf den innergemeinschaftlichen Handel blieben. Der Kommission blieb bei der Kontrolle nicht genehmigter Subventionen nichts anderes übrig, als in Anwendung der Verbotsklausel des Art. 92 des EWG-Vertrages anzuordnen, daß die begünstigten Unternehmen die Beihilfen an die jeweiligen Staatskassen zurückzahlen mußten. Das Ergebnis: Die mit der Subventionszahlung angestrebten wirtschaftlichen Ziele wurden derart ungewiß und risikoreich, daß sie sich für alle Beteiligten nicht mehr lohnten.

Die „Wirtschaftswoche" (Nr. 11/89, 9.3.1990) führte dafür spektakuläre Beispiele an: Um das marode britische Staatsunternehmen

EG

„Stahlkrise überwunden"

HANDELSBLATT, Mittwoch, 7.3.1990

wff BRÜSSEL. Die Brüsseler EG-Kommission hat ein sehr optimistisches Bild von der Lage am Stahlmarkt gezeichnet und die Krise in diesem Sektor für überwunden erklärt. Mit dem Krisenprogramm der Gemeinschaft seit Beginn der achtziger Jahre und den damit ausgelösten Umstrukturierungen sei es der Stahlindustrie gelungen, die notwendigen technologischen Innovationen zu sichern und wieder wettbewerbsfähig zu werden. Es sei künftig ausschließlich Sache der Unternehmen und nicht mehr Angelegenheit der öffentlichen Hand, die industrielle Strategie zu bestimmen. Die Zahl der Beschäftigten schrumpfte in den heißesten Jahren der Krise bis Ende 1988 von vorher 672000 auf nur noch 409000. Der Anpassungsprozeß führte dazu, daß die Unternehmen jetzt schon bei einer Kapazitätsauslastung von 70 statt früher 80 % rentabel arbeiten können.

Die Mitteilung der Behörde über die allgemeinen Ziele des Stahlsektors für 1995, die am Mittwoch verabschiedet wurden, hebt hervor, daß die 1988er Produktion von 137 Mill.t bis 1995 stabil gehalten oder erhöht werden könne. Der Verbrauch an Stahlprodukten von 111,7 Mill. t in 1988 wird für 1992 auf 110,7 und für 1995 auf 114,7 Mill. t veranschlagt. Der Handelsbilanzsaldo der EG-Länder beim Stahl wird nach Meinung der Kommission zwischen 8,7 Mill. t und 13,3 Mill. t schwanken.

Die europäischen Produktionskapazitäten für Stahl wurden zwischen 1980 und 1988 von 194,5 Mill. t auf 165 Mill. t abgebaut. In dieser Zeit haben die von Brüssel autorisierten nationalen Hilfen 40 Mrd. Ecu – etwa 80 Mrd. DM – erreicht. Die Investitionen betrugen von 1982 bis 1988 – bezogen auf die Zehner-Gemeinschaft, also noch ohne Spanien und Portugal – 21,2 Mrd. Ecu. In der Uruguay-Runde will die Behörde im Stahlbereich auf einem multilateralen Abkommen über öffentliche Beihilfen und Handelshemmnisse bestehen.

Quelle: Handelsblatt, 8.3.1990

Rover an British Aerospace verkaufen zu können, mußte es mit einer von der EG-Kommission genehmigten Subvention der britischen Regierung von 547 Mio. Pfund Sterling (etwa 1,6 Mrd. DM) modernisiert werden. Es stellte sich heraus, daß die tatsächlichen Subventionszahlungen noch höher waren – zugegeben hatte die britische Regierung 38 Mio. Pfund, tatsächlich sollen es 68 Mio. Pfund gewesen sein. Die EG-Kommission prüfte Anfang der 90er Jahre – zuständig war der britische Wettbewerbskommissar Sir Leon Brittan –, ob nicht sogar der gesamte Subventionsbetrag von British Aerospace zurückgezahlt werden mußte. Damit wäre der Aufkauf von Rover das vermutlich verlustreichste Geschäft geworden, das British Aerospace je gemacht hatte.

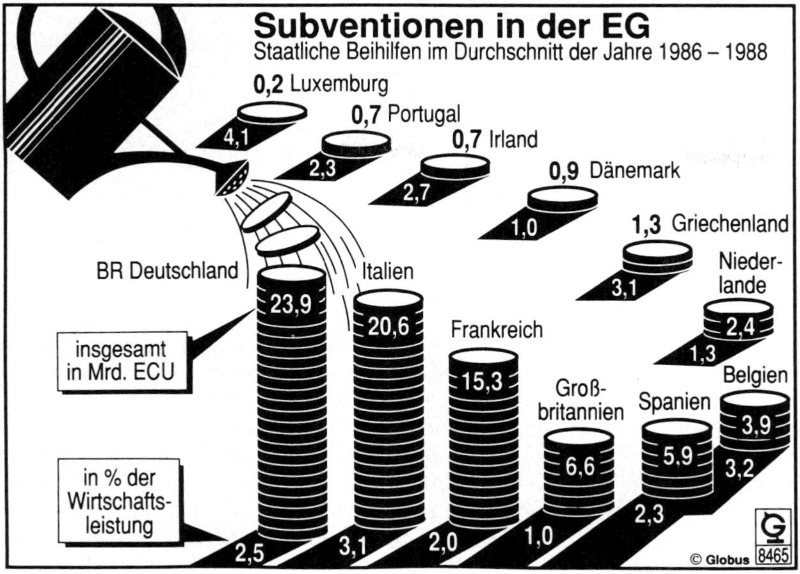

Betroffen waren auch die Italiener: Dort hatte das Staatsunternehmen Finmeccanica etwa 900 Mio. DM ohne EG-Billigung eingesetzt, um seine Unternehmenstochter Alfa Romeo so zu unterstützen, daß sie an Fiat verkauft werden konnte. Hier war die Rückzahlung des gesamten Betrages fällig.

Der mit Abstand dramatischste Fall war jedoch die Subventionsleistung der französischen Regierung in Höhe von 3,6 Mrd. DM an den Autoproduzenten Renault. Dieses Unternehmen war ein sog. Régiebetrieb, eine Art von Staatsunternehmen, dessen Verluste in voller Höhe vom Staat getragen wurden. Das wiederum empfanden die konkurrierenden europäischen Automobilanbieter als schwere Wettbewerbsbeeinträchtigung. Denn Renault konnte deren Preise jederzeit unterbieten. Entstanden dabei Verluste, übernahm diese der französische Steuerzahler. Zur endgültigen Regelung des Problems sollte der Firma Renault die oben genannte Modernisierungssubvention gewährt werden. Im Gegenzug verpflichtete sich die französische Regierung, Renaults Produktion erheblich zu verringern, um damit Kosten zu sparen. Zudem sollte Renault eine Aktiengesellschaft mit vollem Kostenrisiko werden wie jedes andere Unternehmen auch.

Beide Auflagen wurden von der Regierung jedoch nicht erfüllt. Die neugewählte sozialistische Verwaltung weigerte sich, die Zusagen ihrer bürgerlichen Vorgängerin zu erfüllen. Brüssel dagegen bestand auf der Erfüllung der Auflagen. Es ging der Kommission dabei auch „um die Glaubwürdigkeit der europäischen Wettbewerbspolitik. **Der**

europäische Binnenmarkt kann nicht funktionieren, wenn einige Unternehmen gegen die Staatskasse anderer Länder antreten müssen" (Die ZEIT, Nr. 22/90, 25. 5. 1990). Sie ordnete die Rückzahlung der gesamten Subventionen an. Anfang 1990 änderte sich die Lage radikal, weil Renault mit dem schwedischen Automobilproduzenten Volvo fusionierte und dabei aufhörte, Staatsbetrieb zu sein.

Andere Begründungen als die hier geschilderten Fälle problematischer einzelstaatlicher Beihilfen in der EG gab es für die Subventionen, mit denen dieses Kapitel eingeleitet worden war: Den Hilfen der EG, mit denen die regionalen Wohlstandsgefälle an den jeweils höchsten Stand angeglichen werden sollten.

Die EG war wegen der großen Unterschiede zwischen den reichsten Regionen und der Armut in den neuen Mitgliedsstaaten der „Süderweiterung" kritisiert worden; es wurde auch der Vorwurf erhoben, daß sich die EG mit diesen Ländern Armenhäuser und Niedriglohngebiete halte. In einer Untersuchung, die die EG hatte anfertigen lassen, ergab sich ein Wohlstandsgefälle zwischen den ärmsten Regionen der EG (Iberische Halbinsel) und den reichsten (Nordosten der EG – Deutschland und Dänemark) von 100 zu 185. Mit anderen Worten, der Wohlstand der reicheren lag 85% über dem der ärmeren Gebiete.

Abbau des Wohlstandsgefälles

Im Vergleich dazu ergab sich in den USA ein Gefälle von 100 (Südosten der USA) zu 144 (Westküste). Die Kommission schloß daraus, daß angesichts des 200jährigen Bestehens der USA als Wirtschafts- und Währungsunion der bisherige Integrationserfolg der EG in bezug auf die Angleichung erheblicher Wohlstandsunterschiede gar nicht so schlecht wäre – schließlich entwickelten sich die europäischen Länder erst noch aufeinander zu.

Daß die EG-Integration gerade den ärmeren Mitgliedern besonders helfen kann, zeigten deren höhere Wachstumsraten:

> „In der Europäischen Gemeinschaft verzeichneten relativ weniger wohlhabende Länder wie Italien, Portugal, Spanien und das Vereinigte Königreich in diesem Jahrzehnt jährlich um durchschnittlich 0,55% höhere Wachstumsraten als die fünf reichsten EG-Länder Deutschland, Frankreich und die drei Benelux-Staaten. Aufschlußreich ist die Entwicklung der privaten Investitionen: In diesem Jahr erwartet die EG-Kommission in Irland (23%), Portugal und Spanien (jeweils 19%) deutlich über dem EG-Durchschnitt von 10% liegende Zuwachsraten."

(Quelle: Perspektive 92, Kommission der EG, Okt.–Nov. 1989)

Die Umverteilung von Wohlstand, die mit den Regionalbeihilfen der EG zugunsten der ärmeren Staaten durchgeführt wurde, war dennoch kein uneigennütziges Almosen der reicheren Staaten. Die EG-Staaten waren miteinander in einer „wirtschaftlichen Seilschaft" verbunden; **der Wohlstand eines Mitglieds strahlte durch dessen**

EG: Die Neulinge holen auf

Die Unternehmen in der EG tragen durch ihre Vorbereitungen auf den Binnenmarkt zur Beseitigung der unterschiedlichen Wirtschaftskraft in den zwölf Ländern bei. Wie schon im vergangenen Jahr dürften die Südländer Portugal, Spanien und Griechenland 1989 die höchsten Zuwächse bei den Ausrüstungsinvestitionen verzeichnen. Der Grund: Unternehmen aus wirtschaftsstarken Ländern bauen ihre Produktionsstätten in Regionen mit niedrigen Lohnkosten weiter aus. Mit 1,5 Prozent weist Luxemburg den niedrigsten Investitionszuwachs auf.

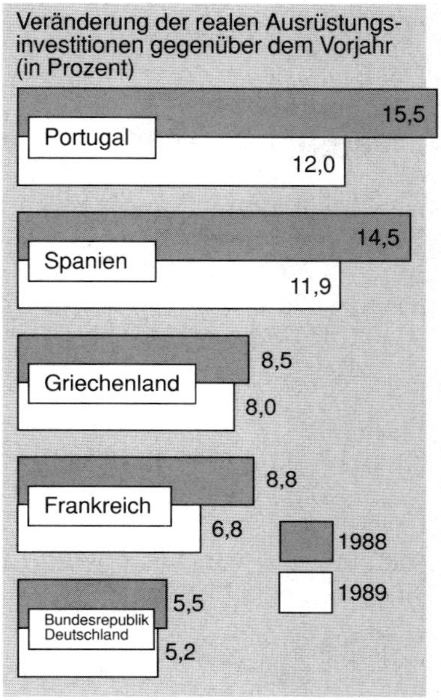

Quelle: Wirtschaftswoche, Nr. 4/89, 20.1.1989

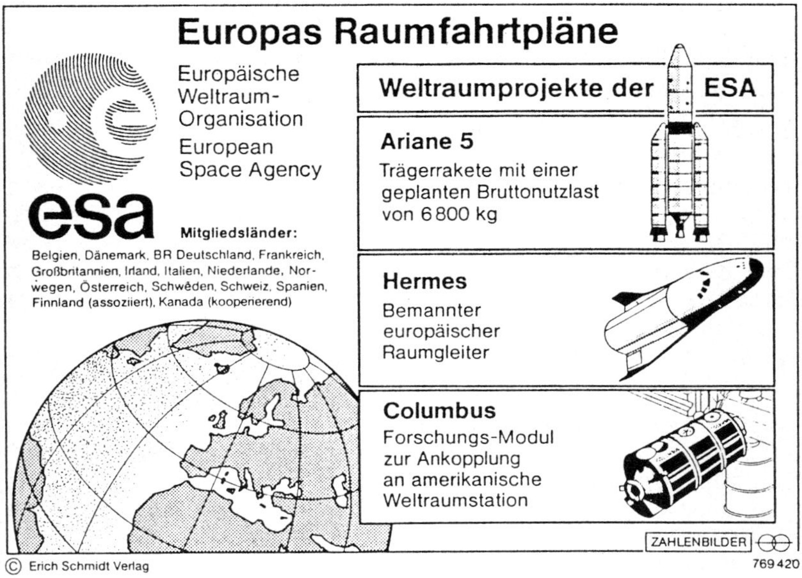

769 420

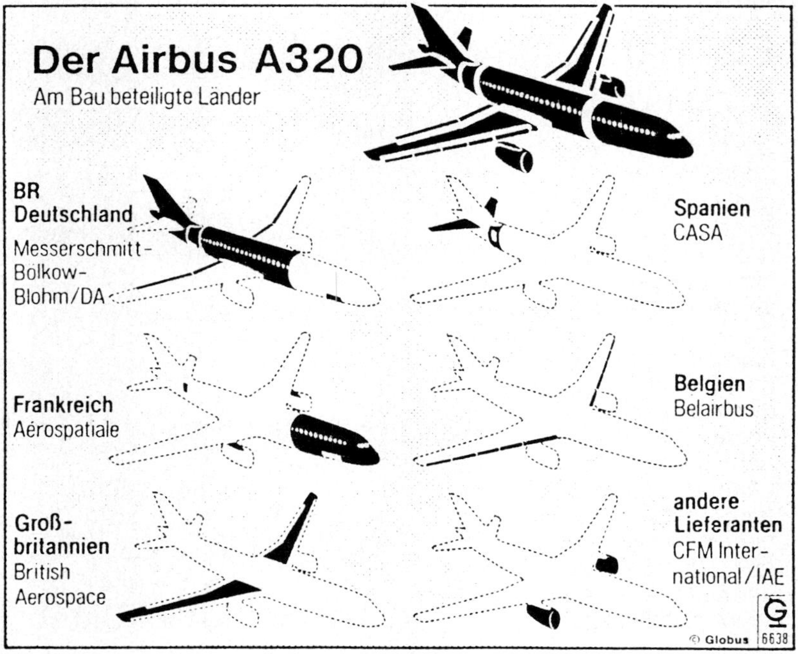

erweiterte Nachfrage und entwickelteres Angebot fördernd auch auf die Nachbarn aus. So betrachtet waren die für die Regionalförderung aufgebrachten Mittel eine Investition in künftigen Wohlstand auch der Geberländer.

Beihilfen bei technischen Großprojekten

Abschließend soll auf zwei technische Großprojekte (Airbus-Produktion und die Raumfahrtpläne) hingewiesen werden, deren Durchführung die Leistungsfähigkeit der einzelnen Staaten weit überschreiten würde. Sie wurden daraufhin mit einer Kombination aus einzelstaatlichen Subventionen und Beihilfen aus EG-Förderprogrammen finanziert. Eine Gefährdung des innerstaatlichen Handels konnte durch diese Projekte, für die es ausschließlich den Weltmarkt als relevante Größe gab, nicht unterstellt werden. Hier waren Kommission und einzelstaatliche Regierungen daran interessiert, überhaupt als europäischer Wettbewerber auf dem Weltmarkt sichtbar zu werden.

Ähnliche Überlegungen wurden bei bestimmten Formen von Technologieförderung, z. B. der gemeinsamen Schaffung eines 64 MB-Chips, angestellt. Die Subventionen zur Entwicklung völlig neuer, extrem leistungsstarker elektronischer Bauelemente waren auch als Abwehrbeihilfen gegen eine als übermächtig empfundene japanische Konkurrenz gedacht.

4. Vor- und Nachteile des EG-Binnenmarktes für die Handelspartner der EG

4.1. Herausforderungen des Binnenmarktes für die USA: Wird die EG ein Konkurrent mit überragender Wirtschaftsmacht?

Die Bildung eines einheitlichen Binnenmarktes mit 340 Millionen Verbrauchern – noch ohne die an einer Assoziierung interessierten osteuropäischen Staaten und die Länder mit Beitrittsanträgen, wie z. B. Österreich – und einem überragenden Produktionspotential ließ die **Europäische Gemeinschaft unangefochten zu einem der drei weltwirtschaftlichen Schwerpunktgebiete** werden. Neben den USA und Japan bildete sich in Europa ein ökonomisches Aktionszentrum mit erheblicher Ausstrahlungskraft in viele Regionen. Es überrascht daher nicht, daß die Nachbarn und Konkurrenten nicht ohne Sorge auf die Entstehung dieses wirtschaftlichen Kolosses schauten. Chancen, aber auch Gefahren zeichneten sich am Horizont ab.

USA begrüßen die europäische Einigung ...

Bei der Analyse der Haltung der US-amerikanischen Regierung wurde die Widersprüchlichkeit der Einschätzung seitens der Regierung und der Unternehmen sichtbar: Auf der einen Seite begrüßte die amerikanische Regierung die Überwindung der kleinstaatlichen Zersplitterung und Machtlosigkeit Europas. Es war nicht zuletzt das Drängen der amerikanischen Regierungen, die den in nationalstaatlichem Denken befangenen europäischen Regierungen manchen „freundlichen" Anstoß gegeben hatten – bis hin zur amerikanischen Wiederaufbauhilfe für Eruopa. Diese hatten die Europäer unter sich aufzuteilen, womit sie den Kern einer einheitlichen europäischen Wirtschaftsverwaltung legten. Nach dem 9. November 1989 gaben die Amerikaner ihre besondere Wertschätzung der EG zu erkennen, weil diese in der Lage war, ein vereintes Deutschland in ein engmaschiges Geflecht von Kooperationsverträgen einzubinden und damit die ökonomische Stabilität in Europa zu gewährleisten.

... und sorgen sich um Konkurrenzdruck

Auf der anderen Seite wuchsen die Europäer zu einem fast schon zu starken Konkurrenten heran. Das galt um so mehr, als die US-Administrationen befürchten mußten, daß sich das zusammenschließende Europa in erster Linie mit sich selbst beschäftigen und die Grenzen schließen würde. Gab es nicht in den unterentwickelten Gemeinschaftsgebieten genug Unternehmen, die schon gehörige Angst vor dem einheitlichen Binnenmarkt hatten – müßten diese nicht über ihre Regierungen in Brüssel dafür kämpfen, daß wenigstens der EG-externe Konkurrenzdruck abgemildert würde? Das „Handelsblatt" stellte in einem Beitrag vom 30. 1. 1990 heraus, zu welchen Schlußfolgerungen die USA angesichts der Ungewißheit über die künftigen Entwicklungen gelangten:

> „Gleich zu Beginn der Entwicklung kam das Schlagwort von der ,Fortress Europe' (Festung Europa) auf. Der Begriff beschreibt Amerikas Angst, vom europäischen Markt abgeschottet zu werden. Wo immer der geniale Wortschöpfer von ,Fortress Europe' sitzt, wenn die Amerikaner ihn finden könnten, müßten sie ihn belohnen. Denn mit diesem Begriff wurde und wird effektiv Handelspolitik gemacht."

1989 waren die USA nach den Berechnungen des GATT (Allgemeines Zoll- und Handelsabkommen) mit Gesamtexporten im Wert von 364 Mrd. US-$ zum weltgrößten Exporteur geworden. Es folgten auf Platz zwei die Bundesrepublik mit 341 Mrd. US-$ und auf Platz drei Japan mit 275 Mrd. US-$ Exporten. Anders als die Nummern zwei und drei der Weltrangliste waren die USA jedoch ein noch größerer Importeur, so daß die Außenhandelssorgen der USA begreiflich wurden: Seit vielen Jahren kämpften sie mit dem Abbau eines gewaltigen Fehlbetrages in ihrer Handelsbilanz.

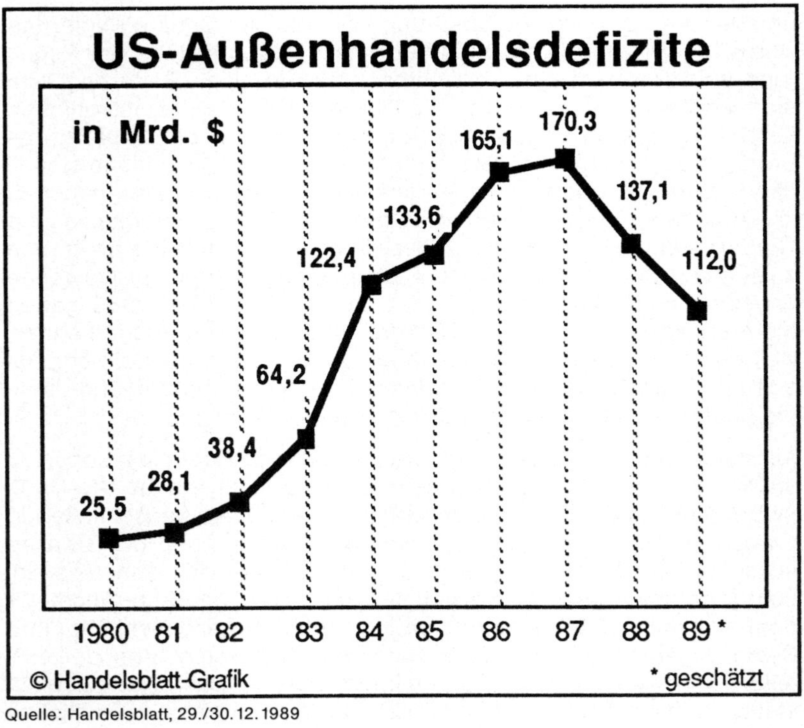

Quelle: Handelsblatt, 29./30.12.1989

Für die Europäische Gemeinschaft waren die USA sowohl der größte Lieferant wie auch der größte Abnehmer. Dabei gelang es der EG, insgesamt einen Exportüberschuß gegenüber den USA zu erwirtschaften. 1987 betrug dieses Plus etwa 32 Mrd. DM, wovon 24 Mrd. DM auf den deutschen Überschuß im Handel mit den USA entfielen.

USA wichtigster EG-Handelspartner

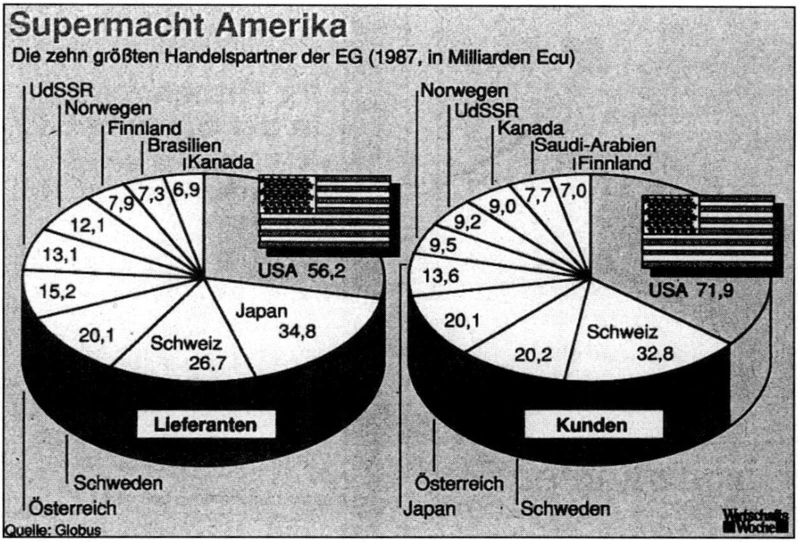

Quelle: Wirtschaftswoche, Nr. 1–2/89, 6. 1. 1989

Die kritische Haltung der USA war nicht nur Folge der Defizite – zumal diese als Folge des zurückgehenden Dollar-Kurses teilweise abgebaut werden konnten –, sie war auch die **Folge protektionistischer Signale,** die aus der EG-Zentrale zu hören waren:

- Die EG stritt laut über die Einfuhrbeschränkungen für japanische Autos und den Druck, **„freiwillige" Selbstbeschränkungen** vorzunehmen. Gelegentlich halfen die Europäer mit „Anti-Dumping-Maßnahmen" nach – und behinderten damit den Export amerikanischer Fernkopierer japanischer Bauart;
- die EG betrachtete das 1991 auslaufende **„Multifaser-Abkommen"** keineswegs als Chance, die Lieferungen von Textilerzeugnissen frei in die Gemeinschaft hereinkommen zu lassen. Es mehrten sich in Europa Stimmen, die die heimische Industrie weiterhin vor preiswerten Importen aus anderen Ländern schützen wollten;
- die EG forderte die strikte **„Reziprozität"** z. B. bei Bankengründungen auf ihrem Territorium, das heißt, sie verlangte gleiche Rechte

für europäische Banken im Ausland. Diese im Grundsatz einsichtige Forderung wandelte sich zur Importbeschränkung, als klar wurde, daß die Ausländer diese Gegenseitigkeit wegen entgegenstehender nationaler Gesetzgebung nicht würden erfüllen können;

- im Bereich der **Telekommunikation** machte die EG deutlich, daß der Binnenmarkt nur für europäische Telefonunternehmen geöffnet werden sollte. Die Konkurrenz von US-Unternehmen auf einem der insgesamt profitabelsten Märkte würde man nur ungern hinnehmen;
- die EG änderte ihr System von **Agrarsubventionen** mit Exporthilfen und Importbeschränkungen nicht. Faktisch wurden damit insbesondere amerikanische Agrarlieferungen, die einen erheblichen Anteil am gesamten Handel hatten, behindert;

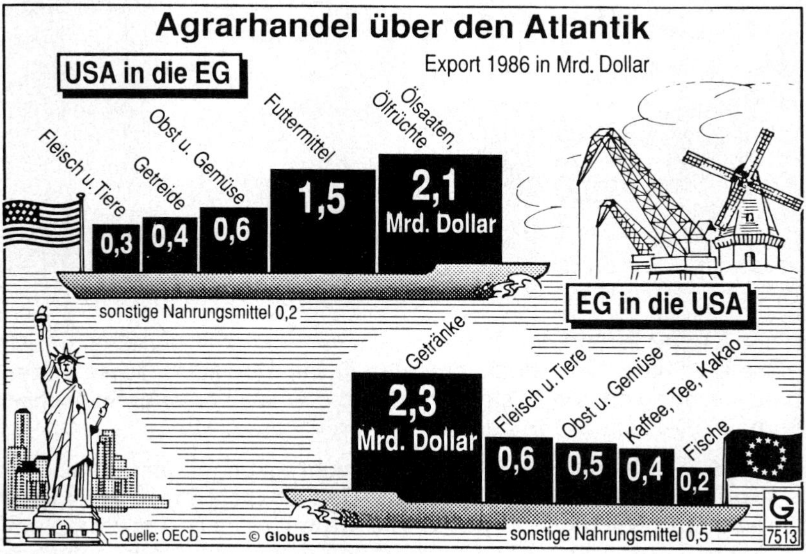

- die unangefochtene Vorherrschaft der amerikanischen Luftfahrtindustrie mit dem Weltmarktführer Boeing war zumindest teilweise durch die **subventionierten europäischen Airbusse** gefährdet worden. Es war für die Amerikaner ein bedrohliches Zeichen, daß sogar US-Luftlinien den Airbus in ihre Flotten aufgenommen hatten. Daß dieser nur wegen der Subventionen konkurrenzfähig geworden war, werteten sie gleichfalls als einen Angriff gegen den freien internationalen Handel;

- besondere Empfindlichkeiten wurden geweckt, als die EG in ihrer Ratsrichtlinie vom 3. 10.1989 über die **Ausübung der Fernsehtätigkeit** zu folgender Forderung gelangte:

  „Es ist ... notwendig, die Bildung von Märkten für Fernsehproduktionen in den Mitgliedsstaaten zu begünstigen, ... indem mit angemessenen Mitteln darauf geachtet wird, daß europäische Produktionen einen Hauptteil der Sendezeit in den Fernsehprogrammen der Mitgliedsstaaten haben."

  Die Amerikaner wandten sich nachdrücklich gegen diese „Anti-Dallas"-Verordnung, die den Export amerikanischer Fernsehserien in die EG behindern sollte.

Im Gegensatz zu den spektakulären Befürchtungen hatten nüchternere Analysen ergeben, daß von der EG keineswegs massive Handelsbarrieren zu erwarten wären. In einer Analyse der Binnenmarktvollendung stellte ein namhafter amerikanischer Bankmanager fest, daß „es nur eine leichte Verstärkung des Protektionismus geben werde, so daß das Gespenst der Festung Europa aller Voraussicht nach nur ein Gespenst bleiben werde" (Norman S. Fieleke, in: Economic Impact, Dezember 1989, S. 11). Fieleke machte deutlich, daß es insbesondere die **Gefahr von Vergeltungsbehinderungen** sei, die die Handelspartner zur Vernunft gebracht hatte: „Die EG hätte, wie alle Handelsnationen, viel mehr von einer offenen, integrierten Weltwirtschaft zu gewinnen."

„Vergeltungs"-Behinderungen

Bei den „Vergeltungsschlägen" hatten die Amerikaner, die sich ihrerseits auch nur zum „fairen", nicht „freien" Welthandel bekannten, durchaus praktische Erfahrungen – beim klassischen „Hähnchenkrieg" mit der EG vergalten sie Importbeschränkungen bei amerikanischem Geflügelfleisch mit Behinderungen der Einfuhren von VW-Transportern. So war deutlich erkennbar, daß beide Seiten nach einigen emotionalen Aufwallungen als Folge der beginnenden Binnenmarktintegration gegen Ende der 80er Jahre wieder zur ruhigeren Umgangsformen zurückfanden.

Viel bedeutsamer als die regierungsseitigen Gefechte war die tägliche Investitionspolitik der privaten Unternehmen auf beiden Seiten des Atlantiks. Es gab dort nicht nur eine sehr rege Investitionstätigkeit europäischer, insbesondere auch deutscher Unternehmen in den USA; vielmehr handelten die US-Unternehmen ihrerseits, indem sie in nennenswertem Umfang in die europäischen Märkte durch Direktinvestitionen (Aufbau und Erwerb von Produktionsbetrieben) drängten. Sie folgten dabei dem klassischen Prinzip für die Bildung multinationaler Konzerne, indem sie möglichen Handelsbeschränkungen zuvorkamen und durch Direktinvestitionen an den Absatzmärkten selbst unabhängig von nationalen Zollschranken wurden. Durch die Investitionen waren sie zu europäischen Anbietern geworden.

EG-KOMMISSION: *Bessere Beziehungen zu den USA*

Ende des Nudelkriegs

Im veränderten Europa definieren die Amerikaner ihr Verhältnis zur Zwölfer-Gemeinschaft in Brüssel neu.

Auch sonst mehren sich die Zeichen für einen neuen Umgangston. Für EG-Kommissarin Christine Scrivener, letzte Woche auf Goodwilltour durch die USA, sind Friedenszeiten ausgebrochen: „Ich bin froh, daß wir die Spaghetti-Krieg-Periode hinter uns haben." Um was haben sich die transatlantischen Handelspartner nicht alles gestritten: Hähnchen, Nudeln, Sojabohnen, Hormonfleisch. Alles Peanuts – doch für beide Lager lange Zeit wichtig genug, um sich monatelang schlagzeilenträchtige Gefechte zu liefern.

In den letzten Monaten ist es allerdings merklich ruhiger geworden. Das Schlagwort „Fortress Europe" taucht immer seltener in amerikanischen Reden auf. Und statt über den „closed-shop" Binnenmarkt zu klagen, investieren US-Manager lieber: In den EG-Mitgliedsländern kauften sie letztes Jahr 72 Firmen, gingen 24 Joint Ventures ein und bauten 14 neue Fabriken.

Spannungsfrei sind die Beziehungen zwischen der EG und den USA trotz der leiseren Töne freilich noch nicht. Nach wie vor sind die leidigen Agrarsubventionen Zankapfel Nummer eins. Ein US-Diplomat: „Das ist der letzte Bereich, wo es noch Schwierigkeiten gibt." Penibel werden noch immer Listen geführt, in denen sich Beamte aus Brüssel und Washington gegenseitig Staatshilfen für Bauern und Farmer vorrechnen.

Quelle: Wirtschaftswoche, Nr. 12/90, 16.3.1990

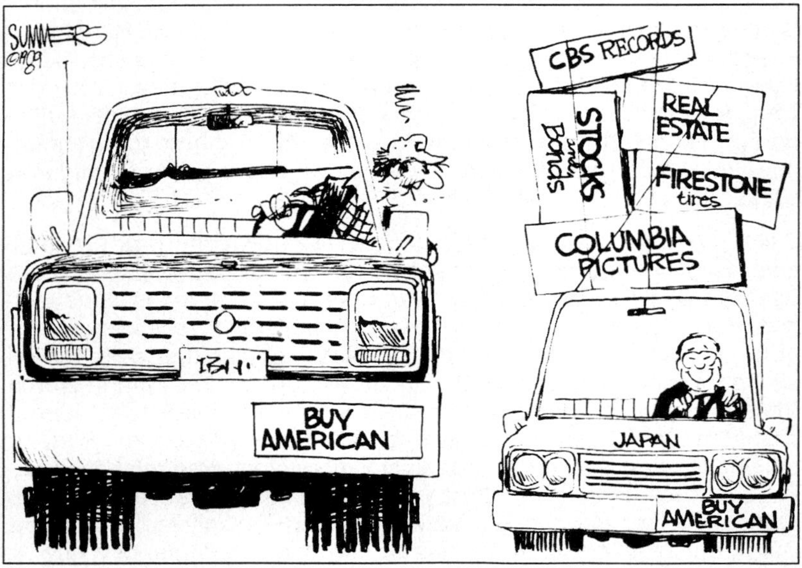

Quelle: Der Spiegel, Nr. 48/89, 27.11.1989

International Herald Tribune

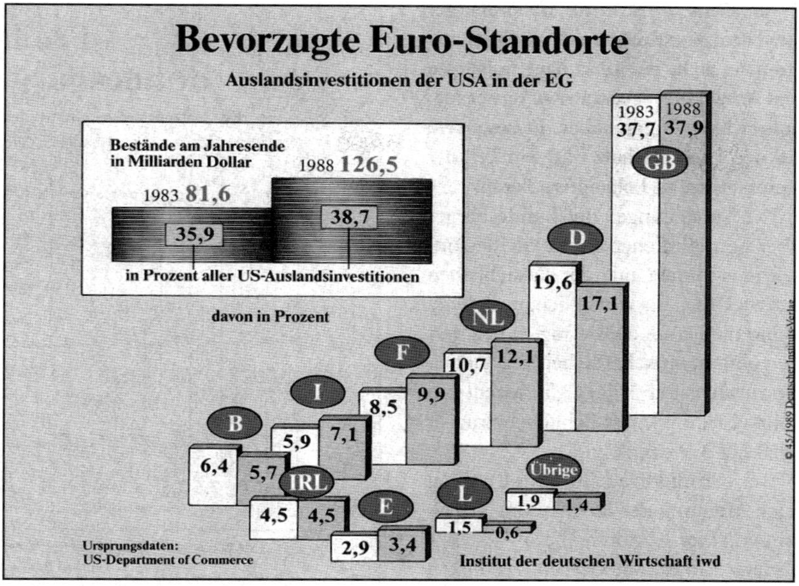

Quelle: iwd, Nr. 45/89, 9.11.1989

Insgesamt gesehen zeigten die Amerikaner gegenüber Europa '93 eine zögerlich-abwartende, eher freundliche Haltung. Auch für sie waren die Anstrengungen ihrer eigenen Unternehmen, sich für den erweiterten europäischen Markt bereit zu machen, ein zusätzlicher Wachstumsimpuls.

In amerikanischen Augen schienen **die Europäer zudem weit weniger aggressiv zu sein als die Japaner.** Zwar hatte auch die EG einen Außenhandelsüberschuß gegenüber den USA; dieser war jedoch deutlich geringer als die amerikanischen Fehlbeträge gegenüber Kanada, den „4 Tigern" in Asien (Taiwan, Südkorea, Hongkong, Singapur) und insbesondere Japan. Gegenüber Japan bestanden in den USA die kräftigsten Vorbehalte, weil man den Japanern den Vorwurf machte, ihrerseits den Heimatmarkt nicht ausreichend für amerikanische Lieferungen zu öffnen. Statt dessen verfolgten sie eine Politik, mit Massenprodukten in fremde Märkte einzudringen, die dortigen heimischen Produzenten zu verdrängen und mit den erwirtschafteten Überschüssen die Industrie des „überwältigten" Landes aufzukaufen und dieses in völlige Abhängigkeit zu bringen. Die Karikatur soll diese Vorwürfe sichtbar machen: Die klassische Formel des „Buy American" („Kauft amerikanische Produkte") wurde uminterpretiert, indem die Japaner statt dessen komplette Produktions- und Handelsunternehmen und Grundstücke erwarben.

4.2. Der EG-Binnenmarkt aus fernöstlicher Sicht: Abwehr der Japaner und Koreaner an den Außenmauern der „Festung Europa“?

Wenn europäische Unternehmer an ihre japanische Konkurrenz denken, dann denken sie vielfach in Begriffen eines ökonomischen Angriffskrieges: Eine Flotte von Handelsschiffen und -flugzeugen stürmt die europäischen Gestade.

Aggressive Exportpolitik

Das Bild eines aggressiven Aktes war dabei nicht gänzlich willkürlich: Die Taktik japanischer Unternehmen (in geringerem Umfange auch koreanischer) war es, sich Zielmärkte auszuwählen, diese generalstabsmäßig zu analysieren und eine „Angriffs“-Produktion darauf auszurichten. Letztere war so groß gewählt, daß sie einmal zu erheblichen Massenproduktionsvorteilen führte, zum anderen viel

zu umfangreich war, als daß sie allein in Japan hätte verkauft werden können: Der Zwang zum Export war buchstäblich mitkonstruiert worden. Der für diese Taktik gewählte Begriff lautete „Targeting“; im englischen Sprachgebrauch ist „target“ auch ein militärisches Angriffsziel.

Folge dieser Export-„Offensiven“ war die Vernichtung der Auslandskonkurrenz auf deren heimischen Märkten; überschwemmt mit Massenangeboten und im Preis notfalls bis unter die Gestehungskosten unterboten, blieb den bisherigen Anbietern nur die Möglichkeit zur Kapitulation. Danach beherrschte die japanische Industrie den betroffenen Markt und „pflegte“ ihn entsprechend. Zu dieser Pflege gehörte dann die aufgrund der Marktbeherrschung ermöglichte Rückgewinnung der Angriffsverluste bei der Markteroberung: Die damaligen Preissenkungen und Verlustverkäufe gehörten der Vergangenheit an; statt dessen konnten die Preise so weit angehoben werden, daß kräftige Gewinne erzielt wurden.

Verbunden war die Exportoffensivtaktik mit einem subtilen Schutz der heimatlichen Basis; ein abwehrender Handel, eine importbehindernde Bürokratie und die grundlegende Überzeugung der japanischen Verbraucher von der Geringwertigkeit fremder Produkte führten zu massiven Ungleichgewichten im internationalen Handel, der immer stärker durch das Übergewicht Japans geprägt wurde.

Abwehr durch Antidumping

Die Reaktion der Europäer bestand nur zum Teil darin, durch gesteigerte Leistungsfähigkeit selber die Japanimporte wegzukonkurrieren. Stärker war bei den betroffenen Industrien das Interesse, die Gefahren durch staatlich verordnete Importbegrenzungen abzuwehren. Mittel dazu waren sog. „Antidumping-Abgaben“, mit denen die EG-Kommission den Preis japanischer Produkte so anheben sollte, daß sie sich nicht mehr am Markt behaupten konnten. Der gemeinsame Binnenmarkt stellte für die japanischen Exporteure eine besondere Gefahr dar, weil mit seiner Vollendung eine einheitliche Einfuhrpolitik gemeinschaftsweit betrieben werden würde. Davor gab es immer wieder die Möglichkeit, die Importbeschränkungen einzelner Länder durch entsprechende Zusatzlieferungen an nicht behindernde Länder auszugleichen – beispielsweise bei dem Pkw-Lieferungen, die in Frankreich streng limitiert waren, nach Deutschland aber frei hineingelangen durften.

Antidumping-Strafzölle erhoben die Europäer seit der zweiten Hälfte der 80er Jahre zunehmend nur noch auf elektronische Produkte aus Japan und Südkorea. Beispiele waren Kopiergeräte, elektronische Waagen, Computerdrucker, CD-Spieler, Videorecorder, tragbare Fernsehempfänger und Chips.

Quelle: Stern, Nr. 34/89, 17.8.1989

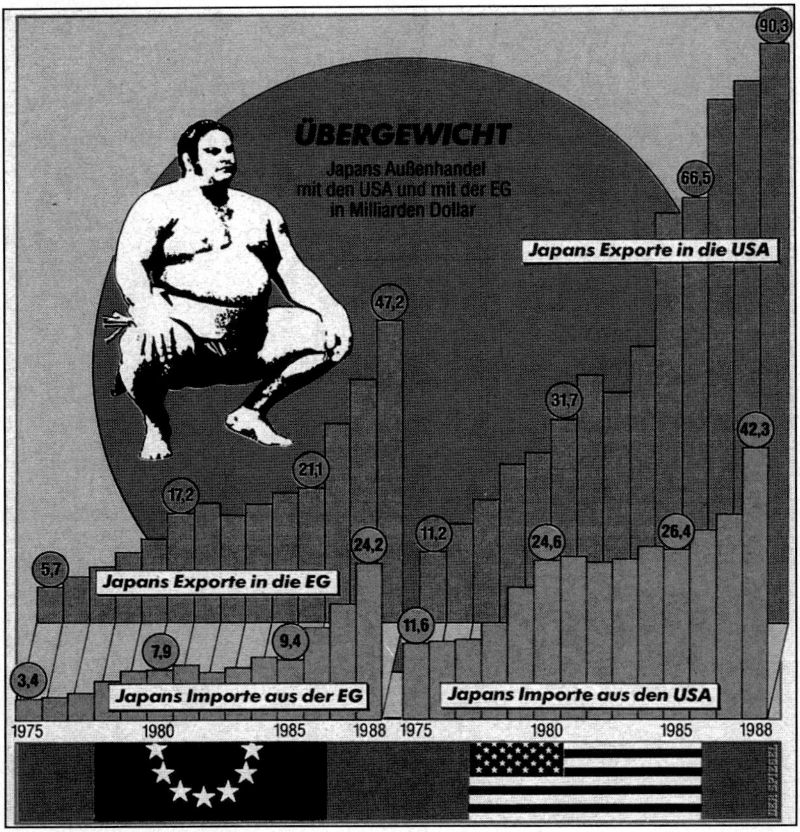

Quelle: Der Spiegel, Nr. 45/89, 6. 11. 1989

Übertragen wurde die Antidumping-Waffe auf die Montage importierter Komponenten. Damit sollte die Verteidigung, ein Gerät wäre doch in Europa hergestellt worden, unterlaufen werden, wenn dieses Gerät wertmäßig zu mehr als der Hälfte aus in Asien hergestellten Bauteilen bestand. Zusätzlich ordnete die EG-Behörde an, daß die Importeure die Antidumping-Zölle selbst nicht tragen dürften. Diese Abgabe sollte vielmehr auf den Preis des Produkts aufgeschlagen werden, um dessen Marktstellung zu gefährden.

Die praktische Aufgabe, Antidumping-Zölle zu errechnen, war alles andere als leicht: Bei Vielproduktunternehmen ließen sich die Stückkosten nicht mehr einwandfrei, bezogen auf jedes einzelne der zahlreichen Produkte, zurechnen; jede diesbezügliche Annahme war immer mit willkürlichen Zuweisungen von Kostenbestandteilen verbunden. Das gleiche galt für die Umrechnung japanischer Marktpreise in europäische. Sicherlich lagen die Preise in Japan vielfach höher als die Angebotspreise in Europa – obwohl noch Transportkosten hinzukamen. Dennoch bestand zumindest theoretisch die Möglichkeit, daß diese Differenz nur die Folge vergangener Schwankungen der Wechselkurse war.

Gefahren für Japans Exporte

Auseinandersetzungen mit den USA, Druck auf „freiwillige Selbstbeschränkungen", offene Embargos wie bei Kraftfahrzeugen, Antidumping-Abgaben, Zwang zu verstärktem EG-Wertschöpfungsanteil sowie versteckte Handelsbehinderungen (sog. „nicht-tarifäre Handelshemmnisse") ließen die Japaner in bezug auf Europa '93 nichts Gutes ahnen. Wie üblich verfolgte man daraufhin **mehrere Gegenstrategien:**

1. **Ausweitung der Direktinvestitionen,** um unmittelbar in der EG Fuß zu fassen. Mit der Produktion in Europa selbst galten die Japaner grundsätzlich als einheimische Unternehmen ohne jede Beschränkung ihrer Geschäftstätigkeit.

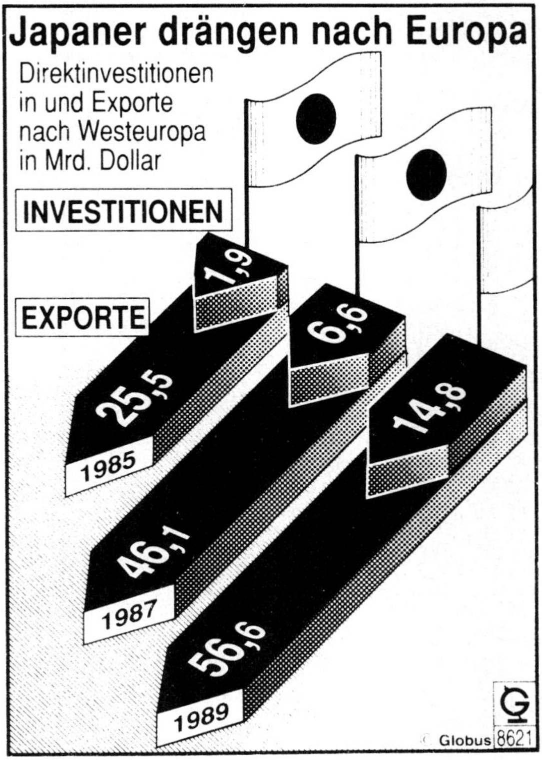

Fernöstliches Fusionsfieber

Wichtige japanische Unternehmensbeteiligungen in der Bundesrepublik Deutschland von 1985 bis 1989*

Jahr	Japanischer Investor	Beteiligung an (in Prozent)	Geschäftsfeld
1985	Sumitomo Rubber	100 SP Reifenwerke	Reifen
	Minolta Camera	75 Develop Dr. Eisbein	Kopiergeräte
	Canon	100 Canon Euro-Photo	Kameras
	Daikin Ind.	49 Sauer-Daikin-Systemtechnik	Hydraulische Antriebstechnik
1986	Dainippon Ink & Chemicals	100 Hartmann Druckfarben	Druckfarben
	Kao	50 Guhl Ikebana	Kosmetik
	Kao	60 Kao-Perfekta	Chemikalien für Kopiermaschinen
1987	Kikuya/Shibata	75 wf Rational	Einbau-/Systemküchen
	Matsushita El. Ind.	95 Quick-Rotan	Elektrische Antriebe
	NGK Insulators	100 NGK Deutsche Berylco	NE-Legierungen
	Canon	26 CPF Deutschland	Kopiergeräte-Handel
	Sanyo	100 Fisher HiFi	Audio-Elektronik
	Sony	100 CBS Schallplatten	Schallplatten und Audio-Bänder
	Inoue MTP	49 Benoac Fertigteile	Kfz-Kunststoffe
	Hosokawa Micron	100 Alpine	Kunststoffmaschinen
1988	Okuma Machinery	100 Reinhold Erdt Maschinenbau und Handel	Werkzeugmaschinen-Handel
	Bridgestone	100 Firestone Deutschland	Reifen
	Nippon Mining	100 Gould Electronics	Kupferfolien
	Suntory	75 Weingüterverwaltung Matuschka-Greiffenclau	Wein und Sekt
	Seibu Saison	100 deutsche Intercontinental Kette	Hotels
	Furukawa	100 Niederlassung Heidelberg der Dresser Europe	Baumaschinenvertrieb
	Juki	100 Union Special	Industrienähmaschinen
1989	Yamaha	24,9 Wilhelm Schimmel Pianofortefabrik	Pianos
	Nifood Europe (Nissho Iwai)	50 Krohn & Co.	Handel mit Agrarprodukten
	Kao	75 Goldwell	Körperpflegemittel
	Sumitomo Electric	100 Rolf Klenk Hartmetallwerkzeugfabrik	Werkzeuge
	Inax	33,3 Gail	Architekturkeramik
	Komatsu	24,9** Hanomag	Baumaschinen

*Stand: Ende Juli; **Mehrheitsbeteiligung geplant
Quelle: Jetro, Japanische Handelskammer, Wupper Report, WestLB

Wirtschafts Woche

Quelle: Wirtschaftswoche, Nr. 35/89, 25.8.1989

Probleme blieben bei der für die Beschäftigung wichtigsten europäischen Industrie, dem Kfz-Bau. Hier wehrten sich Frankreich und Italien beharrlich, die Einfuhr japanischer Fahrzeuge zu liberalisieren. Diese Staaten forderten auch für die Zeit nach der Vollendung des Binnenmarktes europaweite Importrestriktionen. Sie standen damit im Gegensatz zu England und der Bundesrepublik. Gerade England war es durch eine Reihe verdeckter Subventionen und mit seinen um 40% unter den deutschen liegenden Löhnen gelungen, das japanische Unternehmen Nissan zum Bau einer Fertigungsanlage für den Mittelklassewagen „Bluebird" in einer durch den industriellen Rückgang besonders betroffenen britischen Region zu gewinnen. Hier entstand der Streit mit Frankreich, das dieses in Großbritannien hergestellte Fahrzeug nicht als europäisch anerkannte, weil der örtliche Wertschöpfungsanteil „nur" 60% betrug – und nicht geforderte 80%.

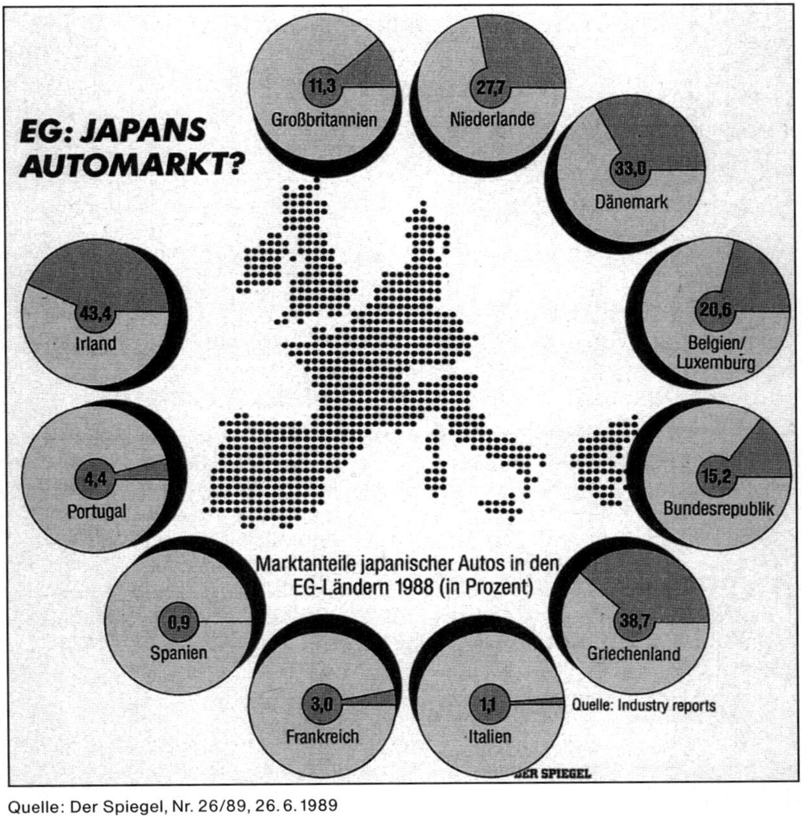

Quelle: Der Spiegel, Nr. 26/89, 26.6.1989

Die deutsche Kfz-Industrie fühlte sich nicht unmittelbar von den Japanern angegriffen, weil beide zu einem nicht unerheblichen Teil auf verschiedenen Marktsegmenten anboten. Die Industrie der Bundesrepublik war insbesondere erfolgreich bei höherwertigen Autos. Dieser Tatbestand wurde als „Trading-up" bezeichnet: man produzierte bei wenig veränderter Stückzahl immer wertvollere, besser ausgestattete und damit teurere Autos, die sich insofern von den Massenproduktwagen japanischer Anbieter unterschieden.

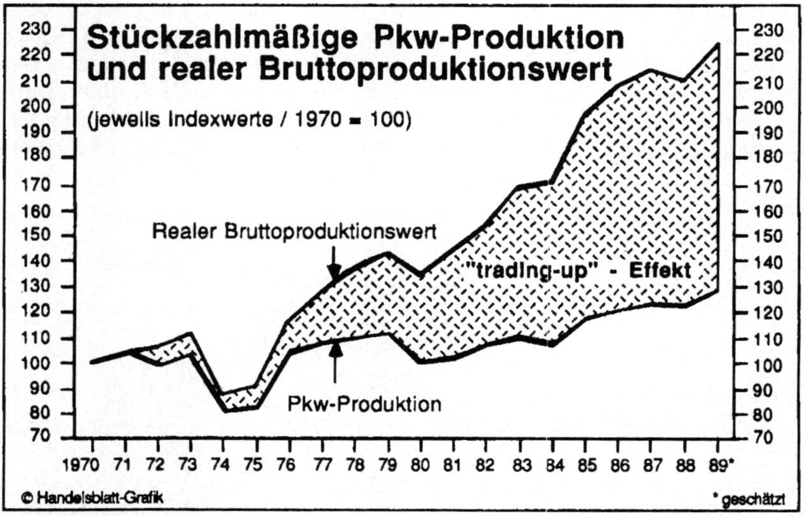

Quelle: Handelsblatt, 29./30.12.1989

Es sei angemerkt, daß der weiterbestehende japanische Konkurrenzdruck die deutsche Automobilindustrie zu Gegenmaßnahmen stimulierte. In einer Untersuchung der künftigen Trends in der Automobilbranche stellte das „Handelsblatt", 29.–30.12.1989, fest:

> „Tatsächlich haben die Deutschen auf der anfänglichen Einbahnstraße im Autohandel mit Japan als einzige Ausländer nennenswerten Gegenverkehr etabliert: Wertmäßig machen die deutschen Pkw-Exporte nach Japan bereits zwei Drittel der japanischen Pkw-Ausfuhren in die Bundesrepublik aus. Fast drei von vier nach Japan importierten Autos kommen aus Deutschland. Dieser relative Erfolg beim schärfsten Konkurrenten im offenen Schlagabtausch hat eine Reihe von Gründen. Der wichtigste Grund: Der Verzicht auf Abschottung spornte die heimischen Hersteller zu Höchstleistungen an."

Japans Gegenmaßnahmen

2. Die Zusage zu **erweiterter Gegenseitigkeit beim Handel,** also der erklärte Verzicht der Japaner, die traditionelle Abschottung ihres Landes gegenüber den Lieferungen anderer Staaten fortzusetzen. Die

„Wir hoffen sehr, es bleibt nicht nur beim Gedankenaustausch" Basler Zeitung

Quelle: Der Spiegel, Nr. 46/89, 13.11.1989

Forderung nach Abbau der offenen und versteckten Handelshemmnisse wurde über viele Jahre mit nur langsam greifender Wirkung erhoben; das Empfinden der Handelspartner blieb eher skeptisch, was durchschlagende Erfolge betraf.

Allerdings mußten sich die Europäer den Vorwurf gefallen lassen, daß sie das Durchdringen des japanischen Marktes nicht mit derselben Intensität versuchten wie umgekehrt die Japaner die Märkte in Europa und den USA.

3. **Abwehr von Handelsbeschränkungen** durch gezielte Kooperationen mit europäischen Partnerunternehmen. Damit wurden die japanischen Unternehmen Teile eines „joint venture" (Gemeinschaftsunternehmens) mit einem europäischen Anbieter.

Zusammenfassend muß davor gewarnt werden, jede Klage europäischer Hersteller über ihre fernöstlichen Konkurrenten zum Nennwert zu nehmen. Vielfach steckte hinter der Forderung von Unternehmen, lästige Konkurrenz von Amts wegen los zu werden, eine jahrelange Bequemlichkeit, sich neuen Entwicklungen gegenüber aufgeschlossen zu zeigen. Insgesamt würde die EG daher besser fahren, ihre Energie nicht in die Perfektionierung von Antidumping-Verfahren zu stecken. Statt dessen sollte das Schwergewicht darauf gelegt werden, durch Verbesserung der Produkte und der Hestellungsverfahren der japanischen Herausforderung ebenbürtig zu werden.

Antidumping kann internationales Recht verletzen

Ungeklärt war zudem, ob die Antidumping-Zölle Bestand haben würden: Ein Untersuchungsausschuß des Allgemeinen Zoll- und Handelsabkommens (GATT) hatte (Handelsblatt, 4. 4. 1990) in einem seit 1988 schwelenden Streit zwischen Japan und der EG um sog. Schraubenzieherfabriken den Japanern Recht gegeben: Es widerspreche internationalem Recht, wenn die EG elektronische Schreibmaschinen und Waagen sowie Fotokopiergeräte mit Antidumping-Abgaben belegte, weil diese nicht in Europa produziert, sondern aus importierten japanischen Einzelteilen zusammengesetzt worden waren.

Zwar hatte die EG diesen Bericht scharf kritisiert und erklärt, daß sie das Votum nicht akzeptieren werde mit der Folge, daß der GATT noch nicht abschließend über den Untersuchungsbericht befinden konnte. Dennoch wurde erkennbar, daß eine **protektionistische Politik allein schon aus rechtlichen Gründen immer fragwürdiger wurde.**

Abschließend sei noch erwähnt, daß die in einer kräftigen Industrialisierungsphase befindlichen ASEAN-Staaten (Thailand, Malaysia, Singapur, Indonesien, Brunei, Philippinen) ebenfalls **Sorge vor einer Marktschließung der EG** geäußert hatten. Diese Staaten waren insbesondere auch darüber besorgt, daß die Reformentwicklungen in Osteuropa dazu führten, daß sich das Hauptinteresse der EG dorthin wendete. Die ASEAN-Staaten waren durch ihre wirtschaftliche Zusammenarbeit bemüht, ein Gegengewicht gegen die wirtschaftliche Übermacht Japans in Südostasien zu erreichen. Sie waren daher auf europäische Investitionen im Rahmen dieser Gegenmachtbildung angewiesen. Anfang der 90er Jahre bekräftigten die ASEAN- und EG-Vertreter auf einem gemeinsamen Treffen, daß der 1980 auf Initiative von Bundesaußenminister Genscher mit der EG geschlossene Kooperationsvertrag mit dem Ziel des Handelsausbaus und der Investitionsförderung fortgesetzt werden sollte.

4.3. Der Rat für gegenseitige Wirtschaftshilfe (RGW) und die Binnenmarktintegration der EG: Auf der Schwelle zu einem gesamteuropäischen Wirtschaftsraum?

Die traditionelle wirtschaftliche (und damit nach herkömmlicher Überzeugung auch politische) Dreiteilung Europas war Ende der 80er Jahre in einen Prozeß der Auflösung eingetreten. Zwar standen sich noch die westlichen, EG-integrierten Marktwirtschaften und die östlichen, RGW-verbundenen Planwirtschaften gegenüber, wobei es am Rande und isoliert in der Mitte die „neutralen" Marktwirtschaften der Europäischen Freihandelszone (EFTA) gab.

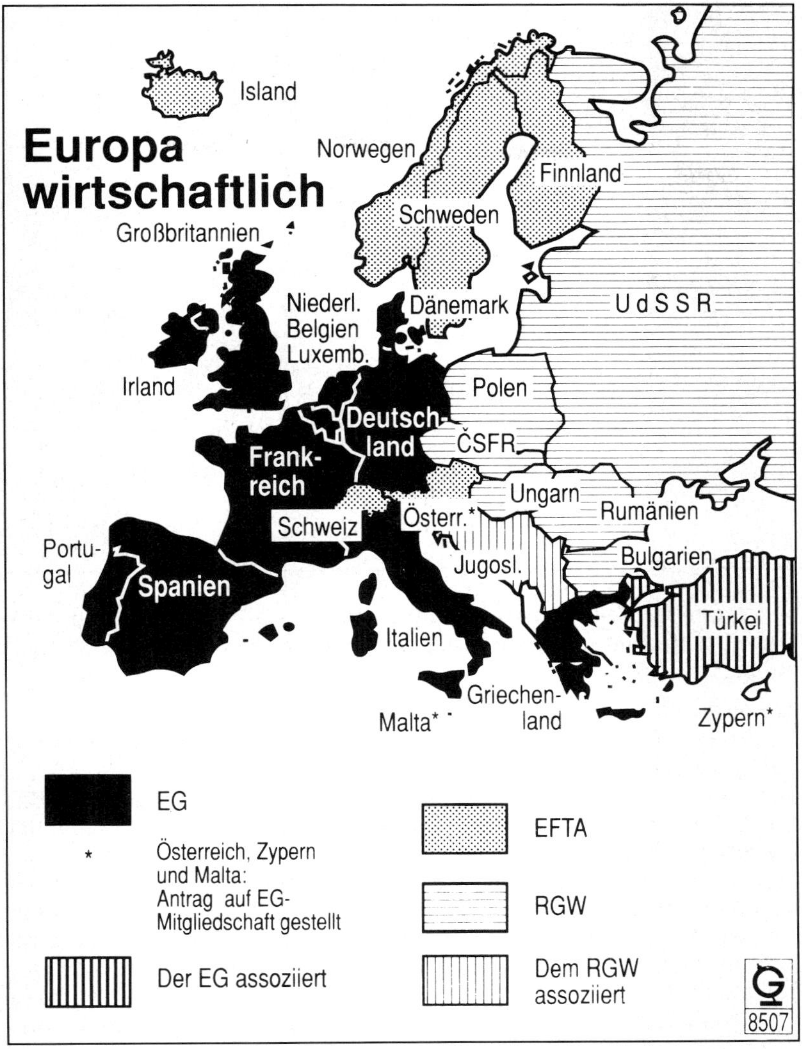

Dennoch war unverkennbar, daß die Wachstumsdynamik der sich weiter integrierenden EG-Staaten und die ökonomische Stagnation der RGW-Länder zu derartigen Wohlstandsunterschieden in Europa geführt hatten, daß der **Druck auf eine intensivere Anbindung an die EG** unabweisbar wurde. Die Größenordnungen der wechselseitigen Handelsströme unterstreichen die gewaltigen Unterschiede, die sich im Laufe der Jahre aufgetan hatten. Für die EG war schließlich der Warenaustausch mit den RGW-Volkswirtschaften in eine völlig unter-

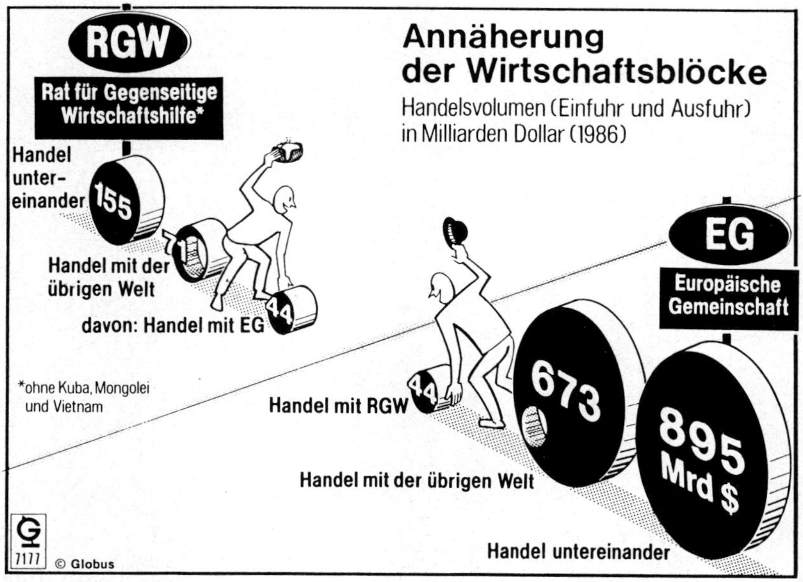

geordnete Größenordnung hinabgesunken, während er für die östlichen Staaten immer noch einen verhältnismäßig großen Raum einnahm.

Der RGW litt von Anfang an unter den Bedingungen seiner Entstehung: Er war 1949 als politisch motiviertes Gegengewicht gegen die aus Gründen des europäischen Wiederaufbaus und der Verteilung der amerikanischen Wirtschaftshilfe vorgenommene Kooperation der westlichen Marktwirtschaften gegründet worden. Der RGW spielte im Zusammenhang mit dem politischen Blockantagonismus in Europa und der gesamten Welt eine eminent politische Rolle, indem er die östlichen Planwirtschaften zusammenfaßte und deren Abkoppelung vom westlich beherrschten Weltmarkt vorbereitete. Die Entscheidung für eine marktwirtschaftliche bzw. eine zentralgeplante Lenkung der Volkswirtschaft war damals zu einer politischen Grundentscheidung geworden – und nicht mehr eine Frage der ökonomischen Zweckmäßigkeiten.

Funktionsprobleme des RGW

Die Lenkungsprobleme im RGW verschärften sich mit Zunahme des Anspruchs, eine internationale Planung von Produktion und Handelsströmen vorzunehmen. Es war schon für eine einzige Volkswirtschaft so gut wie unmöglich, ein leistungsstimulierendes, anpassungsfähiges Zentralplannetz zu entwickeln – der Versuch, die handelnden Menschen bürokratisch zu kontrollieren und ihre schöpferischen Initiativen den Zwängen obligatorischer Planvorgaben zu unterwerfen, führte im Laufe der Jahre zu einem immer dramatischeren Ent-

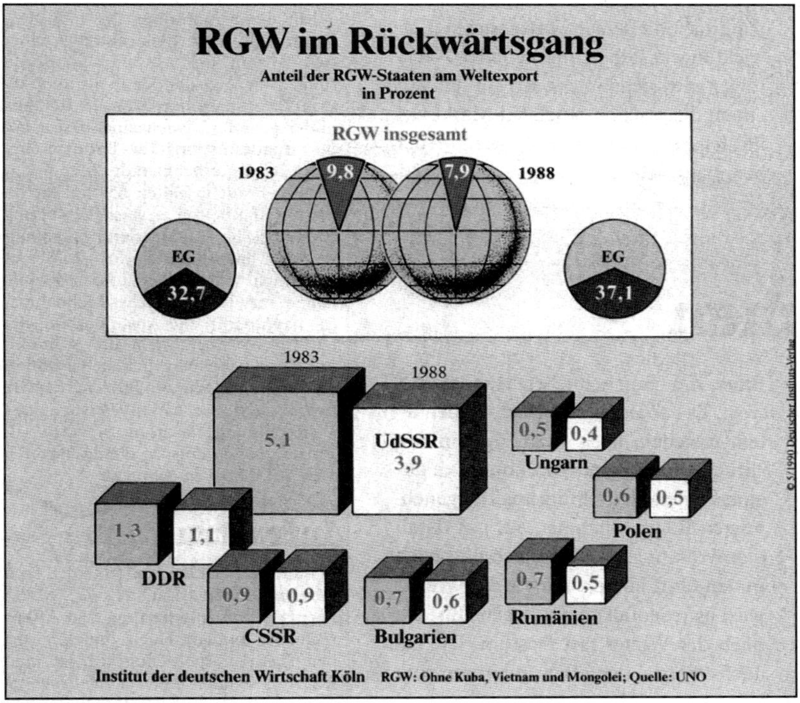

Quelle: iwd, Nr. 5/90, 1.2.1990

wicklungsrückstand. Abkoppelung vom Weltmarkt und Spezialisierung der Produktionen auf jeweils nur einen oder wenige Betriebe im gesamten RGW waren nichts anderes als die Schaffung von immer leistungsschwächeren Monopolbetrieben. Von jeglichem Leistungsdruck befreit (wenn man von Planerfüllungsappellen der zuständigen Bürokratien absah), waren die Staatsmonopolisten immer weniger in der Lage und daran interessiert, die Wünsche ihrer Kunden zu befriedigen und kreativ neue Produkte und Produktionsverfahren zu entwickeln. Da der RGW zudem kein internationales Geld als Grundlage eines umfassenden Güteraustauschs und damit keinen erfolgreichen Ausbau der produktivitätssteigernden internationalen Arbeitsteilung kannte, degenerierte der Handel zwischen den RGW-Ländern letztlich zu einem spätmittelalterlichen Tausch von Ware gegen Ware. Die Folge war die **kollektive Verarmung der RGW-Staaten** und ein ständig wachsender Rückstand in der Entwicklung von Technik und Umweltschutz: Die traditionellen Lieferanten von landwirtschaftlichen Erzeugnissen in Europa (Polen, Sowjetunion, Rumänien) wurden zu Empfängern verbilligter westlicher Nahrungsmittelhilfen. Katastrophale Umweltbelastungen wurden insbesondere aus den RGW-Staaten gemeldet.

Eine nachhaltige Reform der wirtschaftlichen Lenkungsverfahren – der Übergang zu leistungsfähigerer marktwirtschaftlicher Steuerung also – mußte viele Jahre lang aus politischen Gründen massiv unterdrückt werden: Die Übernahme der Marktwirtschaft entsprach aus Gründen der sozialistischen Staatsideologie dem Übergang ins feindliche westliche Lager. Sie gefährdete die in den jeweiligen Verfassungen festgeschriebenen Ansprüche der kommunistischen Parteien, die allseits führende Kraft zu sein.

Eine Änderung dieser Position war erst dann zu erwarten, als die Widersprüche zwischen dem politisch-ökonomischen Führungsanspruch der kommunistischen Parteien und dem im Vergleich zu den EG-Staaten immer schlechteren wirtschaftlichen Ergebnissen nicht mehr unterdrückt werden konnten. Je größer die wirtschaftliche Katastrophe war, in die die Länder jeweils geraten waren, desto stärker und früher kamen Reform- und Protestbewegungen. Zu **Beginn der 90er Jahre waren die Züge in allen RGW-Staaten in Richtung auf die Marktwirtschaft abgefahren.**

Im Zusammenhang mit dieser Entwicklung kann die Bedeutung des sowjetischen Präsidenten M. Gorbatschow kaum überschätzt werden. Er schien als einziger Politiker den Ernst der wirtschaftlichen Lage und die Gefahren für den politischen Bestand der mittel- und osteuropäischen Staaten richtig eingeschätzt und durch politisches Handeln kontrolliert zu haben. 1988 wurden Verträge des RGW und der EG über Kooperationsformen abgeschlossen, wobei nach dem gemeinsamen Rahmenabkommen die RGW-Staaten bezeichnenderweise einzeln in zweiseitige Abkommen mit der EG eintraten. Verträge wurden mit Ungarn (1988), Polen und der CSSR (1989) sowie der Sowjetunion (1989) vereinbart. Verhandlungen liefen mit Bulgarien und der damaligen DDR. Die wegen der Menschenrechtsverletzungen des Ceauschescu-Regimes von der EG suspendierten Verhandlungen mit Rumänien sollten nach Bildung einer neuen Regierung wiederaufgenommen werden.

Vertragliche Förderung des Handels mit der EG

Inhalte der bilateralen Verträge der einzelnen RGW-Staaten mit der EG in ihrer Gesamtheit waren hauptsächlich die Förderung des gegenseitigen Handels. Insbesondere der Zutritt der RGW-Länder zum gemeinsamen Markt sollte erleichtert werden. Eine besondere politische Dimension hatte der Ende 1989 unterzeichnete Vertrag mit der Sowjetunion: Diese erkannte damit erstmals die EG auch als politischen (und nicht nur als wirtschaftlichen) Partner an, während die EG ausdrücklich die auf demokratische Umwandlung zielende Politik der Sowjetunion unterstützen wollte.

Anträge auf Assoziierung

Folgerichtig waren die ersten Bemühungen von RGW-Staaten, Mitglieder der EG zu werden – als assoziierte Staaten oder als Vollmitglieder. Das galt für die Tschechoslowakei, für Ungarn, im Prozeß der deutschen Einigung für die DDR und für Polen. Auch das mit dem

Fahnenflucht

HANDELSBLATT: Bensch

Quelle: Handelsblatt, 15./16.12.1989

RGW verbundene Jugoslawien sprach sich für eine Assoziierung mit der EG aus.

Vorbedingung für eine Assoziierung oder gar Mitgliedschaft waren die Forderungen an die RGW-Staaten:

- Rechtsstaatlichkeit,
- Achtung der Menschenrechte,
- Errichtung eines Mehrparteiensystems,
- freie Wahlen,
- wirtschaftliche Liberalisierung mit marktwirtschaftlichen Strukturen.

Angesichts der immer noch bestehenden Schwierigkeiten mit der Vollendung des Binnenmarktes waren die Regierungen der EG-Mitgliedsstaaten nicht daran interessiert, vor 1993 in weitere sehr komplizierte Beitrittsverhandlungen einzutreten. Deshalb ruhte u. a. faktisch der österreichische Antrag auf Vollmitgliedschaft. Verhandlungen über Assoziierungen waren davon nicht betroffen, weil hier nur eine vertiefte wirtschaftliche Zusammenarbeit ohne die umfassende Integration in die EG organisiert werden mußte. Die EG kannte in der Vergangenheit Assoziierungsverträge mit unterschiedlichem Umfang, je nachdem, ob eine spätere Mitgliedschaft angestrebt wurde (Griechenland, Türkei) oder nicht (Malta, Zypern).

Unstrittig war in den Beziehungen zwischen RGW und der EG der erhebliche **Finanzierungsbedarf, der auf die EG zukäme,** wenn den östlichen Ländern handfest geholfen werden sollte. Als Formen der Unterstützung wurden vorgesehen:

- Bereitstellung von finanziellen Mitteln in der Art der Fonds für Regional- und für Sozialhilfe. Die Kommission hatte ermittelt, daß bei vergleichbarer Behandlung der RGW-Staaten ein Jahresbedarf von etwa 40 Mrd. DM (bzw. 19 Mrd. ECU) erforderlich wäre. Dieser Betrag müßte teils aus Steuereinnahmen in den EG-Haushalt eingestellt und teils über die Europäische Investitionsbank als Kredit zur Verfügung gestellt werden.

- 1990 wurde eine Bank für die Entwicklung und Modernisierung der osteuropäischen Länder gegründet. Als Sitz der Bank war Berlin im Gespräch; kurzfristig einigten sich jedoch England und Frankreich gegen den heftigen Widerstand der Niederlande darauf, diese Bank in London anzusiedeln und als Präsidenten einen politischen Vertrauten des französischen Staatspräsidenten zu bestellen. Diese Bank wurde aus Beiträgen der EG-Mitgliedsstaaten (aber darüber hinaus auch anderer westlicher Industriestaaten) gespeist und sollte gezielt Projekte in den RGW-Staaten zinsgünstig unterstützen. Darüber hinaus sollte diese Bank Technik- und Management-Know-how von West nach Ost transferieren. Im gewissen Sinn standen hier die historischen Erfahrungen mit Einsatz und Verwaltung der Marshallplan-Gelder in der unmittelbaren Nachkriegszeit Pate.

- Diverse konkrete Einzelmaßnahmen im Zusammenhang mit dem „Aktionsplan der Gruppe der 24" (24 westliche Industriestaaten einschließlich der EG) mit dem Ziel, die Märkte zu öffnen, die berufliche Bildung und die Investitionen zu fördern sowie bei Umweltschutzmaßnahmen zusammenzuarbeiten. Hierzu gehörte auch ein „Stabilisierungsfonds für Polen", der mit einer Mrd. US-Dollar ausgestattet wurde.

RGW vor Auflösung

Unverkennbar trat der RGW spätestens 1990 – nicht zuletzt auch wegen der deutschen Einheit – in eine kritische Phase, so daß unklar war, welchen Stellenwert der RGW künftig noch haben würde. Eine Aufgabe aus der Vergangenheit, sich gegenseitig mit Produkten zu beliefern, die nicht unbedingt weltmarktfähig waren, wird er künftig verlieren: So hatten die UdSSR und die DDR bereits im Frühjahr 1990, also noch vor der deutschen Einheit, vereinbart, ihren Handel per 1.1.1991 auf der Grundlage von Weltmarktpreisen, zahlbar in internationalen Zahlungsmitteln (US-Dollar, D-Mark usw.), vorzunehmen. Auch wenn noch weiterhin langfristige Liefer- und Abnahmeverträge bestanden, war doch die Abwendung von den traditionellen Tauschbeziehungen vorgezeichnet: Wenn Handel in US-Dollar abgewickelt wird, werden sich die Einkäufer auch nach den jeweils modernsten Produkten weltweit umschauen. Technologisch rückständige Produkte haben dann keine Chance mehr, auch wenn sie von einem (ehemaligen) Bruderland kommen. Somit war der Zwang für alle RGW-Partner angelegt, sich den Weltmarkterfordernissen zu stellen. **Die ruhige Nische einer besonderen Handelsgemeinschaft der Zurückgebliebenen** – die als solche auch wenig Anreiz vermittelte, nachhaltig gegen den Rückstand anzugehen – **würde es künftig nicht mehr geben.**

Dramatisch spitzte sich die Lage im Herbst 1990 zu, als es aus den oben genannten Gründen zu erheblichen Absagen im RGW-Handel kam: DDR-Betriebe hatten vor der deutschen Einheit Verträge mit östlichen Partnern angesichts der eigenen ungewissen Zukunftslage storniert. Das wiederum führte zu Vertragsaufhebungen in Polen, der CSFR und der Sowjetunion, weil die Partner aus diesen Ländern die von den DDR-Betrieben nach der Währungsunion geforderten DM-Preise nicht bezahlen konnten. Verständlich war daher die Forderung nach einem Vertrauensschutz für bestehende Handelsvereinbarungen, die von der Sowjetunion im Vorfeld der Einigungsverträge verlangt und von der Bundesregierung zugesagt worden waren.

KSZE als Rahmen der Ost-West-Annäherung

Der übergreifende Gesamtrahmen für den Prozeß der Ost-West-Annäherung blieb nach Ansicht der EG der KSZE-Prozeß. Die 35 Staaten umfassende Konferenz für Sicherheit und Zusammenarbeit in Europa sollte auch eine wirtschaftliche Dimension gewinnen, wofür die KSZE-Wirtschaftskonferenz in Bonn, 1990, ein sichtbares Zeichen setzte. Nach den Ausführungen des Generaldirektors für Auswärtige Beziehungen der Kommission der EG, H. Krenzler, sollte die EG „zum ruhenden Pol des europäischen Gleichgewichts“ werden. Die EG sollte auch stärker politisch zusammenarbeiten, insbesondere aber ihr Einigungswerk in Richtung auf den einheitlichen Binnenmarkt fortsetzen. Es war ja insbesondere der wirtschaftliche Erfolg der Gemeinschaft, der für Millionen von Menschen in Mittel- und Osteuropa faszinierend war. Denn nicht nur die demokratischen Strukturen der EG-Partner, sondern auch der **ökonomische Fortschritt innerhalb der EG wurde letztlich zum entscheidenden Katalysator für die politischen Reformvorgänge der 80er Jahre** in Osteuropa und in der UdSSR. Mit Sicherheit wären von einer krisengeschüttelten, am Rande des Zusammenbruchs befindlichen Europäischen Gemeinschaft keine Impulse für Demokratie und Marktwirtschaft auf den RGW ausgegangen.

Insgesamt nahm die Europäische Gemeinschaft die Herausforderung der Assoziierungsbestrebungen der RGW-Staaten positiv auf. Man betrachtete sie als langfristige Perspektive für eine europäische Partnerschaft. Das Bild vom entstehenden europäischen Haus inspirierte dabei auch den Karikaturisten:

Baurückstand
beim Ost-Flügel

Quelle: Handelsblatt, 29./30.12.1989

4.4. EG '93 und die Dritte Welt: Neue entwicklungspolitische Impulse?

Die Vereinheitlichung des Binnenmarktes wird auch die Politik der EG gegenüber den Entwicklungsländern beeinflussen: So ging es Ende der 80er Jahre um eine Neuverhandlung des seit 1975 bestehenden „Lomé"-Abkommens mit zur Zeit 69 sog. AKP-Staaten (afrikanische, karibische und pazifische Länder, die ehemalige Kolonien der EG-Staaten waren) sowie um die Umgestaltung des Allgemeinen Präferenzsystems der EG und des Welttextilabkommens.

HANDELSBLATT: Pielert

Die widersprüchlichen nationalen Interessen wurden auch bei den Auseinandersetzungen um die Hilfen für die Entwicklungsländer deutlich. Im Grundsatz bestand uneingeschränktes Einvernehmen, diesen Staaten zu helfen. Insbesondere war anerkannt, daß die Lomé-Abkommen sinnvoll waren: Öffnung des EG-Marktes für die geförderten Länder sowie Stabilisierung ihrer Exporterlöse, indem man diesen Ländern sichere Preise für ihre agrarischen und mineralischen Rohstoffe unabhängig von den Weltmarktschwankungen garantierte. In der Praxis jedoch überwogen die nationalen Interessen der jeweiligen EG-Mitglieder.

Inhalt der Lomé-Abkommen

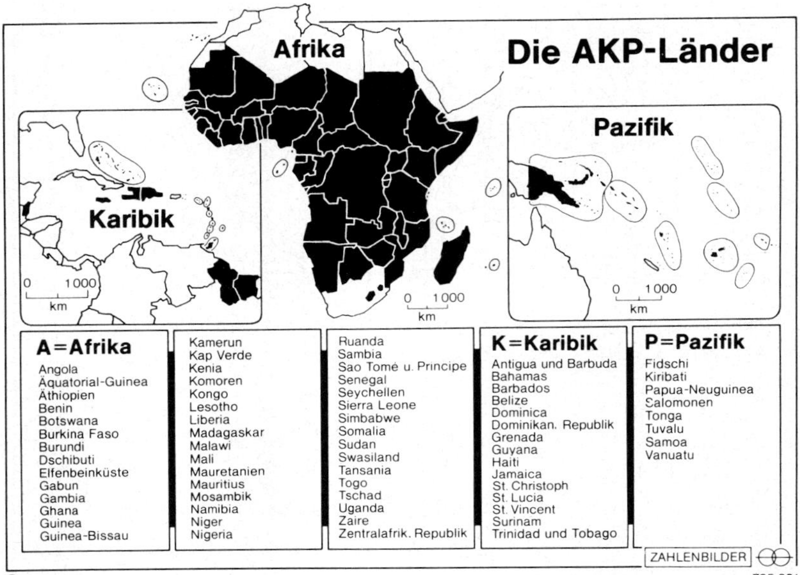

 725 601

Als Beispiel lassen sich die Agrarimporte anführen: Insbesondere die Mittelmeerländer sperrten sich gegen freie Exporte der Lomé-Staaten in die EG; sie forderten statt dessen auch weiterhin Einfuhrkontingente (mengenmäßige Beschränkungen). Diese EG-Partner hatten jedoch wenig dagegen, die finanziellen Leistungen der EG zugunsten der Entwicklungsländer auszuweiten, weil diese hauptsächlich von den wirtschaftlich stärkeren nördlichen EG-Staaten aufzubringen waren.

Sehr großzügig war die EG bei der Zollbelastung für unverarbeitete landwirtschaftliche und mineralische Rohstoffe – die Rohprodukte für die weiterverarbeitende EG-Industrie sollten billig sein. **Je höher die entwicklungspolitisch dringend erwünschte Weiterverarbeitung war, desto höher stiegen die Zollbelastungen** und damit die preislichen Wettbewerbsnachteile. Die „Wirtschaftswoche" (Nr. 48/89, 24.11. 1989) kommentierte diese Politik bitter:

> „Die Vorzugsbehandlung gilt vorwiegend für einfache landwirtschaftliche Produkte und Rohstoffe. Ebenfalls zollfrei: Waren, die in den ärmeren Ländern gar nicht hergestellt werden – Computer aus Burkina Faso dürften ohne weiteres importiert werden. Ansonsten gilt: Je höher der Verarbeitungsgrad, desto höher die Zollschranken ... Eine Umstrukturierung der heimischen Wirtschaft hin zu mehr Industrie scheitert so auch an der Einfuhrpolitik der EG."

Da praktikable Alternativen fehlten, hatten die Lomé-Staaten sehr energisch mit der EG über eine Fortsetzung des Entwicklungshilfeabkommens verhandelt und rechtzeitig zum Auslaufen des Vorgängervertrages Anfang 1990 die Fortsetzung, das sog. Lomé IV, abschließen können. Die Probleme waren damit nicht ausgeräumt: Unabhängig von insgesamt viel zu geringem Umfang der von der EG eingesetzten finanziellen Mittel könnten sich aus dem Wegfall der EG-Binnengrenzen bedenkliche Wettbewerbsverschärfungen ergeben. Als Beispiel kann die Produktion von Bananen herangezogen werden. Diese tropische Frucht wird zum Teil von großen, quasi-industriellen Plantagen kostengünstig geliefert, andererseits aber zu höheren Kosten von kleinen Pflanzungen in den ehemaligen karibischen Kolonien Frankreichs und Englands produziert. Kauften letztere Länder traditionell die Bananen von ihren ehemaligen Besitztümern, so könnten nach Wegfall der Binnengrenzen in der EG die Großproduktionen diese teureren kleineren Anbieter verdrängen.

Binnenmarkt erleichtert Einfuhren aus AKP

Im Grundsatz galt jedoch, daß der einheitliche Binnenmarkt die Lieferungen der Entwicklungsländer begünstigte. Einheitliche Normen und Verfahren und die Angebotsfreiheit ihrer europäischen Handelspartner auf dem gesamten Markt erleichterten grundsätzlich die schnellere Durchdringung der EG. Der erwartete Wachstumsschub

Das Lomé-Abkommen

Das entwicklungspolitische Konzept, auf das sich 1975 die EG und die damals 46 AKP-Staaten mit der Unterzeichnung des ersten Lomé-Abkommens geeinigt hatten, wurde recht bald als Modell der Zusammenarbeit zwischen Industrie- und Entwicklungsländern gefeiert. Die Gemeinschaft unterstützt seither in erster Linie ehemalige Kolonien mit finanziellen und technischen Programmen. Zudem können die heute 66 Länder Afrikas, der Karibik und des pazifischen Raums eine ganze Reihe, in erster Linie landwirtschaftlicher Erzeugnisse in die EG exportieren, ohne daß dort Einfuhrzölle erhoben werden. Schwankende Erlöse bei den Ausfuhren werden mit den Mitteln des sogenannten Stabex-Fonds ausgeglichen. Dem Erhalt der Bergbauwirtschaft in den armen und in der Regel hoch verschuldeten Ländern dient der Sysmin-Fonds. Trotz der Handelserleichterungen waren die Lieferungen der AKP-Länder in die EG in den zurückliegenden 15 Jahren gemessen an den EG-Gesamteinfuhren rückläufig. Die Mittel, die im Rahmen des bis 1990 laufenden Lomé III-Abkommens zur Verfügung stehen, belaufen sich auf 7,4 Mrd. Ecu. Hinzu kommt ein Darlehen der Europäischen Investitionsbank von 1 Mrd. Ecu.

Quelle: Handelsblatt, 31.10.1989

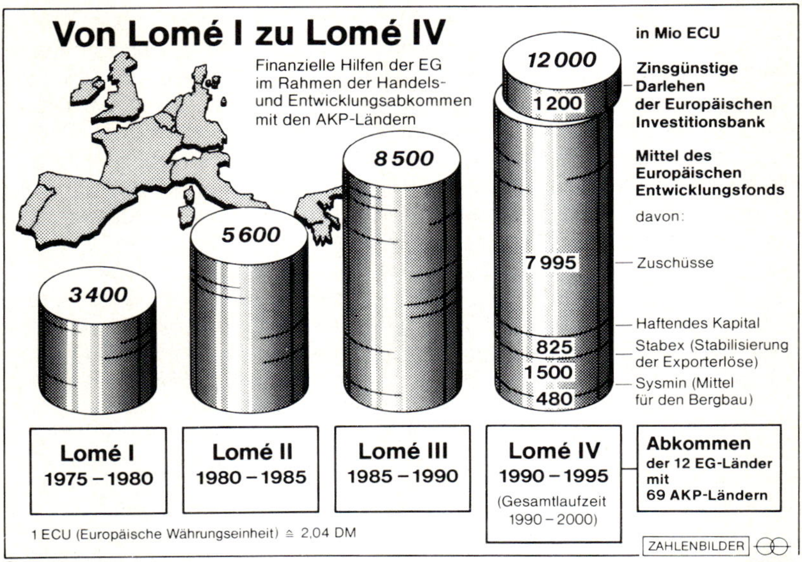

© Erich Schmidt Verlag 725 610

als Folge der Vollendung des Binnenmarktes sollte die Nachfrage nach tropischen Produkten zusätzlich stimulieren.

Bemerkenswert war allerdings eine Anfang der 90er Jahre sehr aktuelle Befürchtung, daß die Hinwendung der EG zu den osteuropäischen Staaten das Interesse an und die Mittel für die Entwicklungspolitik zurückgehen ließe.

Eine weitere Handelserleichterung zugunsten von Entwicklungsländern sollte das **Allgemeine Präferenzsystem (APS)** sein. Hier bestimmte die EG zollbefreite Einfuhrmengen für einzelne Länder und teilte sie als Quote auf die einzelnen EG-Staaten auf. Der gemeinsame Markt wurde somit national „segmentiert". Das Problem war, wie die Binnenmarktvereinheitlichung auf diese Segmentierungen wirkte – sie müßten strenggenommen wegfallen, so daß es eine EG-einheitliche Einfuhrmenge gäbe.

Tatsächlich eröffneten sich in der Vorbereitungsphase erhebliche Widerstände. So waren EG-Staaten nicht bereit, die nicht genutzten Einfuhrzugeständnisse eines EG-Staates auf andere übertragen zu lassen. Waren einem Entwicklungsland beispielsweise zollfreie Einfuhren von 10 000 t seines Rohproduktes zugestanden worden, wobei Aufteilungen auf die einzelnen Mitgliedsländer vorgenommen worden waren, so durfte bei Nichtausschöpfung einer nationalen Quote keine ausgleichende Mehrlieferung an andere Staaten erfolgen. Mit Vollendung des Binnenmarktes würde sich das ändern, so daß die gesamte „Präferenz“-Menge in die EG hineingelangen würde. Die Sorge war, daß einzelne Staaten diesen zusätzlichen Wettbewerbsdruck zum Anlaß nähmen, nach außen verstärkten Schutz zu fordern, indem die APS-Kontingente insgesamt verringert würden. Die Begründung dafür: Wegen des Wegfalls der Binnengrenzen könnten alle Einfuhren frei innerhalb der EG geliefert werden, so daß der Schutz durch nationale Quoten wegfiele.

Das Deutsche Institut für Wirtschaftsforschung (DIW) bemerkte dazu (Wochenbericht 22/89, 1. 6. 1989):

> „(Es) mehren sich Zeichen für ... verstärkten Schutz nach außen ... Sie weisen in eine bedenkliche Richtung der zukünftigen Außenbeziehungen. Die Entwicklungsländer können sicher sein, daß sie die Abwehr dann treffen wird, wenn sie in einem dieser Bereiche wettbewerbsfähig werden. Auch bisher wurden die hauptsächlich dort präferenziert, wo es wenig störte; bei ihren wettbewerbsfähigsten Produkten dagegen wurde ihnen der Absatz kurzerhand beschnitten.“

Fragwürdig war die Entwicklungspolitik der EG, die einerseits die Industrialisierung der Entwicklungsländer förderte, diesen jedoch die freien Zulieferungen dann verwehrte, als sie eine vergleichbare wirtschaftliche Stärke erreicht hatten. Statt freien Handels gab es ein vielfältiges Netz von Einfuhrbeschränkungen. Da diese umgangen werden konnten, gab es „ein immer engeres Netz von Verboten und Überwachungen ... Außerdem wurden von den Restriktionen

ASIEN / Entwicklungspolitisches Forum diskutiert Perspektiven der Zusammenarbeit

Neue Industrieländer fürchten Festung Europa

HANDELSBLATT, Mittwoch, 27.9.1989

fo BERLIN. Die neuen Industrieländer Asiens befürchten, daß sich der entstehende Europäische Binnenmarkt abschottet und als „Festung Europa“ erweisen wird. Diese Besorgnisse äußerten nach Angaben von Manfred Kulessa, Leiter des entwicklungspolitischen Forums der Deutschen Stiftung für Internationale Entwicklung (DSE), Vertreter dieser neuen asiatischen Industriewirtschaften auf einer Tagung in Berlin.

Befürchtet werde zudem, daß sich Westeuropa bei künftigen Kooperationen verstärkt auf Osteuropa konzentrieren werde und somit nur wenig Raum für eine Zusammenarbeit mit asiatischen Ländern bleibe, berichtet Kulessa von der Tagung, die anläßlich der 27. Übersee-Import-Messe stattfindet. Als Beispiel für zunehmende Abschottung seien etwa die Anti-Dumping-Verfahren der EG-Behörden gegen asiatische Produkte genannt worden.

Probleme bereiten den neuen Industriewirtschaften, zu denen Südkorea, Taiwan, Singapur, Hongkong, Thailand und Malaysia gezählt werden, aber auch die Investitions- und Kooperationsmöglichkeiten in der Europäischen Gemeinschaft, wurde berichtet. Die asiatischen Wirtschaftsregionen fänden noch nicht den „rechten Zugang“ zum Investitionsstandort Europa oder etwa zu Joint-Venture-Partnern.

Beim Thema Investitionen spielt naturgemäß der Local Content der Gemeinschaft eine entscheidende Rolle. Eine Quote von 60 % führe dazu, daß den Investitionen asiatischer Länder in der EG die ökonomische Basis entzogen werde. Keine Chancen werden mehr gesehen, sollten sich etwa die französischen Vorstellungen von Quoten zwischen 70 und 80 % durchsetzen.

Kulessa hält es angesichts der Entwicklungen in Europa und angesichts der Befürchtungen dieser asiatischen Wirtschaftsregionen daher für sinnvoll, sich mit den „Sorgen und Problemen“ der Staaten auseinanderzusetzen. Das entwicklungspolitische Forum der DSE sei eine Plattform, um den Nord-Süd-Dialog außerhalb der offiziellen Verhandlungsebenen zu pflegen.

Quelle: Handelsblatt, 28. 9. 1989

gegenüber Entwicklungsländern nicht nur die heimischen Unternehmen – wie gewünscht – begünstigt, sondern auch die Lieferanten aus anderen Industrieländern" (DIW, Wochenbericht Nr. 22/89, 1.6.1989).

Zur Entwicklungshilfepolitik der EG gehörten aber auch ungewöhnliche Maßnahmen: Die Bereitschaft, mit Erzeugerländern über höhere und stabile Preise für deren Produkte zu verhandeln. So geschehen mit den Rohkaffee-Erzeugern, für die stabile Preise die Grundlage einer Antidrogenpolitik waren: Je höher die Einkommen für die „regulären" Produkte, desto geringer war der Druck, durch den Anbau von Drogengrundstoffen die finanzielle Basis des jeweiligen Landes zu sichern.

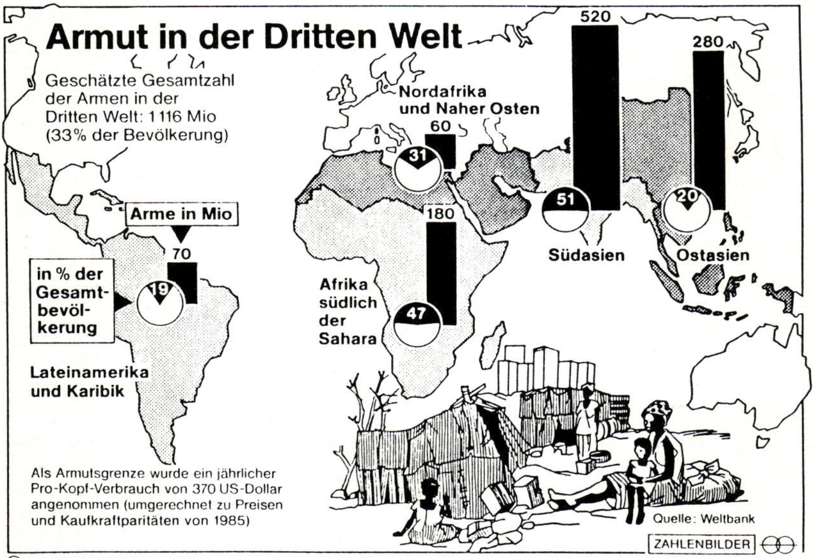

© Erich Schmidt Verlag 632 147

5. Vom gemeinsamen Binnenmarkt zur politischen Gemeinschaft?

Die „Einheitliche Europäische Akte“ von 1985 als Rechtsgrundlage der Binnenmarktvollendung war nur ein – wenn auch sehr wichtiger – Zwischenschritt auf dem Wege zu einer politischen Union der Europäer, vielleicht in der Form der **„Vereinigten Staaten von Europa“**. Geschehen könnte das durch die Verbindung der Europäischen Gemeinschaften (wirtschaftlicher Teil) und der Europäischen Politischen Zusammenarbeit (EPZ als politischer Zusammenschluß mit dem Ziel, eine einheitliche europäische Außen- und Sicherheitspolitik zu entwickeln). Auch wenn die EPZ in der Praxis wenig erfolgreich war, es insbesondere nicht gelungen war, über die EG-Kommission eine einheitliche EG-Außenpolitik zu beginnen, so hatte die EG auf ihren Gipfeltreffen im Jahr 1990 (Sondergipfel im April und reguläres Treffen der Staats- und Regierungschefs im Juni, wegen der irischen Präsidentschaft jeweils in Dublin) den Kurs auf verstärkte politische Zusammenarbeit gerichtet.

Schneller, höher, weiter — HANDELSBLATT: Bensch

Quelle: Handelsblatt, 18./19. 5. 1990

Die wirtschaftlichen Erfolge der EG einerseits und die Gefahr einer nach außen abwehrenden Handelspolitik als Folge der Schaffung des Binnenmarktes („Festung Europa“) andererseits machten die Zukunft für die anderen west- und nordeuropäischen Staaten immer weniger kalkulierbar. Es bestand ja noch die Europäische Freihandelszone (EFTA) als Gegengewicht zur EWG hauptsächlich für diejenigen Staaten, deren Neutralitätsstandpunkt die Integration in die westlich orientierte EG mit für jeden Mitgliedsstaat verbindlichem supranationalen Recht verhindert hatte. Auch für die noch in der EFTA verbliebenen Staaten mit ihren etwa 30 Mio. Einwohnern war die EG der bedeutendste Handelspartner.

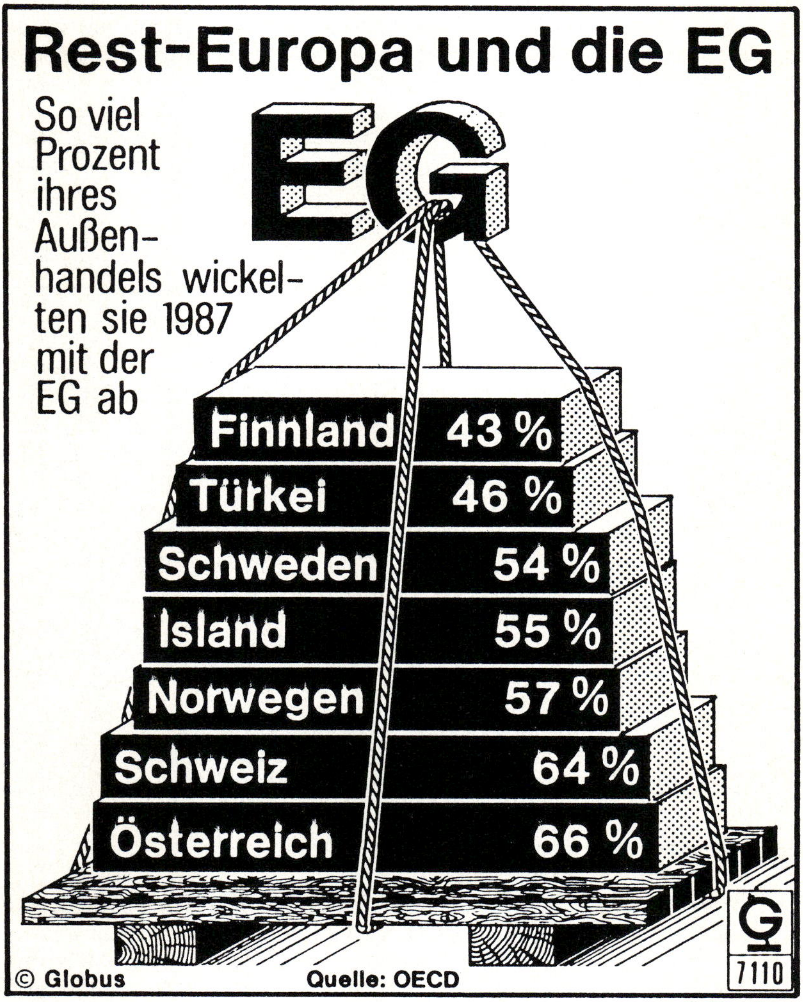

Keine neuen EG-Mitglieder vor 1993

Beschwert durch die Probleme der Binnenmarktintegration hatte die EG beschlossen, Neuanträge auf Mitgliedschaft bis zur Binnenmarktvollendung nicht entgegenzunehmen. Angesichts der zu erwartenden Dauer der Beitrittsverhandlungen und der Übergangsregelungen würde somit vor dem Jahr 2000 kein neues Mitglied aufgenommen werden können – wenn man vom besonderen Fall der früheren DDR absieht, die gleichzeitig mit ihrem Beitritt zur Bundesrepublik am 3.10.1990 in die EG integriert wurde.

Gerade die Bildung demokratischer Regierungen in den sog. Ostblockstaaten veränderte nachhaltig einen Teil der ursprünglichen Gründe für die wirtschaftlich-politische Integration der westeuropäischen Länder in der EG. Sie war, wie R. Hasse (Die Europäische Integration, in: „Wirtschaftswissenschaftliches Studium", Heft 7/1989, S. 325) herausstellte, eine Antwort auf den „Ost-West-Konflikt und die Bedrohung Westeuropas durch die Sowjetunion" und entsprach dem „Interesse, die Bundesrepublik Deutschland politisch und wirtschaftlich einzugliedern, aber gleichzeitig so zu binden, daß sie keine Gefahr mehr werden konnte."

Der Wegfall der Bedrohung durch die Sowjetunion als ein Faktor für die westeuropäische Einigung könnte die Renaissance traditioneller nationalstaatlicher Alleingänge der europäischen Staaten mit sich bringen. Es blieb allerdings das zweite Motiv, die Deutschen mit Hilfe der EG einzugliedern und einzubinden – ohne daß dabei ein Widerspruch zur Außen - und Wirtschaftspolitik der Bundesrepublik bestanden hätte, die in dieser Bindung die Grundlage politischer Stabilität und wirtschaftlichen Erfolges erblickte. Dieses Motiv gewann mit der demokratischen Umgestaltung der DDR und dem Prozeß der staatlichen Vereinigung mit der Bundesrepublik unerwartet ein besonderes Gewicht. Sogar der Sowjetunion schien ein geeintes Deutschland als EG-Mitglied weniger Kopfschmerzen zu bereiten als ein isoliert-neutrales. Frankreich seinerseits nahm den Einigungsvorgang zum Anlaß, sogar auf eine Beschleunigung der EG-Integration zu drängen. In dieser historischen Situation hätten Beitrittsverhandlungen mit neuen Bewerbern eine schnelle Vollendung des Binnenmarktes verhindert, so daß Aufnahmegespräche mehrheitlich abgelehnt wurden.

Dieser Beschluß wandte sich konkret gegen zwei Länder, die die EG-Mitgliedschaft offiziell beantragt hatten: die Türkei und das zur Neutralität verpflichtete EFTA-Mitglied Österreich. Andererseits ergaben Umfragen, daß auch in Norwegen und sogar in der Schweiz eine Bereitschaft bei der Bevölkerung erkennbar war, Mitglied der EG zu werden. Auch in Schweden und in Finnland gab es Stimmen, die für einen EG-Beitritt plädierten.

Um die Beitrittsproblematik zu entschärfen und die Neutralitätsbedingungen einiger EFTA-Staaten besser zu berücksichtigen, wurde die

Ausgebucht bis zum Jahr 2000

HANDELSBLATT: Bensch

Quelle: Handelsblatt, 19.12.1989

Europäischer Wirtschaftsraum (EWR)

Idee eines **„Europäischen Wirtschaftsraumes" (EWR)** geboren. Gedacht war an ein auf den Präsidenten der EG, J. Delors, zurückgehendes Strukturmodell, das aus mehreren konzentrischen Kreisen bestand: In der Mitte die EG, umgeben von einem Kreis von sieben EFTA-Staaten. Letztere sollten ein Mitsprache- und Mitgestaltungsrecht bei der Weiterentwicklung der EG erhalten. Als dritter Kreis wurden die osteuropäischen Staaten mit ihren Assoziierungswünschen gedacht. Als weiteren Kreis könnte man sich die AKP-Staaten des Lomé-Abkommens vorstellen, und als letzten Kreis alle anderen Länder, die als Angehörige des GATT weltwirtschaftlich mit der EG verbunden waren.

Die praktischen Probleme einer EWR-Bildung schienen Anfang der 90er Jahre so groß zu sein, daß der Wunsch der EFTA-Staaten nach einer privilegierten Partnerschaft mit der EG als wenig realistisch eingeschätzt wurde:

> „‚Die Zeit hat den EWR bereits überholt', gab der dänische Außenminister Uffe Ellemann-Jensen seinen skandinavischen Nachbarn zu bedenken, ‚Schweden, Norwegen, Island und Finnland werden spätestens 2010 EG-Mitglieder sein', prophezeite er."

(Quelle: Handelsblatt, 27.3.1990)

Die EG hatte zudem wegen der historischen Bedingungen ihrer Entstehungszeit das Glück, daß sie nie als Zentralstaat hätte entstehen können. Sie hat damit die besondere Chance, Uniformität zu vermeiden und eine vielgestaltige und damit besonders leistungsstarke Vereinigung zu werden. Anders als die Bemühungen um identische Regelungen für jedes Mitgliedsland – diese Angleichungen sah die Kommission ja als ihre wichtigste „Hausaufgabe“ in der Vorbereitung auf „Europa '93“ an –, vermuten lassen, waren gerade die nationalen Unterschiede die Grundlagen für „Entdeckungen“, mit denen gemeinschaftsweit bessere Problemlösungen gefunden werden konnten. **„Wettbewerb als Entdeckungsverfahren“** im Sinne des wirtschaftswissenschaftlichen Nobelpreisträgers v. Hayek sollte daher auch künftig möglich bleiben. Insofern böte sich für die EG an, eine föderative Struktur der Art zu schaffen, wie sie die Bundesrepublik bereits hat und wie sie auch für das vereinte Deutschland mit seinen verschiedenen Ländern vorgesehen ist.

Reichtum durch Vielfalt

Wie Verschiedenartigkeit zum Reichtum beitragen konnte, hatte EG-Präsident Delors im Oktober 1989 in einem Beitrag über den Aufbau Europas am Beispiel des deutschen Beitrags zum gemeinsamen Werk nachgezeichnet. Für ihn waren die zentralen deutschen Grundsätze „Wettbewerb“ und „Stabilität“ gemeinschaftsprägend, obwohl sie vor ihrer Akzeptanz in der Gemeinschaft heftig umstritten waren. Heute seien sie für die EG selbstverständlich. Weiter nannte Delors das Prinzip, Rahmenprogramme für Forschung und Entwicklung aufzustellen und damit den Unternehmen zu helfen – anstelle direkter dirigistischer Staatseingriffe in die Unternehmen. Das Umweltbewußtsein, ehemals als Luxus und romantische Schwärmerei aus Deutschland belächelt, sei mittlerweile trotz Streites in Einzelfällen in allen EG-Ländern verankert. Und daß man mit ensprechend entwickelter Umwelttechnologie sogar Gewinne machen könnte, hätte – so Delors – „das eindrucksvolle deutsche Vorbild“ gezeigt.

Deutsche Erfahrungen hätten nach Auffassung des Präsidenten der EG, auch die Dynamik der EG-Institutionen geprägt, und zwar durch die Prinzipien „Rechtsstaatlichkeit“ und „Föderalismus“. Obwohl die EG in ihren Verträgen maßgeblich von französischen Traditionen geprägt wäre, sei die Rechtsprechung des Europäischen Gerichtshofes weitgehend dem deutschen Vorbild gefolgt: Zum Beispiel durch den Schutz von (häufig ungeschriebenen) Grundrechten und die Anwendung des Grundsatzes der Verhältnismäßigkeit. Was den Föderalismus betreffe, hatte die Gemeinschaft „im Laufe der Zeit, veranlaßt durch die Praxis des Zusammenlebens, zunehmend Anleihen beim deutschen Föderalismus aufgenommen“. Als aktuellstes Beispiel nannte Delors den föderativen Aufbau des Europäischen Zentralbanksystems, das sich an die Strukturen anlehnt, an deren Spitze die Bundesbank steht.

Andere Länder hatten zahlreiche andere Anregungen gegeben; die inneren **Strukturen, die immer wieder neue Verfahren in den Wett-**

bewerb mit traditionellen Methoden treten lassen, sind daher für die EG auch in Zukunft von größter Bedeutung.

Zentrale Rolle der Demokratisierung der EG

Ebenso wichtig ist die Demokratisierung Europas. „Vereinigte Staaten von Europa" als denkbares Ziel für die Weiterentwicklung der Europäischen Gemeinschaft in Wirtschaft und Politik wären ohne demokratische Binnenstrukturen nicht vorstellbar. Es muß zur Ehrenrettung der Mitgliedsstaaten und der Kommission der EG deutlich herausgestellt werden, daß dieses Thema auf der EG-Gipfelkonferenz im Juni 1990 eine zentrale Rolle gespielt hatte. In einem von den Außenministern bereits befürwortetem Arbeitsdokument für die Regierungschefs aller Mitgliedsstaaten wurde die **Weiterentwicklung der EG gefordert,** und zwar

- durch die **Verbesserung der Arbeitsweise der Organe der EG** (des Rates, der Kommission, des Gerichts- und des Rechnungshofes, aber auch der Mitgliedsstaaten, die das Gemeinschaftsrecht noch sorgfältiger beachten sollten);
- durch die **Vereinheitlichung des internationalen Vorgehens** der Gemeinschaft, damit diese nach außen hin als politische Einheit auftritt. Dieses Anliegen wurde im September 1990 anläßlich der Irak-Krise vom Europäischen Parlament ausdrücklich unterstützt;
- insbesondere durch die **Stärkung der „demokratischen Legitimität"** der Gemeinschaft. Mittel dazu wären die stärkere Mitwirkung des Europäischen Parlaments bei Gesetzgebung und Außenbeziehungen, eine erweiterte Rechenschaftspflicht der Kommission gegenüber dem Parlament, Stärkung des „demokratischen Charakters" anderer Organe der EG – gedacht war u. a. daran, den Präsidenten vom Parlament wählen und nicht mehr von den Regierungen ernennen zu lassen – sowie eine stärkere Beteiligung der nationalen Parlamente am demokratischen Prozeß innerhalb der Union.

Insgesamt gesehen präsentierte sich die Europäische Gemeinschaft am Beginn der 90er Jahre in einer beachtlich guten Verfassung. Sie hätte „an Schwung gewonnen", bescheinigten ihr auch skeptische Journalisten nach dem Besuch des Dubliner Sondergipfels vom April 1990. Im Gegensatz zum Zustand der Supermächte (ökonomische Katastrophe in der Sowjetunion, wachsende internationale Verschuldung und Defizite im Haushalt und Außenhandel der USA) konnte die EG mit stabilen realen Zuwachsraten rechnen. Letztere waren zum Teil „hausgemacht" (Wachstumsperspektiven aufgrund der Vollendung des Binnenmarktes), zum Teil Folge neuer Perspektiven durch die Herausbildung demokratischer Marktwirtschaften in Osteuropa.

EG gewinnt politisch und wirtschaftlich an Bedeutung

Die EG gewann zudem durch das „Ende der Nachkriegszeit", das mit Einheit und Souveränität Deutschlands zusammenfiel, weiteres Gewicht. Mit der Bedeutungseinbuße der Militärbündnisse rückten

EG / Konsultationen mit Großbritannien und Frankreich

Bonn sucht Kompromisse für die Politische Union

HANDELSBLATT, Montag, 11.3.1991

hjs BONN. Der britische Premierminister John Major hat in Bonn ein Bekenntnis zu Europa abgelegt und die britische Solidarität mit dem vereinigten Deutschland betont. In Bonn fanden am Montag die ersten deutsch-britischen Konsultationen nach der Amtsübernahme Majors als Nachfolger von Margaret Thatcher statt. Parallel zu den deutsch-britischen Gesprächen kam auch der französische Außenminister Roland Dumas zu Gesprächen mit Bundesaußenminister Hans-Dietrich Genscher nach Bonn.

Sowohl die deutsch-britischen als auch die deutsch-französischen Beratungen hatten vor allem die Europapolitik zum Inhalt, unter anderem die neuen sicherheitspolitischen Vorschläge im Rahmen der angestrebten Politischen Union sowie Einsatzmöglichkeiten der Bundeswehr.

Major warnte in Bonn davor, Strukturen zu untergraben, die seit dem letzten Weltkrieg durch das Nato-Bündnis die Sicherheit garantiert hätten. Die Nato solle das Zentrum der kollektiven Verteidigung in Europa bleiben. Die Westeuropäische Union (WEU) könnte nach britischer Auffassung zum Forum einer europäischen Verteidigung entwickelt und zu einer Brücke zwischen den EG-Mitgliedern und der Nato ausgebaut werden.

Frankreich will die WEU stärken

Frankreich dagegen möchte die WEU zu einem sicherheitspolitischen Instrument machen; diese Haltung wurde von Dumas in Bonn bekräftigt. Die Bundesregierung steht dieser Absicht nicht grundsätzlich ablehnend gegenüber, will jedoch unter allen Umständen verhindern, daß die WEU langsam zur Ersatz-Nato wird.

Bundeskanzler Helmut Kohl würdigte die positive Haltung der Regierung Major gegenüber Europa und dankte für die Freundschaftsadresse an die Bundesrepublik. Dessenungeachtet bestanden in der Beurteilung der Weiterentwicklung der Europapolitik weiterhin Gegensätze. Major wiederholte den britischen Vorschlag, auf dem Weg zu einer europäischen Wirtschafts- und Währungsunion eine Parallelwährung und einen Europäischen Währungsfonds einzuführen.

Briten beharren auf hartem Ecu

Der „harte" Ecu könnte sich nach britischer Ansicht zur einheitlichen Währung entwickeln. Eine „zwanghafte" Einführung einer gemeinsamen Währung werde Großbritannien nicht akzeptieren, erklärte Major. Gleichzeitig sprach er jedoch die Hoffnung aus, eine für alle akzeptable Lösung zu finden.

Der Weg zur europäischen Wirtschafts- und Währungsunion bleibt auch zwischen Bonn und Paris kontrovers, wie die Gespräche zwischen Genscher und Dumas zeigten. Die Bundesregierung hielt an ihrer Auffassung fest, daß erst die Bedingungen für die Einführung der zweiten Stufe der Wirtschafts- und Währungsunion erfüllt werden müssen, wozu auch eine Annäherung der Wirtschaftspolitiken gehöre. Dumas ließ erneut erkennen, daß Frankreich lieber den umgekehrten Weg gehen möchte, erst eine einheitliche Währung und eine Europa-Zentralbank zu schaffen, um Druck auf die anderen EG-Länder auszuüben, eine Konvergenz ihrer Wirtschaftspolitiken herbeizuführen.

Einig waren sich die britische und die deutsche Regierung, daß die EG Assoziierungsabkommen mit den osteuropäischen Ländern abschließen solle, jedoch nicht vor 1993. Kohl und Major sprachen außerdem gemeinsam die Hoffnung aus, daß ein erfolgreicher Abschluß der Uruguay-Runde des Gatt erreicht werden könne.

Quelle: Handelsblatt, 12. 3. 1991

die politischen Strukturen – so insbesondere die Konferenz über Sicherheit und Zusammenarbeit in Europa, KSZE – stärker in das Rampenlicht. Die EG stellte sich diesen Herausforderungen, indem sie auf eine Beschleunigung der politischen Zusammenarbeit (EPZ) hinwirkte. Die Krise und der Krieg am Persischen Golf 1990/91 hatten außerdem erkennen lassen, daß die EG als wirtschaftliche Großmacht keineswegs so weit zusammengewachsen war, daß sie auch politisch einheitlich handeln konnte. Konsultationen zwischen den Mitgliedsstaaten betrafen daher nicht nur wirtschaftliche Fragen der Binnenmarktintegration, sondern im wachsenden Maße auch die Probleme, die sich im Rahmen der politischen Zusammenarbeit stellten.

Grundlegend für die politische Bildung

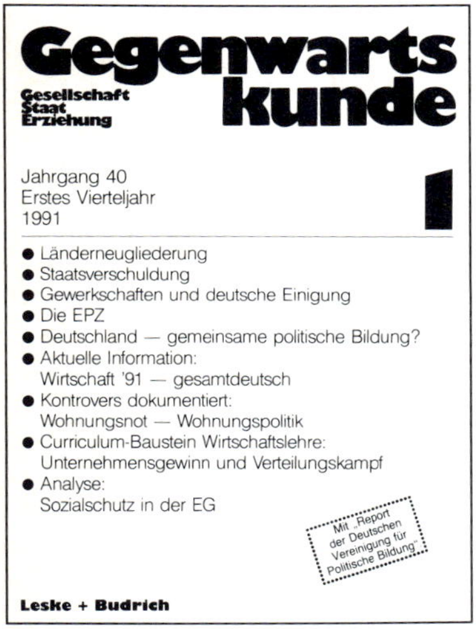

GEGENWARTSKUNDE
Zeitschrift für Gesellschaft, Wirtschaft, Politik und Bildung

Herausgeben von
Prof. Dr. Walter Gagel, Hagen, Prof. Dr. Hans-Hermann Hartwich, Hamburg, Prof. Dr. Bernhard Schäfers, Karlsruhe, Dr. Göttrik Wewer, Hamburg.

GEGENWARTSKUNDE erscheint viermal jährlich im Umfang von je ca. 128 Seiten. Der Jahresbezugspreis beträgt 36,—DM, für Studierende und Arbeitslose 28,—DM, jeweils zuzüglich 4,80 DM Versandkosten.
GEGENWARTSKUNDE ist eine Zeitschrift für die Praxis des politischen Unterrichts. Sie vermittelt aus den Fachwissenschaften Informationen und Materialien zu den Themenbereichen Gesellschaft, Wirtschaft, Politik und sie behandelt methodisch-didaktische Fragen.
GEGENWARTSKUNDE operiert mit einer besonderen Vielfalt der Darstellungsmethoden und bietet damit dem Einsatz im Unterricht ein breites Spektrum der Anknüpfungsmöglichkeiten.
Die regelmäßig angebotenen Rubriken:
Fachwissenschaftliche Aufsätze
Aktuelle Information
Serie
Kontrovers dokumentiert
Curriculum-Bausteine zur Wirtschaftlehre
Didaktische Planung
Analyse.
Report der Deutschen Vereinigung für politische Bildung.

Fordern Sie kostenlose Probehefte an!

Leske + Budrich
Postfach 300406. 5090 Leverkusen 3